経済学のススメ

岡崎哲郎 編著

ミネルヴァ書房

はしがき

　経済学を学ぶということは，厄介な問題なのかもしれません．大学の経済学部であれば当然ですが，経済学部でなくても，経済学の講義は設置されていると思います．そして多くの大学生が経済学を学ぼうと教室の席を占めていることでしょう．一般の社会人にとっても，経済学の知識への欲求は強いのではないでしょうか．書店では，分かりやすく経済問題を説明していることをアピールする帯の付いた書籍が並んでいますし，テレビのニュースや報道番組でも，経済問題に対する分かりやすい解説が求められているように思います．

　ところが，実際に教室で教えていると，経済問題を理解するための知識を求めている学生が，経済学の講義の理解のしにくさに閉口し，途中から脱落してしまうという経験をよくします．試験で成績が良い学生は，経済学に興味があるというよりも，履修した科目はしっかりと勉強するという性格の持ち主であって，経済学に限らず，文学も物理学も成績が良かったりします．

　この「はしがき」を執筆している者の個人的な経験ですが，社会人を相手に，ビジネス・スクールなどで経済学を教えていても，やはり経済学を学ぶことの厄介さを感じることがあります．この場合，受講者は明らかに経済問題に対する興味が強く，経済学の知識の習得に強い意欲をもって履修しています．実社会での経験も積んでいて，論理的な思考能力も備えています．そして，講義で扱った問題から派生した現実問題に話題が移り，教室内で討論となると，問題意識の高さと雄弁さを発揮してくれます．ところが，経済学の講義の内容や教室で採用している教科書の内容について議論しようとすると，突然口数が少なくなってしまう場合が決して珍しくありません．そして定期試験での問題が基本的なものであっても，学生の皆さんの多くは悪戦苦闘して解答を紡ぎだしています．

　自分自身の学生時代を思い出しても，経済学の講義で学んでいる内容が，最初から自然なものとして頭のなかに入ってきたわけではありませんでした．これは私だけの思い出でもなく，現在教壇に立っている同じ立場の友人と話していても，同じような思い出を話してくれる人が少なくありません．ごく当たり

前に使われている経済学の重要概念の本当の意味に気がつくのにどれだけの苦労があったかという会話は稀なことではないのです．

　では，このような会話の落ちはどうなっているのだろうと記憶を辿ってみます．経済学をしっかりと理解するためには，結局は，苦労しながらも，自分の頭を使って考え続けるしかないといった結論に落ち着きがちです．そして，そのための専門的で分厚い教科書は用意されていますし，そうした教科書のための問題集や，そうした教科書のなかの高度な分析を読むために必要な数学の教科書も見つけることができます．

　しかし，このようなかたちで経済学に取り組む人は，世間一般では希少な存在でしょう．普通の人はそこまで経済学につきあう気はないと思いますし，普通の人にそれを要求するのは酷であると私も思います．でも，経済学を理解したいと思っている人がいます．そして，経済学を普通の人が理解することは重要な意味があると，本書執筆者一同も強く思っています．普通に勉強することを通じて経済学を理解したい人たちにとって，少しでも利用しやすい教科書ができないかと考え，経済学の入門書としての教科書を執筆しました．

　入門書ですし，当然分かりやすい内容となるように努めました．特に初学者にとっての経済学の難しさは，数学を利用した分析の多さにあるのではないかと思います．そこで，この教科書では，極力数式を避けながら（でも四則計算やグラフでの表現は出てきますが），でも経済学的な発想，分析手法は丁寧に説明することを意図しました．その際に，執筆者の一人ひとりが教室で積み重ねている経験も生かされていると思います．

　ただ一方で，教科書に限らず，何事にかけても分かりやすい解説や説明が望まれている風潮のなかで，「頭を使わずに理解できた内容は，頭のなかから直ぐに消えていくと思いますよ」と訴えたくなることも多々あります．そして，表面的に分かりやすい解説によって深く考えずに納得してしまえば，問題の本質の解釈がぼやけたままで物事を認識してしまう危険性があるのでは，と指摘したい気分も時に抑えきれません．最近の大学の風潮として，授業アンケートが一般的となり，講義の満足度に関しての学生のアンケートを取ります．学生の声を反映させることの必要性は明らかですから，アンケートを取ることは意味をもつと思いますが，果たして講義は，学生を今満足させるためにあるのか，それとも学生の将来のためになる知識を学生が習得する助けのためにあるのか，どちらなのかと思ってしまいます．しかも，アンケートで学生の満足度を高め

ることが講義の目的かの如く発言する教員も身近にいます．

　最初に述べたように，経済学は厄介なものかもしれません．できるだけ分かりやすく説明することに努めましたが，我々の目標は，1人でも多くの人に，経済学的な考え方を習得し，ひいては社会の現実の問題について自分の頭で考える能力を養ってほしいというものです．それは，やはり簡単には手に入らないかもしれません．簡単な説明に努めながらも，自分の頭を使って考えるようにと，単純に結果を紹介するのでなく，その結論が導き出される過程を説明するようにも努めました．本書を手にした皆さんも，説明をただ読み進めて結論を暗記するのでなく，そこでの説明の意味や結論が導出される過程を自分の頭のなかで考えながら読み進んでほしいと思います．そのためにも，読み進みながら，分からない箇所が出てきたら，その部分の説明に戻って読み直すという作業を厭わないでほしいと思います．索引は，そのような時にどのページに戻るのかを探すためにあるとも言えます．

　この教科書は，千葉商科大学で経済学の教育に携わっている教員5人による共著となっています．各節の担当を定め，各担当者が書いた内容を他のメンバーも交えて読み合わせをし，最後はメールのやり取りで内容の検討を加えながら，最終的には責任者である私が文章をまとめました．特に第1章から第5章は，水野，湯之上，岡崎の完全な共著ともいえるかもしれませんが，担当を示すことも兼ねて，ここで簡単な全体像を示しておこうと思います．

　　序　章　経済学を学ぶ意味　岡崎
第Ⅰ部　ミクロ経済学
　　第1章　市場機構　水野（1節），湯之上（2節），岡崎（3節）
　　第2章　市場における経済活動　水野（1節，4節），湯之上（2節，5節），
　　　　　　岡崎（3節，補論）
　　第3章　経済厚生　岡崎
　　第4章　経済活動と余剰　湯之上（1節，2節，3節），岡崎（補論）
　　第5章　市場機構の限界　岡崎（1節，2節，5節），湯之上（3節，4節）
　　　　　　水野（補論）
第Ⅱ部　マクロ経済学
　　第6章　マクロ経済の活動　岡崎
　　第7章　マクロ経済の均衡と市場機構　岡崎

第 8 章　*IS-LM* 分析　岡崎
第 9 章　物価　岡崎
第10章　開放マクロ経済学　岡崎
第11章　財政と金融　栗林（1 節），三田村（2 節）

　第 I 部はミクロ経済学を扱っています．第 1 章から第 2 章まではミクロ経済学の入門の前期半年分の講義にほぼ対応し，第 3 章から第 5 章まではミクロ経済学の入門の後期半年分の講義にほぼ対応しています．
　第 II 部はマクロ経済学を扱っています．第 6 章から第 7 章まではマクロ経済学の入門となっており，半期分の講義では，これらの内容を教えながら，余裕があれば第 8 章の内容に触れるようにしています．後期半年分の講義が用意されていれば，第 8 章から（前期で第 8 章の内容に触れていればその復習をしながら）第 9 章に進むか，第 9 章の代わりに第10章に進むという方針で講義をしています．また，財政や金融の知識も，経済学の基礎として是非学んで欲しいと考え，第11章に財政と金融の入門を加えました．
　また，各節の終わりに練習問題があります．なかには計算を必要とする問題もあり，少し難しいものもあるかもしれません．力試しのつもりで取り組んでみてください．本文の説明を読み直すだけでは，模範解答がどのようなものとなるのか迷うかもしれない問題に関しては，巻末に解答・解説を付けました．
　本書の執筆は，ミネルヴァ書房の水野安奈さんが，私に教科書執筆のお話をもってきて下さったことから始まりました．水野さんは，私が WEB で公開していた講義用の資料なども調べられていて，その水野さんの熱意と，共同で教科書を書くことを快く同意してくれた同僚たちのお陰で執筆が始まりました．私の能力不足から，ほかの執筆者には苦労かけたと思いますし，水野さんには何度も研究室に足を運んでいただきました．最終的に読みやすい教科書となっているかどうかは，皆さんの判断に委ねることになりますが，少しでも多くの人に本書を手に取ってもらい，経済学の発想を理解して下さればと思います．

2012年 3 月

執筆者を代表して
岡崎哲郎

経済学のススメ

目　　次

はしがき

序　章　経済学を学ぶ意味 …………………………………………………… 1
　　1　はじめに　1
　　2　経済活動と経済主体　3
　　3　家計の経済活動　4
　　4　企業の経済活動　5
　　5　市場　6
　　6　ミクロ経済学とマクロ経済学　6
　　7　政府の役割　8
　　8　本書の構成　8

第Ⅰ部　ミクロ経済学

第1章　市場機構 ……………………………………………………………… 15
　　1　需要曲線　15
　　2　供給曲線　21
　　3　市場機構　28

第2章　市場における経済活動 ……………………………………………… 39
　　1　需要曲線のシフト　39
　　2　供給曲線のシフト　44
　　3　需要の価格弾力性　49
　　4　供給の価格弾力性　57
　　5　租税　60
　　補論　市場と市場のつながり　68

第3章　経済厚生 ……………………………………………………………… 75
- **1** 消費者余剰 75
- **2** 生産者余剰 83
- **3** 社会的余剰と市場機構 89

第4章　経済活動と余剰 ……………………………………………………… 95
- **1** 規制の余剰分析 95
- **2** 租税の余剰分析 99
- **3** 国際貿易 103
- 補論　比較優位の理論 109

第5章　市場機構の限界 …………………………………………………… 115
- **1** 公平性 115
- **2** 独占・寡占 120
- **3** 市場の失敗 126
- **4** 公共財 133
- **5** 情報の非対称性 144
- 補論　ゲーム理論 153

第Ⅱ部　マクロ経済学

第6章　マクロ経済の活動 ………………………………………………… 163
- **1** マクロ経済の均衡 163
- **2** 物価と経済活動 170
- **3** 国民経済計算 173

第7章　マクロ経済の均衡と市場機構 …………………………………… 185
- **1** 労働市場 185

2　資金市場　191
　　3　マクロ経済の均衡　198
　　4　マクロ経済と貨幣　206
　　5　財政・金融政策　213
　　6　最近の分析例　217

第8章　IS-LM分析　……………………………………………………… 219

　　1　IS曲線　220
　　2　LM曲線　228
　　3　IS-LM分析　232
　　4　IS曲線とLM曲線のシフトや形状　234
　　5　IS-LM分析と経済政策　239

第9章　物価　……………………………………………………………… 245

　　1　AD-AS分析　245
　　2　フィリップス曲線　254

第10章　開放マクロ経済学　……………………………………………… 261

　　1　為替レートの決定　261
　　2　マンデル＝フレミング・モデル　268
　　3　長期における開放マクロ経済　276

第11章　財政と金融　……………………………………………………… 283

　　1　財政のしくみ　283
　　2　金融取引のしくみ　297

解答・解説　309
索引

序　章
経済学を学ぶ意味

1　はじめに

　経済問題は非常に多岐にわたります．今日の朝刊を開いてみてください．何らかの経済問題を扱った記事がどこかにあると思います．しかもそれは産業の問題，雇用の問題，企業の問題，消費者の問題，政府の問題，財政の問題，金融の問題，株主と企業経営の問題，貿易の問題，為替の問題，経済成長の問題，年金の問題など本当に色々な問題であろうと思います．しかもそれぞれの問題が固有の複雑さをもっています．

　このように経済問題は多岐にわたり，しかも一つひとつが複雑な構造をもっています．こんな問題をただ眺めるだけでは，どんなに詳しい情報をどんなにたくさん集めても，問題の意味を頭のなかで明確にすることが出来ないでしょう．そこで経済学を学ぶ必要性が出てきます．

　経済学は，このような複雑怪奇な問題を解き明かすための考え方や分析手法を提供してくれるわけです．もちろん分析対象が複雑怪奇ですから，経済学も決して易しくはありません．でも経済学の知識が無ければ，経済学を学ぶことの難しさ以上に，現実の経済問題を解釈することが難しくなるでしょう．

　例えば，石油に代わる代替燃料としてバイオ燃料に注目が集まり，そのことが世界中の穀物価格に影響を与え，さらには日本国内の食料品の価格にも影響を与えたことが近年ありました．この影響は今でも続いていると思われます．これらの背景には，地球環境の問題，科学技術の問題，農業技術の問題，穀物の先物市場の問題などさまざまな問題がもちろん存在しています．世界市場および日本国内市場での穀物や食料品の価格に与える影響を正しく理解するためには，これらさまざまな問題に対する知見が必要となるでしょう．そしてそこで必要となる専門的かつ個別的な知識はそれこそさまざまな分野にまでおよぶ

でしょう．

　ただし，世界市場での穀物価格や日本国内の食料品価格に燃料問題が与える影響の概要は，経済取引の一般的な性質に関する知識から説明することができます．その詳細は本書のなかで理解できるようになるはずですが，因果関係は以下のように理解できます．バイオ燃料に注目が集まることから，主にアメリカでトウモロコシなどに対する需要が増え，トウモロコシなどの価格に影響を与えます．トウモロコシの価格が変化すれば，限られた農地で優先的に何を作るかという問題についての世界中の農家の意思決定に影響を与え，トウモロコシやそのほかの農作物，例えば小麦や大豆の生産に影響を与え，そのことが小麦や大豆の価格に影響を与えます．そしてトウモロコシの価格の変化は家畜の飼料の価格に影響を与え，食肉などの価格に影響を与えるでしょうし，小麦や大豆の価格の変化も，それらを原料とする食料品の価格に影響を与えるでしょう．その際に価格がどのように変化するのかは，本書での勉強を通じて理解できるようになるはずです．

　経済取引の一般的な性質に関する知識から，バイオ燃料への期待から生じる日本国内の食料品価格の変化までの概要はある程度理解できるようになります．実際に第2章で，この問題を経済学の手法を用いて簡単に説明してみようと思います．一方で，経済取引の一般的な性質に関する知識を用いずに，エネルギー問題から食料品の価格までに至る関係を理解しようとしても，個々の問題の複雑さに目が奪われて，全体像を理解することが困難となるのではないのでしょうか．

　ここで挙げた例は一例にすぎませんし，そこで使われている経済取引の一般的な性質に関する知識もまだ説明されていませんが，一般的な性質を理解することが，複雑な経済問題を理解する際に大きな意味をもつことが伝わったのではないのでしょうか．経済活動において何が本質的な構造なのか，一般的な性質は何なのか，といった原理・原則を理解するように努めるほうが，経済問題をより理解しやすくなると我々は考えています．そして，そのような意識をもった方が，経済学もより理解しやすくなると思います．そのような原理・原則を理解したうえで，実際の日本経済の問題や国際経済の問題について勉強していった方が，理解もしやすいですし，頭のなかを整理することも容易になるわけです．

2　経済活動と経済主体

　まず，そもそも経済活動にはどういったものがあるのか，そこで家計や企業は何をしているのか，ということを簡単なかたちで整理しておきましょう．図1を見ながら，以下の説明を読んでみてください．この図のことをよく循環図と呼びます．ただ，現実はとても複雑ですから，図1がすべての経済活動を網羅してはいませんし，以下の説明も経済活動のすべてを扱っているわけではありません．例えば企業間の取引は描かれていませんし，輸出・輸入もそこには考慮されていません．でも，複雑怪奇な経済活動の整理にはなっているはずです．

　ほとんどの経済活動は取引を伴います．例えば，企業が生産した車を我々が買ってドライブに利用するとか，我々が働いて給料をもらう一方で企業が我々を雇って給料を払うとか，機械製造会社が生産した機械をメーカーが設備として購入するとか，企業が資金調達のために発行した債券を我々が資産運用として買うとか等々です．図1にはそのような経済活動を簡略化して表してあります．

　そこには，取引の対象となっているものを提供する人（もしくは組織）と求める人（もしくは組織）が存在するでしょう．提供することを供給，求めることを需要と呼びます．ほとんどの場合は，供給を取引での売り，需要を取引での買いと解釈しても問題はありません．

　その需要と供給をこれから見ていくのですが，その際に需要でも供給でも，それを実行する人なり組織なりがいます．このような人や組織を経済主体と呼んでいます．

　代表的な経済主体は家計と企業と政府です．家計のことを消費者と呼ぶこともありますし，その方が日常的には一般的かもしれませんが，消費者は消費をするだけではないので，ここでは家計と呼んでおきましょう．家計が消費する財やサービスは誰かが生産するわけですが，その生産する経済主体が企業です．生産する経済主体は企業だけではないのですが，一応ここでは生産者を企業で代表させましょう．次に，その家計や企業の経済活動について見ていきます．

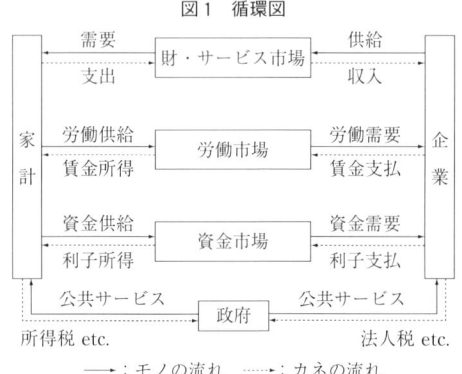

図1　循環図

3　家計の経済活動

　まず家計の経済活動について考えます．家計は労働を供給し，その対価として賃金を受取ります．図1では賃金所得と書かれています．家計はこの所得を使って財・サービスを需要しその代金を支出します．ここで具体的にかたちがあるものを財と呼んで，かたちがないものをサービスと呼んでいます．二つまとめて生産物と呼んでもかまいません．労働や財・サービスの流れの逆方向にお金（賃金所得と支出）が流れていることを図で確認してください．

　家計はこのように労働を供給して得た所得を使って財・サービスを需要して，その分の支出をして，財・サービスを消費するわけです．ただし一般的には，家計は所得のすべてを使い切らずに一部を残すことになります．所得のうち消費で使わずに残した部分を貯蓄と呼びます．人によって，残した所得を銀行預金として預ける場合もあるでしょうし，残した所得で債券や株式を購入する場合もあるでしょう．経済学ではその運用内容を問わず形式的に，所得のうち消費で使わずに残した分を貯蓄と定義しているわけです．貯蓄した分は将来の所得となり，家計は将来，その所得を使って財やサービスを需要して消費します．

　貯蓄という経済活動が出てきましたが，貯蓄は，経済全体においては資金の供給となります．例えば銀行預金として貯蓄した場合は，銀行を通じて資金として他の経済主体に貸し出されますし，債券や株式を購入するかたちで貯蓄した場合は，その債券や株式を発行した企業に資金を供給することになります．このように資金を供給することによって利子や配当などを家計は受け取ります．

図 1 では利子の受取りである利子所得しか書かれていませんが，この所得を将来の消費に充てることができるわけです．

このように，家計は労働を供給して稼いだ所得で財・サービスを需要して消費し，残った所得を貯蓄に回して資金を社会に供給し，その貯蓄は将来の所得となって，将来の財・サービスの需要に充てられ将来の消費となります．家計は自分の所得を使って現在や将来の消費をするわけですが，そこで出来るだけ自分にとって望ましい消費が出来るように，現在および将来のさまざまな財・サービスの消費に所得を振り分けます．

4　企業の経済活動

企業の経済活動に移りましょう．企業は主に生産活動をするのですが，そのためには資金が必要です．資金がなければ，工場の建物や機械といった設備や原材料を手元に集めることが出来ません．そこで企業は資金を需要するわけです．そのために債券を発行する場合もあるでしょうし，株式を発行する場合もあるでしょうし，銀行融資に頼る場合もあるでしょう．その資金を使って建物や設備を需要したり，原材料を需要したり，労働を需要するわけです．建物や設備を投資財，原材料を中間財と呼ぶことが多いですから，これらの言葉も覚えておいて下さい．

投資財，中間財，労働を投入して生産物を産出するわけですが，投入されている投資財，中間財，労働を，投入・産出の観点から，投入要素とか生産要素と呼ぶこともあります．この言葉も覚えておいて下さい．産出された財やサービスが生産物となります．生産要素（例えば労働や投資財）を投入して生産物（財やサービス）を生産しているわけです．

企業はこのように資金を使って投資財，中間財，労働を需要します．資金を需要すれば，利子や配当の支払いなどの費用がかかりますし，投資財や中間財を購入すればその支払いの分の費用がかかりますし，労働を需要すればその分の賃金支払いなどの費用がかかります．そのうえで，需要した投資財や労働などを投入することによって財・サービスを生産します．そして生産した財・サービスを供給して収入を稼ぐわけです．

財・サービス供給で稼いだ収入と，生産に必要な投資財，中間財，労働の投入にかかる費用の差額が利潤と呼ばれます．企業は利潤が出来るだけ大きくな

るように行動します．

5　市場

　家計も企業もここまで説明してきたようにさまざまな経済活動をしているのですが，それらは独立して行われているわけでなく，以下で見るように相互に関係しあっています．

　家計が需要する財・サービスは，企業が供給しなければ手に入りません．家計が供給する労働は，企業が需要しなければ働き場所が見つかりません．家計が供給する資金は，企業が需要しなければ運用先が見つかりません．

　企業から見れば，企業が供給する財・サービスは，家計が需要しなければ売れません．企業が需要する労働は，家計が供給しなければ見つかりません．企業が需要する資金は，家計が供給しなければ集まりません．

　このように家計と企業の経済活動は相互に関連しあっているのです．でも，個々の家計は個々の企業と直接交渉して財・サービスを需要しているわけではありませんし，個々の企業も個々の家計と直接対面して供給しているわけでもありません．労働も資金も同様でしょう．それでも結果的にはそれなりに需要と供給がうまく釣り合っているのです．その背景にあるのが市場機構（マーケット・メカニズム）もしくは価格機構（プライス・メカニズム）と呼ばれるメカニズムもしくはシステムです．

　図1では，財・サービス，労働，資金それぞれの取引を表すために財・サービス市場，労働市場，資金市場が書かれています．市場という言葉を使っていますが，水産物や青果を取引している東京の豊洲市場のように，具体的な市場の場が必ずしもあるわけではありません．本来は市場機構と呼ばれるべき，経済活動を調整するメカニズムやシステムを市場と呼んでいると思ってください．

6　ミクロ経済学とマクロ経済学

　次章以降で，メカニズムとしての市場機構を説明することが最初の主要なテーマとなります．そこでは価格の役割が重視されますし，だからメカニズムが価格機構とも呼ばれます．厳密には次章以降で説明されますが，財やサービスの価格によって財やサービスの需要量と供給量が変化し，最終的に経済全体

としての取引がうまく調整されます．

その際には，個々の家計がどのように需要を決定するのか，個々の企業がどのように供給を決定するのか，そして個々の財やサービスの取引がどのように決まってくるのかを考えていきます．このような経済問題についての分析手法を体系としてまとめたものをミクロ経済学と呼んでいます．ミクロとは英語のMicroの日本語での表記で，微視的などと訳されることもあります．ミクロ経済学は，もっとも細かな点からの経済分析とでも考えれば，その意味が伝わり易くなるのではないでしょうか．もっとも細かな経済問題として，個々の経済主体の意思決定と個々の財・サービスの取引の決定がありますが，このような問題を考えるのがミクロ経済学の主なテーマとなります．そして取引が市場機構を通じて決まると考えますから，繰り返しとなりますが，市場機構の意義を理解することがもっとも重要なテーマとなります．

今取り上げたような個々の経済問題はもちろん重要ですが，その一方で，一国経済の景気とか物価といった問題も我々にとっては重要な意味をもちます．このような一国経済全体としての経済活動を考える必要性も出てくるでしょう．一国経済全体としての経済活動についての分析手法を体系としてまとめたものをマクロ経済学と呼んでいます．マクロとは英語のMacroの日本語での表記で，巨視的などと訳されることもあります．マクロ経済学は，全体的な視野からの経済分析とでも考えれば，その意味が伝わり易くなるのではないでしょうか．一国全体の経済活動を国内総生産（GDP）とか国民所得という概念で一般的には把握しますが，その国内総生産がどのように決まるのか，その際に財政政策や金融政策がどのような意味をもつのかといった問題をマクロ経済学では考えます．

市場機構の意義を理解することがミクロ経済学のもっとも重要なテーマとなるとすでに説明しました．マクロ経済学においても，市場機構に対する理解は重要な意味をもちます．一国経済全体の経済活動は失業率の大小とつながります．その失業率は労働市場と密接な関係をもつことでしょう．また，本書のなかで説明されますが，一国経済全体の経済活動は，資金市場と密接な関係をもってきます．そして，労働市場では賃金率が価格の役割を演じ，資金市場でも利子率が価格の役割を演じ，市場機構が機能するのであれば，労働や資金の取引がうまく調整されます．このようにマクロ経済学においても市場機構についての理解が重要なテーマとなってきます．

7 政府の役割

ミクロ経済学とマクロ経済学の区別を説明するなかで，ミクロ経済学では市場機構の意義を理解することが最重要なテーマとなること，そしてマクロ経済学においても市場機構の理解が重要となることを述べました．市場機構を通じて需要と供給が調整されるというメカニズムが経済学のなかでもっとも重要な考え方の一つとされています．そしてこのように市場機構が機能することによって決まる経済活動が社会的にも望ましいものであることも本書のなかで説明しています．

ところで以上の考え方からすると，経済活動は市場機構にすべて任せておけばよいという解釈が出てくるかもしれません．事実，そのように経済問題について主張する人もいますし，それが経済学の結論だという人もいます．ところが，これも本書のなかで説明していますが，市場機構が経済問題のすべてを解決するわけではないし，また，市場機構そのものが機能しない場合も多々存在します．そのようなときに，政府の活動を正しく理解する必要性が出てくるでしょう．なぜ政府は公共サービスを提供するのか，景気対策としての財政政策や金融政策がどのような意味をもつのか，といった問題についても正しく考える必要が出てきます．政府の活動は官僚や政治家が決めてしまっているので，我々には関係ないと思っている人もいるかもしれません．なるほど政府の活動を一般の人が直接決定することは難しいかも知れませんが，政治家を選挙で選出するのは我々市民であり，政府の活動の資金である税金を払うのも我々市民です．もし国債を発行して現在の活動を賄ったとしても，最終的にはその国債の償還の際に我々の税金が使われるでしょう．政府の経済活動について普段から意識するという姿勢を持ってほしいと思います．そしてその際に，正しい経済学の知識をもって政府について考えてほしいと思います．

8 本書の構成

ここまで，経済学を学ぶときに重視される視点や，簡単な全体像を説明してきました．改めてそれらを確認しながら，本書の全体像を示していきます．本書を読んでいる際に，全体像のなかのどの部分を自分が勉強しているのかを意

識することは，全体像を明確にすることに利するだけでなく，個々の部分の理解を助けることになります．これからの勉強の際に，全体の構成を参照してください．

第Ⅰ部　ミクロ経済学
第1章　市場機構
　　　　価格と取引量の決定について理解します．
第2章　市場における経済活動
　　　　市場機構の考え方を用いて，様々な経済活動について考えます．
第3章　経済厚生
　　　　どのような経済活動が我々にとって望ましいものなのかを考えます．
第4章　経済活動と余剰
　　　　市場機構を歪める要因がある場合の経済活動の望ましさを考えます．
第5章　市場機構の限界
　　　　市場機構が機能しない場合を考えます．
第Ⅱ部　マクロ経済学
第6章　マクロ経済の活動
　　　　一国全体の経済活動をどのように整理するのかを考えます．
第7章　マクロ経済の均衡と市場機構
　　　　マクロ経済の活動の決定について考えます．
第8章　IS-LM 分析
　　　　マクロ経済学において有用な IS-LM 分析について考えます．
第9章　物価
　　　　AD-AS 分析とフィリップス曲線について考えます．
第10章　開放マクロ経済学
　　　　海外との取引が存在する場合のマクロ経済の活動について考えます．
第11章　財政と金融
　　　　財政と金融の基礎について考えます．

　前半の第Ⅰ部はミクロ経済学で，後半の第Ⅱ部がマクロ経済学となっています．ここまでの議論でも強調してきましたが，ミクロ経済学でもマクロ経済学でも市場機構が重要な意味を持ちます．本書の構成も，市場機構についてまず

理解し,そこから経済活動の望ましさと市場機構との関係や市場機構の限界を考え,さらに市場機構が機能する場合と機能しない場合の違いを意識しながら一国全体の経済活動について分析していくという順序となっています.必要であれば常に前半部分に立ち戻って,市場機構についての理解を確認しながら読み進めてくれればと思います.

練習問題

1. (1)本文において説明されている家計の意思決定を三つ挙げなさい.
(2)本文において説明されている企業の意思決定を三つ挙げなさい.
2. (1)財・サービス市場では,一般的に誰が需要者で誰が供給者か答えなさい.
(2)労働市場では,一般的に誰が需要者で誰が供給者か答えなさい.
(3)資金市場では,一般的に誰が需要者で誰が供給者か答えなさい.
3. 以下の(1)〜(13)の経済活動が,次の経済循環図(単純化のために,政府や資金市場は省略されています)のA〜D各ブロックのどのブロックに該当するか答えなさい.

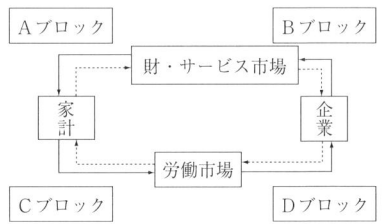

（1）吉田さんがコンビニエンス・ストアーでアルバイトする.
（2）島田さんが液晶テレビを買う.
（3）学習塾が,学生である山田さんを先生として雇う.
（4）中村さんが電車通勤する.
（5）石井さんがお祝いにデパートでフランス産のワインを買う.
（6）農家がホウレンソウを出荷する.
（7）ホテルが宮澤さんの妹をアルバイトとして雇う.
（8）安藤さんが不動産屋でアパートの一室を借りる.
（9）秋本さんのお父さんはある企業で部長をしている.
（10）パン屋が菓子パンを販売する.
（11）レンタル・ビデオ屋が会員にDVDを貸す.
（12）加藤さんが美容室で髪をきれいにしてもらう.
（13）成田さんが飛行機の国際線に乗る
4. 3の問題の経済循環図のなかのA〜D各ブロックに該当する具体的な経済活動を一つずつ,主語・述語を明記して書きなさい.

5. 本文での循環図では企業と企業のあいだの取引が書かれていないが，企業と企業のあいだの取引として何があり得るか考えよ．
6. 本文の循環図では資金を需要するのは企業だけであるが，家計が資金を需要する場合があるか否か考えよ．また企業が資金を供給する場合があるか否か考えよ．

第Ⅰ部　ミクロ経済学

第1章
市場機構

　この章では，一つひとつの経済取引がどのように決まってくるのかという問題について考えます．序章のなかで説明しましたが，その際に，需要と供給，そして市場機構がもっとも重要な意味をもってきます．そのために，まず需要の性質と供給の性質について，特に市場での価格との関係から考え，そのうえで，需要と供給がどのように調整されるかを考えます．

1　需要曲線

　序章で述べたように，経済はさまざまな取引から成り立っており，取引においてその対象となっているものを求めることを需要と呼びます．例えば，財・サービス市場では，家計が財・サービスを需要します．労働市場では企業が労働サービスを需要します．本節では取引の対象の価格とその需要量の関係を見てみましょう．その際に，我々はある特定の財・サービスの市場に限定して話を進めていきます．特定の財・サービスの市場について理解できた一般的な性質についての知識は，ほかの財・サービスの市場についても使えるようになります．

1.1　需要計画としての需要曲線

　缶コーヒー市場における缶コーヒーの需要量はどのように決まるでしょうか．市場全体の缶コーヒーの需要量を考えるために，まずＡさんの缶コーヒーに対する需要量を考えてみます．ここで，Ａさんの缶コーヒーに対する需要量とはＡさんが自分の予算のなかで購入しようと考えている缶コーヒーの量を表します．缶コーヒーの価格はＡさんの缶コーヒーの需要量に影響を与えます．缶コーヒーの価格が上昇すれば，Ａさんは購入しようとする缶コーヒーの量を減

らすでしょうし，価格が下落すれば，Aさんは購入しようとする缶コーヒーの量を増やすでしょう．表1は缶コーヒーの価格とAさんの缶コーヒーの需要量のあいだに成り立つ関係を表しています．Aさんの缶コーヒーの需要量は価格以外にも，例えばAさんの給料や缶コーヒーの横に陳列されている緑茶の価格などさまざまな要因に影響を受けますが，ここでは缶コーヒーの価格以外の要因は変化せずに一定であるとします．

　コンビニエンス・ストアーや自動販売機で販売されている缶コーヒーはだいたい120円くらいだと思いますが，ここでは缶コーヒーの価格がそれよりも高かったら，あるいは安かったら，缶コーヒーに対する需要量をAさんがどのように変更するのかを見てみましょう．表1において，缶コーヒーの価格が下落すると，Aさんが計画する缶コーヒーの需要量が増えていることを確認してください．先ほども述べたように，価格が下がると通常その財・サービスに対する需要量は増加します．これを需要法則と呼びます．

　図1は表1における，缶コーヒーの価格と，Aさんの缶コーヒーの需要計画の量をグラフで表したものです．縦軸の p は価格を，横軸の q は缶コーヒーの数量を表しています．価格は Price なので p，数量は Quantity なので q と表しています．表1における価格とAさんの需要計画の組み合わせは（180円，1本）（160円，2本）（140円，3本）（120円，4本）（100円，5本）（80円，6本）（60円，7本）となっています．図1の直線は縦軸が価格，横軸が数量の平面上に記されたこれらの点をすべて通っています（特に（120円，4本）の組み合わせの点に矢印の指示があります）．これをAさんの缶コーヒーの需要曲線といいます（ここでは，簡単な例として直線の需要曲線を考えていますが，一般的に需要曲線は直線とは限りません）．缶コーヒーの価格が下がるほど，Aさんが缶コーヒーを多く需要するとき，Aさんの需要曲線は図1のように右下がりのグラフになります．

　Aさんの需要曲線を見ると，缶コーヒーの価格が与えられるとそれに応じてAさんの缶コーヒーの需要量がいくらになるかが分かります．では，缶コーヒーの価格が与えられたとき，缶コーヒー市場全体の缶コーヒーの需要量はいくらになるでしょうか．市場全体の缶コーヒーの需要量はこの市場に参加する家計の缶コーヒーの需要量を足し合わせれば求めることができます．ここでは話を単純にするために，この市場にはAさんのほかにもう1人Bさんという家計が存在すると仮定します．したがって，市場全体の缶コーヒーの需要量はA

第1章 市場機構

表1 価格と需要量

缶コーヒーの価格	Aさんの缶コーヒーの需要量
180円	1本
160円	2本
140円	3本
120円	4本
100円	5本
80円	6本
60円	7本

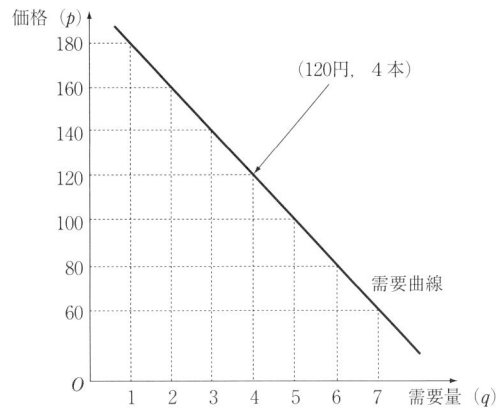

図1 Aさんの需要曲線

さんの缶コーヒーの需要量とBさんの缶コーヒーの需要量を足し合わせたものになります．

図2には，Aさんの缶コーヒーの需要曲線とBさんの缶コーヒーの需要曲線が描かれています．Bさんの需要曲線もAさんと同様に右下がりです．Aさんの需要曲線とBさんの需要曲線から缶コーヒー市場の市場需要曲線を求めることができます．缶コーヒー市場の市場需要曲線とは缶コーヒーの価格と市場全体の缶コーヒーの需要量の関係を表すグラフです．市場全体の缶コーヒーの需要量はAさんとBさんの缶コーヒーの需要量を足し合わせたものなので，市場の需要曲線はAさんとBさんの需要曲線を横軸方向に足し合わせたものになります（図2）．

図2 個別需要曲線と市場需要曲線

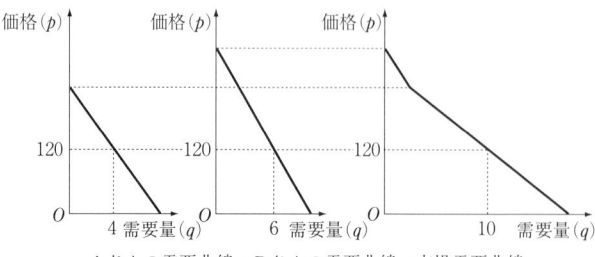

Aさんの需要曲線＋Bさんの需要曲線＝市場需要曲線

図3 市場需要曲線

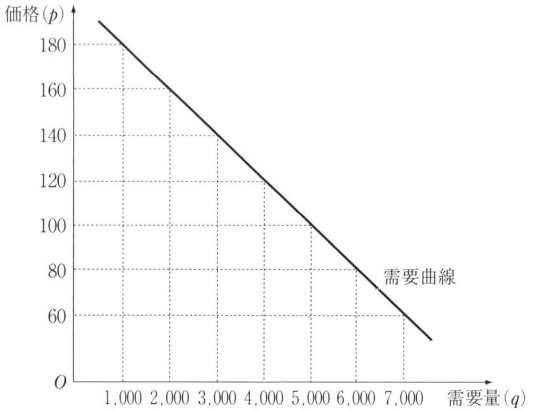

　Aさん，Bさんの需要曲線が右下がりなので，市場需要曲線も右下がりになります．市場需要曲線に対して，個々の家計の需要曲線を個別需要曲線と呼びます（以下では，特に断らない限り，需要曲線を市場需要曲線の意味で使います）．

　実際には缶コーヒー市場で缶コーヒーを需要する家計は非常にたくさんいます．家計が非常にたくさんいる場合の缶コーヒー市場の市場需要曲線の求め方も先ほどと同様で，各家計の需要曲線を横軸方向に足し合わせればよいのです．各家計の需要曲線が右下がりなら，市場需要曲線は右下がりになります（図3）．ここでは，さまざまな家計の需要量を足し合わせた結果，例えば価格が160円のときの需要量が2,000本，140円のときの需要量が3,000本，120円のときの需要量が4,000本，100円のときの需要量が5,000本，80円のときの需要量が6,000本となっています．

1.2 需要曲線の高さの意味

需要曲線の高さは家計がその財・サービスを手に入れるために支払ってもよい最大金額を表しています（財・サービスに支払ってもよい最大金額は，家計がその財・サービスを消費することで得る便益と呼ばれます）．このことを見るために次のような簡単な例を考えてみましょう．

今コーヒーメーカーの市場に4人の家計Aさん，Bさん，Cさん，Dさんがいるものとします．表2はそれぞれの家計がコーヒーメーカー1台を手に入れるために支払ってもよい最大金額を示しています．コーヒーメーカー1台に支払ってもよい最大金額はそれぞれの家計で異なっています．それぞれの家計はコーヒーメーカー1台に支払ってもよい最大金額がコーヒーメーカーの価格以上であるときにコーヒーメーカーを購入します．ここでは，簡単化のために各家計はコーヒーメーカーを1台しか購入しないとします．

このとき，このコーヒーメーカー市場におけるコーヒーメーカーの需要曲線を考えてみましょう．もしもコーヒーメーカーの価格が8,000円を上回っていると，コーヒーメーカー1台に支払える最大金額がもっとも高いAさんでさえ，コーヒーメーカーを購入しようとはしません．したがって，コーヒーメーカーの価格が8,000円を上回っているときのコーヒーメーカーに対する需要量は0です．コーヒーメーカーの価格が8,000円以下になると，コーヒーメーカーの価格がAさんの支払ってもよい最大金額以下になるので，Aさんがコーヒーメーカーを購入しようとします．コーヒーメーカーの価格が6,000円を上回る限り，Aさん以外の家計はコーヒーメーカーを購入しないので，コーヒーメーカーの価格が6,000円より高く，8,000円以下であるときのコーヒーメーカーに対する需要量はAさんによる1です．コーヒーメーカーの価格が6,000円以下になると，Bさんがコーヒーメーカーを購入しようします．コーヒーメーカーの価格が4,000円を上回っている限り，Cさん，Dさんはコーヒーメーカーを購入しようとしないので，コーヒーメーカーの価格が4,000円より高く，6,000円以下であるときのコーヒーメーカーに対する需要量はAさんとBさんによる2です．以下同様に，コーヒーメーカーの価格が2,000円より高く，4,000円以下であるときのコーヒーメーカーに対する需要量はAさんとBさんとCさんによる3，コーヒーメーカーの価格が2,000円以下であるときのコーヒーメーカーに対する需要量はAさん，Bさん，Cさん，Dさんによる4となります．以上の価格と需要量の関係を図示したものが図4です．これがこのコーヒー

表2　家計別便益

家計の名前	支払っても良い最大金額
Aさん	8,000円
Bさん	6,000円
Cさん	4,000円
Dさん	2,000円

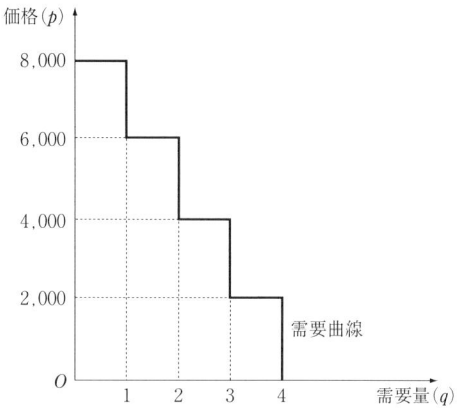

図4　需要曲線

メーカー市場の需要曲線となります．

　この需要曲線には，例えば価格8,000円と需要量1の組み合わせがあります．これは価格が8,000円のときの需要量が1であることを意味していますが，先の説明から，この1台目のコーヒーメーカーを需要するAさんがこのコーヒーメーカーに支払ってもよい最大金額が8,000円となっていることも分かります．このように，需要曲線の高さは各家計の支払っても良い最大金額となっています．この点は，消費者余剰（第3章の第1節）を説明する際にも出てきます．

　ここでは，家計の数を4人としているので，市場需要曲線は階段状になっています．ここで家計の数が増えていくと，市場需要曲線の階段の数が増えていくでしょう．例えば図5のような感じになっているはずです．そして家計が非常にたくさん存在すれば，市場需要曲線は，例えば図3で描かれているような，なめらかな曲線になります．

第1章　市場機構

図5　需要曲線

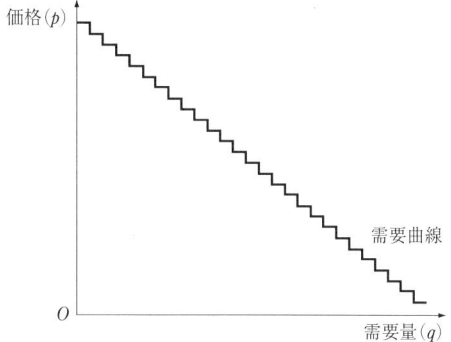

練習問題
1. 需要の法則について説明せよ．
2. 需要曲線の意味について説明せよ．
3. 需要曲線の高さの意味について説明せよ．
4. アイスクリーム市場におけるアイスクリームの価格と需要量の関係が以下の表の通りであるとします．このとき，アイスクリームの需要曲線の図を描きなさい．

アイスクリームの価格	アイスクリームの需要量
100円	10個
200円	7個
300円	4個
400円	3個
500円	2個
600円	1個

5. 本文中のコーヒーメーカー市場の例において，Aさん，Bさん，Cさん，Dさんの個別需要曲線の図を描きなさい．また，各家計の個別需要曲線を横軸方向に足し合わせると図4の市場需要曲線になることを確認しなさい．

2　供給曲線

序章で，経済の動きを簡単化して捉える方法として，循環図を学びました．世の中には，買い手（需要側）と売り手（供給側）がいて，財・サービス市場

や労働市場で取引が行われていることを学びました．そして，前節では，買い手側の需要計画である需要曲線について学び，需要曲線が価格と需要量の関係を示すものであることをみてきました．また，需要曲線の高さには，家計の支払ってもよい最大金額の意味も含まれていることを確認しました．

本節では，売り手側の供給計画である供給曲線について学びます．財・サービス市場において，売り手は企業でしたので，供給曲線は企業の供給計画を表しています．一方，労働市場においては，売り手は家計でしたので，（労働）供給曲線は家計の供給計画を表しています．

2.1 供給計画としての供給曲線

ここでは，缶コーヒーを生産して販売している企業の例を取り上げて考えていきましょう．通常，缶コーヒーを作っている企業は，やみくもに供給量を決定したりはしません．事前に，販売価格と供給量の関係について，綿密な計画を練っているものです．ここでは，例えば表3のような供給計画であったとしましょう．

表3には，価格と企業が計画している供給量の関係が示されています．企業は，缶コーヒーの価格がもし60円であったのならば，1,000本供給しようと考えています．少し価格が高くなって，80円なら，2,000本供給しようと考えています．もっと価格が上がって120円であれば，4,000本供給しようと考えていて，さらに価格が高くなって180円であれば，7,000本供給する計画をもっています．需要の場合とは逆に，価格が高くなればなるほど，たくさんの量を供給しようとしていることを確認してください．この供給表をグラフで表現したのが，図6に描かれている供給曲線になります．ここでは，60円よりも安いときには供給量はゼロ，60円よりも高いけれども80円よりも安いときには供給量は1,000本，80円よりも高いけれども100円よりも安い時には供給量は2,000本などと表3を解釈しています．

縦軸に価格 (p)，横軸に数量 (q) を取るのは需要曲線の場合と同じです．表3で記された供給計画が，グラフの各点となっていることを確認しましょう．例えば，縦軸が80，横軸が2,000の場所に点があります．ほかにも，例えば120と4,000の場所にも点が打たれています．そうした点をつなぎ合わせた線が供給曲線となります．価格が安いときには供給量は少なく，価格が高くなれば供給量は多くなっています．このことは，供給曲線の形状を特徴付けていて，供

表3 缶コーヒーの供給表

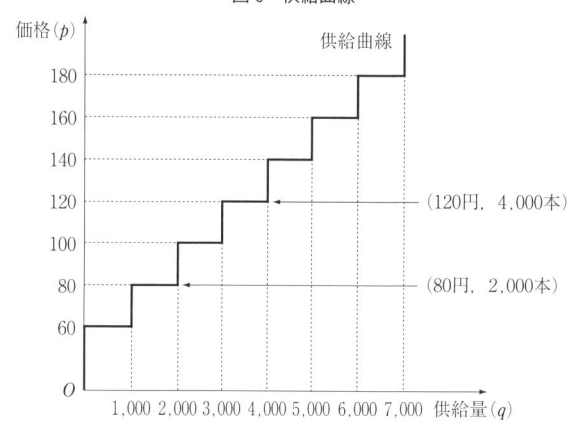

缶コーヒーの価格	缶コーヒーの供給量
60円	1,000本
80円	2,000本
100円	3,000本
120円	4,000本
140円	5,000本
160円	6,000本
180円	7,000本

図6 供給曲線

給曲線は右上がりとなっています．

2.2 生産費用としての供給曲線

　需要曲線の高さ（縦軸の幅）が，家計の支払ってもよい最大金額を意味していたように，供給曲線の高さにも何らかの意味が隠されているのでしょうか．供給曲線の高さにも意味があって，それは生産費用を反映しています．缶コーヒーを生産して販売することをイメージしてみましょう．缶コーヒーを作るためには，材料となるコーヒー豆や糖分だけでなく，缶コーヒーを製造するための土地や機械設備が必要になります．ほかにも缶を作るための鉄や缶コーヒーを工場からスーパーやコンビニエンス・ストアまで運ぶための輸送費も必要と

なります．もちろん，缶コーヒーを生産し，販売する各段階において，従業員が必要になりますので，その人たちの人件費も必要となります．実は，供給曲線の高さは，これらの生産に関わる費用の性質を反映します．

　供給曲線と生産費用の性質のあいだに成り立つ関係を明らかにするために，缶コーヒーの供給量と缶コーヒーを1本生産するごとにかかる生産費用の関係をグラフにしてみましょう．最初の1本目から1,000本目までの生産においては，缶コーヒーを生産するのに1本ごとに60円の生産費用がかかるとしましょう．生産量が少ないときには，安く仕入れることができる牛乳を確保できたのかもしれませんし，土地代の安いところに工場を作ったのかもしれません．安い賃金で働いてくれる労働者がいたのかもしれません．あるいは，最初の1,000本を生産した企業は，さまざまな工夫を凝らして安く缶コーヒーを生産する技術をもっていたのかもしれません．そうした安い生産費用を反映して，最初の1本目から1,000本目までは，1本ごとに60円の生産費用で缶コーヒーが生産できるとします．これが図7において，横軸の生産量が1,000本までの範囲で縦軸の1本ごとの費用の値が60となっている部分に対応します．

　しかし，安い牛乳や安い土地などは無限にあるわけではありません．資源は有限なのです．さらに缶コーヒーを生産しようとすると，安い土地はすでに使われてしまっているので，やや土地代の高いところにしか工場を建てることができませんし，生産規模が大きくなれば，多くの労働者を管理する管理者を新たに雇わなくてはいけないかもしれません．そのため，徐々に費用が高くなってしまいます．そうした背景を反映して，1,001本目から2,000本目までの生産においては，1本ごとの生産費用が少し高くなり，80円となるとしましょう．この場合，1,000本の生産量を超えたときに生産費用が80円に上がり，そこから2,000本目までは1本ごとの生産費用が80円となります．図7において，生産量が1,000本を超えて2,000本までの範囲で1本ごとの費用の値が80となっている部分に対応します．

　さらに生産量を増やせばさらに生産費用が上がるかもしれません．2,001本目から3,000本目までは，1本ごとの生産費用が100円となるとしましょう．以下同様に，生産量を増やせば生産費用が増えていくと考えられます．図7では，6,001本から7,000本までは，1本ごとの生産費用が180円となっています．最初の1,000本に比べて，120円も生産費用が高くなっています．これは，もしかすると土地代のかなり高いところに工場を建設してしまったのかもしれません

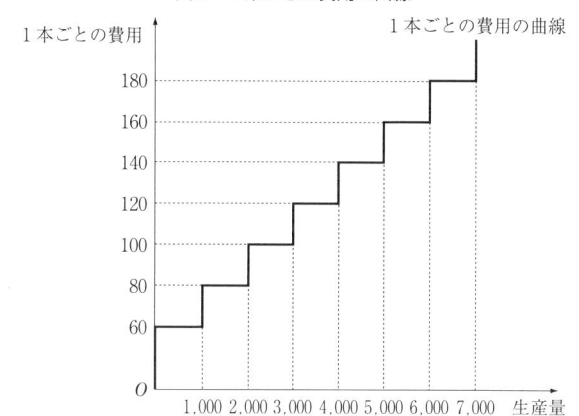

図 7　1 本ごとの費用の曲線

し，スーパーやコンビニエンス・ストアからとても離れたところで生産したために，輸送費が高くなってしまったのかもしれません．多くの労働者が働いているために，お互いの仕事内容を調整するために費用が余分にかかっているのかもしれません．あるいは，安く缶コーヒーを生産する技術をもっていない企業（工場）が生産しているのかもしれません．

　ここまで生産量と 1 本ごとの生産費用の関係を説明してきました．実は以下で説明するように，この 1 本ごとの費用を表す曲線から，2.1 での供給曲線（図 6）が導き出されます（すでにかたちが同じものとなっていることは視覚的に確認できると思います）．1 本ごとの費用の曲線から，例えば 4,000 本目の缶コーヒー 1 本の生産費用が 120 円となっていることが分かります．この費用条件の下で，価格が 120 円であったときに供給量が 4,000 本になることが以下で示されます．このことは，図 7 の費用の下での供給は価格が 120 円のときに 4,000 本となり，この点を供給曲線に書こうとすると，図 6 と同じように（120 円，4,000 本）の点となることを意味します．図 7 のほかの点についても同じ結果が成り立ち，その結果，図 7 の費用の下での供給曲線を描けば，その供給曲線は図 6 の供給曲線とまったく同じものとなります．

　実際に，1 本ごとの費用の曲線が図 7 の場合に，供給量がどうなるかを考えていきましょう．価格が 120 円であったとき，1 本目から 1,000 本目までは，1 本ごとに 60 円の費用で生産できます．企業は生産し，販売するかどうかを検討しますが，1 本あたり 120 円の価格で売れて，この 1,000 本に関しては 1 本ごと

の生産費用は60円です．その差額の60円の利益が出ますから，最初の1,000本の供給を決めます．続く1,001本目から2,000本目までの1,000本ですが，販売できる価格は120円である一方で1本ごとの生産費用が80円でした．1本につき40円の利益が出ますから，企業は供給を続けます．さらに続く2,001本目から3,000本目については，1本につき20円の利益が出るため，企業は供給を続けます．3,001本目から4,000本目については，価格が120円に対し1本ごとの生産費用も120円であるため，損益がちょうど釣り合っています．プラスの利益はありませんが，費用のなかには生産に従事した人たちの報酬が含まれていますから，生産をすれば彼らが報酬を受け取れます．この点を考えれば，損益が同じであっても企業は生産を行うでしょう．したがって，3,001本目から4,000本目までの1,000本も供給されます．では，1本ごとの生産費用が140円の4,001本目から5,000本目は供給されるでしょうか．販売価格は120円ですから，1本ごとの生産費用が140円もかかってしまうと，1本あたり20円の赤字になってしまいます．企業は赤字になってまでも供給をする必要は無いと考えますので，4,001本目以上の供給は行われません．

　以上をまとめると，価格が120円であったとき，最初の1,000本（1本ごとの生産費用は60円）を始めとして，4,000本目（1本ごとの生産費用は120円）までが供給されることになります．つまり，価格が120円のときの供給量は4,000本となります．同様にして，価格が140円のときの供給量は5,000本，160円のときの供給量は6,000本となることが確認できます．その背景で，企業は1本ごとの生産費用が価格に等しくなるまで生産量を増加させ，1本ごとの生産費用が価格を上回る手前で生産量を増やすのをやめます．つまり，企業が利潤を最大にするように生産量を決定すれば，その生産量の下では，価格と1本ごとの生産費用が等しくなるのです．

　価格と1本ごとの生産費用が等しいならば，価格と供給量の関係を表す供給曲線と1本ごとの生産費用と供給量の関係を表す図7のグラフは同じものになります．価格と1本ごとの生産費用が等しければ，図7の縦軸を価格と読み替えても構わないので，図7は図6と同じものになるのです．以上のことから，供給曲線には二つの意味として，(1)供給者の供給計画と(2)1本ごとの費用とがあることが理解できたことになります．

　ここまでは，1,000本までは1本ごとの生産費用が60円で変わらないとしました．実際には，その途中でもわずかながらに生産費用が上がっていって，

第1章　市場機構

図8　詳細な1本ごとの費用の曲線

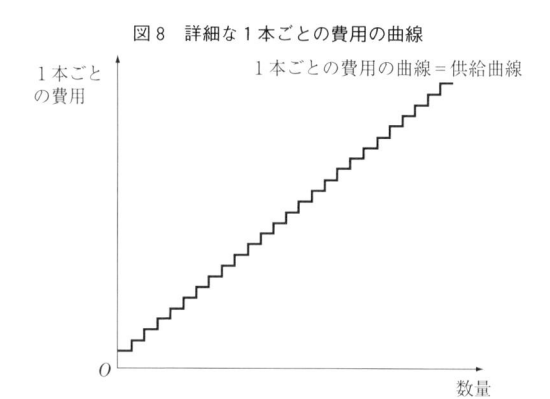

図9　供給曲線

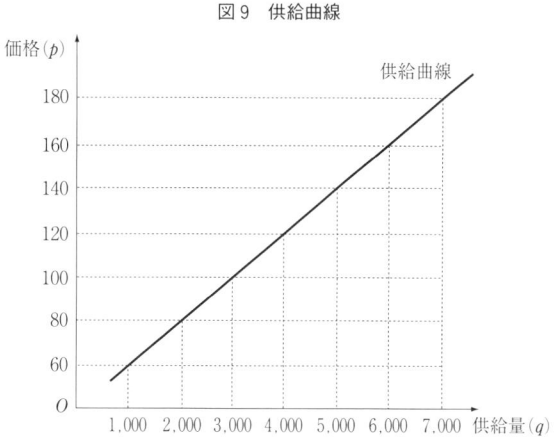

1,001本目から80円となると思います．例えば，1本目から500本目までは1本ごとの生産費用が60円で，501本目から1,000本目までは1本ごとの生産費用が70円となるかもしれません．もっと費用について詳しく調べると，1本目から250本目までは1本ごとの生産費用が60円で，251本目から500本目までは1本ごとの生産費用が65円で，501本目から750本目までは1本ごとの生産費用が70円で，751本目から1,000本目までは1本ごとの生産費用が75円となるかもしれません．このように生産費用について詳しく調べていけば，階段状の曲線は図8のようになると思います．

　このように生産費用について詳しく調べていけば，そしてもし企業の数が増えて，階段状の個々の供給曲線を水平に足し合わせていけば（練習問題3．

練習問題

1. 供給曲線の二つの意味について説明しなさい．
2. 本文図6の缶コーヒーの供給について以下の問いに答えなさい．
   (1) 価格が80円のとき，缶コーヒーの供給量はいくらか．
   (2) 価格が95円のとき，缶コーヒーの供給量はいくらか．
   (3) 価格が110円のとき，缶コーヒーの供給量はいくらか．
   (4) 価格が145円のとき，缶コーヒーの供給量はいくらか．
   (5) 価格が171円のとき，缶コーヒーの供給量はいくらか．
3. 次の表には，ハンバーガーについての供給計画が記されている．

表　ハンバーガーの供給表

ハンバーガーの価格	ハンバーガーの供給量
250円	2,000個
300円	3,000個
350円	5,000個
400円	6,000個
450円	7,000個
500円	8,000個

(1) ハンバーガーの供給曲線を描きなさい．
(2) ハンバーガーの生産に必要な費用を三つ考えなさい．
(3) 価格が270円のとき，ハンバーガーの供給量はいくらか．
(4) 価格が430円のとき，ハンバーガーの供給量はいくらか．
(5) このハンバーガー産業に，330円で1,000個供給できる企業が新規参入してきたとする．新しい供給表と供給曲線を描きなさい（応用問題．じっくり考えてみよう）．

3　市場機構

前節までで，需要の性質と供給の性質について確認してきました．需要の性質を考える際に，価格との関係で需要量の決定を見てきましたが，実際の経済取引は需要だけから決まるのではありません．同様に，価格との関係で供給量の決定を見てきましたが，経済取引は供給だけから決まるのではありません．

需要・供給の両者がともに必要である点を，以下の具体例で見てみましょう．

タイム・マシンが入手できるのであれば，価格がどれほど高くても是非とも需要したいと思っている人は世界中を探せば少なからず存在すると思います．つまり，タイム・マシンに対する需要は，価格が高くてもある程度の規模で存在します．でもタイム・マシンの取引は存在していません．我々人類はそれを供給する技術を手にしていないのです．

空気はどの人にとっても必要不可欠です．つまり，空気に対する需要は必ず相当規模で存在します．でも空気は経済取引の対象とは通常なっていません．空気は価格がゼロでも十分な供給が存在しているからです．

かつての日本では三輪のトラックが走っていましたし，今でも三輪トラックが走っている国があります．日本の企業の技術力をもってすれば三輪トラックを生産して供給することは可能だと思います．ところが日本国内では新たに生産された三輪トラックは取引されていないと思います．三輪トラックに対する需要がわずかしか存在しないからです．

先の具体例から，需要だけから経済取引は生み出されないし，供給だけからも経済取引は生み出されないという感覚を持つことができたと思います．本節では，経済取引の背景に需要と供給の両者が存在すること，そして，需要と供給の性質が経済取引の性質を決めることを確認していきます．

3.1 市場均衡

図10を見てください．ここでは，今まで学んできた缶コーヒーの市場における需要曲線（図3）と供給曲線（図9）を重ねて描いています．需要曲線が右下がりであること，つまり価格が安いときに需要量が大きくなること，そして供給曲線が右上がりであること，つまり価格が高いときに供給量が大きくなることを改めて確認してください．

需要と供給が図10のような性質をもつときに，経済取引がどのようになるのかを考えていきます．市場価格が180円であったとします．この場合，需要曲線から，需要量が1,000本であることが分かり，供給曲線から，供給量が7,000本であることが分かります．もし市場価格が180円であれば，需要に比べて供給が多すぎます．言い換えれば，価格が高いため儲けられると思って，企業はたくさん供給しようとするけれども，180円を出してまで需要しようとする家計は少なく，供給した分の多くはどんどん売れ残りとなっています．

この状況が長期間続くでしょうか．もしこの状況が続くのであれば，企業は

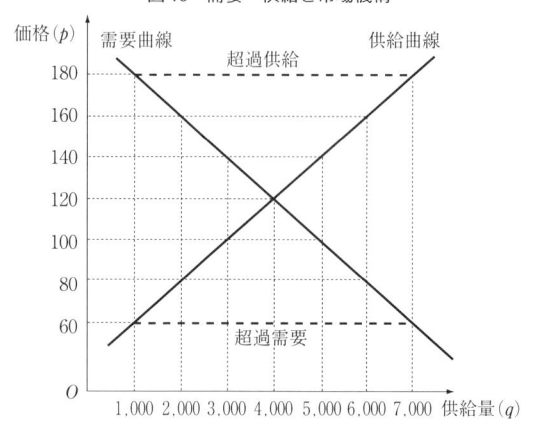

図 10 　需要・供給と市場機構

常に儲かると思い多数生産し供給しながらも，その度に供給したものの多くが売れ残ってしまいます．このような状況が続くとは思えない，というのが経済学の基本的な考え方です．経済取引がうまくいっていないことに応じて，何らかの調整が働くと考えます．その調整の働き方は，問題としている財もしくはサービスの性質などによって異なってくるでしょう．缶コーヒーのように一定程度の期間在庫とすることが可能な財と，生鮮野菜のように賞味期限までに売らないと腐ってしまう財とで，当然調整のされ方は違ってくるはずです．そのなかでもっとも典型的なものは，売れ残りを反映して市場価格が低下していくという調整です．経済学では，供給が需要を上回る状態を超過供給と呼びます．そして典型的な調整過程では，超過供給が存在するときに市場価格が低下します．

このように，市場価格が180円のときには超過供給があり，価格が低下します．そこで市場価格が160円まで下がったとします．この場合，需要量が2,000本で供給量が6,000本となっていることが図から分かります．需要量と供給量が一致していませんから，何らかの調整が働きます．先に説明した典型的な調整過程を考えるのであれば，超過供給があることから，市場価格がさらに低下するでしょう．

では，市場価格が60円であればどうなるでしょう．この場合，需要曲線から，需要量が7,000本であることが分かり，供給曲線から，供給量が1,000本であることが分かります．もし市場価格が60円であれば，供給に比べて需要が多すぎ

ます．言い換えれば，家計はその財の価格が安いのでたくさん需要しようとするけれども，企業は，60円では儲けを確保できないために多くを供給しようとしません．そのために，家計がたくさん需要しようとしても実際に手に入れることができなくなっています．

　この状況が長期間続くでしょうか．もしこの状況が続くのであれば，家計は常にその財を多数需要しながらも，その度に手に入れることができないわけです．このような状況も続くとは思えない，というのが経済学の基本的な考え方です．ここでも，経済取引がうまくいっていないことに応じて，何らかの調整が働くでしょう．もっとも典型的なものは，品不足を反映して市場価格が上昇していくという調整です．経済学では，需要が供給を上回る状態を超過需要と呼びます．そして典型的な調整過程では，超過需要が存在するときに市場価格が上昇します．

　このように，市場価格が60円のときには超過需要があり，価格が上昇します．そこで市場価格が80円まで上がったとします．この場合，需要量が6,000本で供給量が2,000本となっていることが分かります．需要量と供給量が一致していませんから，何らかの調整が行われます．先に説明した典型的な調整過程では，超過需要があることから，市場価格がさらに上昇するでしょう．

　以上のように，需要量と供給量が一致していなければ，経済取引がうまくいっていないため，何らかの調整が働くというのが，経済学の基本的な考え方です．その典型的な調整が先に見た価格による調整です．

　では，最終的にどのような状態に経済取引が落ち着くでしょう．供給量が需要量を上回る限り価格は下落し続け，価格の下落に伴って供給量は減少し需要量は増加し，最終的には供給量と需要量が一致します．同様に需要量が供給量を上回る限り価格は上昇し続け，価格の上昇によって需要量は減少し供給量は増加し，最終的には需要量と供給量が一致します．したがって，需要量と供給量が一致した状態に経済取引が落ち着くと考えるのが自然だと思います．この需要量と供給量が一致した状態を市場均衡と呼びます．そして，経済活動は最終的に市場均衡に落ち着くという考え方に基づいて実際の経済取引を説明しようというのが，経済学の基本的な発想です．

　図11で，市場均衡がどこになるのかを確認しましょう．すでに市場価格が180円，160円，もしくは60円，80円のときには需要量と供給量が一致しないことを見てきました．市場価格が120円のときには，需要曲線および供給曲線か

図11　市場均衡

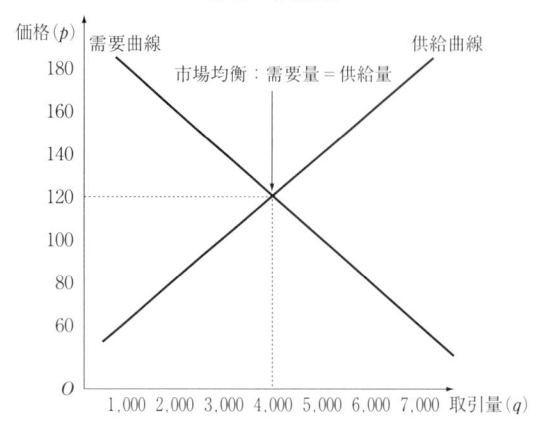

ら，需要量も供給量も4,000本となっていることが分かります．つまり，市場価格が120円のときに需要量と供給量が一致しています．このことから，本図では，市場価格が120円のときに市場均衡が実現することが分かります．

3.2　市場機構

　先の議論で確認したように，価格や取引量は需要と供給の関係から決まり，最終的には需要量と供給量が一致する状態で経済取引が落ち着くと経済学では考えています．需要と供給を反映しながら経済取引が調整され，最終的には需要量と供給量が一致する状態で経済取引が実現することになるような，何らかのメカニズムが存在していると経済学では考えているわけです．経済取引をうまく調整するこのようなメカニズムのことを「市場機構（マーケット・メカニズム）」もしくは「価格機構（プライス・メカニズム）」と経済学では呼んでいます．先の議論では，そのメカニズムの典型的な働き方を確認してきたわけです．

　その市場機構の典型的な機能の仕方として，超過供給があれば価格が低下し，超過需要があれば価格が上昇するという調整のされ方を考えました．このような調整が働くことによって，市場機構の下では，需要量と供給量が一致する状態で経済取引が実現し，その需要量と供給量が一致している状態での経済取引を市場均衡と呼んでいるわけです．その市場均衡での市場価格を均衡価格，取引量を均衡取引量と呼びます．

　図11では，均衡価格が120円，均衡取引量が4,000本となっています．図で考

えれば，需要曲線と供給曲線の交点が市場均衡となっていますが，あくまでも需要量と供給量が一致している状態が市場均衡であると認識して下さい．複雑な経済活動であれば，そもそも図に表すことができませんし，図に表せる場合でも，以下で説明するように独占の場合であれば，供給曲線という概念が存在しませんし，そのため交点も存在しません．それでも需要と供給の関係から経済活動が決まってくるという発想は生かされています．

またすでに序章で触れましたが，市場という言葉を使っていても，具体的な市場の場が必ずしもあるわけではありません．また，経済活動を調整するメカニズムを論点にしていても，市場機構といわずに単に市場ということもあります（市場が経済活動を決めるといった説明です）．本来は市場機構と呼ばれるべき，経済活動を調整するメカニズムを市場と呼ぶこともあると思ってください．抽象的なメカニズムを具体的に認識することが難しいため，市場という名を与え，理解のために需要曲線や供給曲線を描いているともいえます．

3.3 完全競争市場

実はここまでの議論は，以下で定義される完全競争市場と呼ばれる市場環境を前提として展開されています．そこで完全競争市場について確認をしておきましょう．図12には，価格や数量を具体的な値に特定化せずに需要曲線や供給曲線を描いています．なお，ここでは，価格や数量などに括弧で記号を付けておきました．以下の章では，表記の単純化のために記号を用いることが多くなると思いますので，ここで概念と記号の対応を確認しておきます．すでに説明しましたが，価格が英語で Price であることから，本書では p と表記することにします．数量は英語で Quantity であることから，q と表記することにします．需要曲線は英語で Demand Curve であることから，D と表記することにします．供給曲線は英語で Supply Curve であることから，S と表記することにします．市場均衡は英語で Market Equilibrium であることから，E と表記することにします．

この図12において，需要曲線は，価格が p_1 のときに需要量が q_1，価格が p_E のときに需要量が q_E，価格が p_2 のときに需要量が q_2 であることを，供給曲線は，価格が p_1 のときに供給量が q_2，価格が p_E のときに供給量が q_E，価格が p_2 のときに供給量が q_1 であることを意味しています．

ここでは，各家計と各企業はそれぞれ，市場での価格を観察したうえで，そ

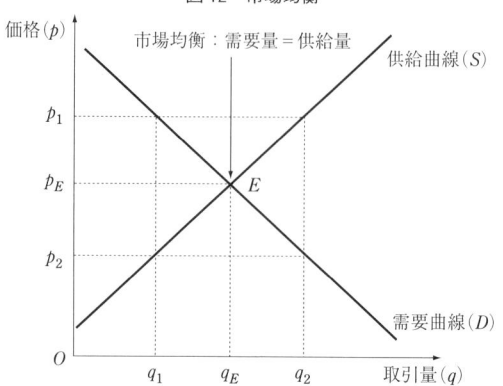

図12 市場均衡

の価格の下での需要量もしくは供給量を決定しています．さらに，各主体が需要量もしくは供給量をどのように決定しても，それが市場での価格に影響を与えることはないということが想定されています．自分の決定した需要量もしくは供給量が市場での価格に影響を与えると考えて行動する主体は存在していません．ここで考えている経済取引において，すべての主体は，市場での価格に影響を与えることができませんし，その結果として，市場での価格を与えられたものとして行動しているともいえます．

このように，市場での価格を与えられたものとして行動する主体のことを，プライス・テイカー（価格受容者）と呼びます．すべての主体がプライス・テイカーとなっている場合を，経済学で完全競争市場と呼んでいます．

ところで，各主体がプライス・テイカーであるという条件はどれほどの現実性をもっているでしょうか．例えば，企業が一つしか存在しない場合を考えてみましょう．この状況を独占と呼びます．その場合，独占企業は市場での供給量を例えば q_1 に制限することができます．

独占市場の場合はほかに供給する企業が存在しませんから，独占企業が供給量を q_1 に制限すれば，市場での供給量は q_1 となります．供給量が q_1 の場合，価格 p_1 で需要量と供給量が等しくなりますから，市場均衡での価格は p_1 となります．つまり独占企業は価格を p_1 まで吊り上げることができます．

供給量を q_1 に制限して価格を p_1 まで吊り上げた方が独占企業にとっての利潤が大きければ，この独占企業は最初から供給量 q_1 と価格 p_1 の組み合わせを選ぶでしょうし，それが市場均衡となります．この場合，供給曲線という

概念がそもそも意味をもたなくなります（企業は価格を見て供給量を決めるのでなく，供給量を決めて価格を自ら決定します）．独占企業は，完全競争市場における企業のようなプライス・テイカーではなく，価格支配力をもつわけです．

今確認したように，独占力をもち市場での価格を支配できる経済主体がいた場合には，完全競争市場とはなりませんし，その場合の市場均衡は需要曲線と供給曲線の交点とはなりません．第5章では，独占市場の場合に，本来の完全競争市場の均衡よりも取引量が少なくなることが説明されます．

独占的に行動できる主体が存在すれば，その主体は価格を支配することが可能となりました．逆に需要者や供給者が多数存在すれば，各主体が自分の都合で価格を支配することが困難となり，各主体はプライス・テイカーとなります．実際，先の状況でもう一つの企業が存在したとしましょう．最初の企業が供給量を q_1 に制限して価格を p_1 まで吊り上げようとしても，その価格を見たもう一つの企業も供給を始めますから，市場全体での供給量が q_1 以上に増えて，超過供給となり，価格は p_1 より下落せざるを得なくなります．さらにほかに多数の企業が存在するならば，なおさら価格を高く吊り上げることは困難となるでしょう．

今の議論から分かるように，多数の企業が存在すれば，個々の企業が価格支配力を行使することは難しくなります．実は家計の場合も同様で，多数の家計が存在すれば，個々の家計が価格支配力を行使することは難しくなります．また，家計や企業が多数存在する状況では，個々の主体の需要量もしくは供給量は市場全体から見ると無視できるほど小さな量であるため，各主体の行動が市場全体の需要量もしくは供給量に影響を与えることはなく，したがって価格にも影響を与えることはないと考えることも出来ます．

このように，多数の経済主体が存在することにより，価格の支配は難しくなります．ただ，企業数が多数であったとしても，もし各企業が生産している財・サービスが，ライバル企業の財・サービスと性能，デザイン，イメージ，アフター・サービスなので異なっていたらどうなるでしょう．ライバル企業の財・サービスとこのような差異を設けることを差別化といいます．例えばA社とB社が自動車を供給しているのだけれども，それぞれの自動車が差別化されていれば，家計はA社の自動車とB社の自動車をまったく同じとは認識しません．その場合は，A社の自動車の市場とB社の自動車の市場を考える必要が出てきます．そしてA社の自動車の市場ではA社が独占企業となりますし，B社

の自動車の市場ではB社が独占企業となります．そしてA社とB社に，ある程度の価格支配力が出てきます．各企業の生産している財・サービスが差別化されていて，各企業が自社の財・サービスに対して価格支配力をもつ市場を独占的競争市場と呼びます．

もし各企業の生産する財・サービスがまったく同じであれば，このような状況は出てきません．財・サービスがまったく同じであることを，財・サービスが同質的であるといいます．財・サービスが同質的であれば，その財・サービスについては一つの市場における需要と供給で分析ができます．

通常，その市場で取引されている財・サービスの同質性が成り立ち，その市場での需要者・供給者が多数存在すれば，各需要者と各供給者はプライス・テイカーとなり，完全競争市場となります．

では，なぜこのような完全競争市場を想定して議論を展開するのでしょうか．実際に問題としている市場においてすべての主体がプライス・テイカーであれば，その市場を完全競争市場と想定することは，その市場の記述として問題がありません．ところが，問題としている市場における主体が必ずプライス・テイカーとなっているとはいえないでしょう．それにもかかわらず，完全競争市場をまず想定する理由はなんでしょうか．

一つには，この完全競争市場を分析することによって，経済学において中心的な意味をもつ市場機構の働きが純粋なかたちで理解できる点があります．完全競争市場の分析を通じて理解された需要と供給と価格の関係は，完全競争市場ではない市場を問題とする際にも，そこでの経済活動の理解の出発点となります．この教科書でも，後に独占市場の分析を簡単なかたちで説明します．その際にもやはり需要と供給と価格の関係が出てくることが確認できます．

また，次章に読み進むと理解できると思いますが，現実の市場が完全競争市場では必ずしもないとしても，需要曲線と供給曲線を用いて分析することによって，実際の経済取引の特徴を分かりやすく導き出すことができます．もちろん，問題としている市場が完全競争市場でなければ，完全競争市場の考え方を用いた分析結果をそのまま使用することは危険なのですが，問題としている市場での経済活動の理解の助けとなります．次章で，需要曲線と供給曲線を用いるだけでどれほどの説明力があるのか確認をして下さい．

さらに，より積極的な理由も存在します．第3章と第4章では，どのような経済活動が社会にとって望ましいのかを考えます．そこでの主要な結論の一つ

は，完全競争市場の均衡においてもっとも効率的な経済活動が実現するというものです．つまり，効率性の観点からは，完全競争市場の均衡が社会的にもっとも望ましいといえ，そのことから，実際の経済活動を考える際の基準としての意味を完全競争市場はもつことになります．完全競争市場の均衡が一つの理想的な経済活動を表しているわけです．

練習問題

1. (1)本文冒頭にある空気の取引について，需要曲線と供給曲線を用いるとどのような状況となっているのか説明せよ．
(2)チベットのような気圧が非常に低い高地のホテルでは，新鮮な空気が取引されている場合があります．富士山登山を考えている人のなかには，山頂で新鮮な空気を吸うために，空気ボンベを前もって購入することもあります．空気の取引が実現していると考えられますが，(1)の状況と何が異なるのか説明せよ．
(3)空気は我々にとって必要不可欠であっても，多くの場合は値段がつかない一方で，ダイヤモンドは無くても死ぬことはないが，多くの場合非常に高価となる．何故なのか考えよ．
(4)本文で新たに生産された三輪トラックの取引は存在していないだろうと述べましたが，中古の三輪トラックの取引は存在している可能性があります．何故なのか説明せよ．
2. (1)超過需要のときに，経済活動はどのように調整されるのか説明せよ．
(2)超過供給のときに，経済活動はどのように調整されるのか説明せよ．
(3)市場均衡の条件について説明せよ．
3. 完全競争市場の条件について説明せよ．
4. p は市場価格を，q^D は需要量を，q^S は供給量を表しているとします．市場価格 p に応じて決まる需要量 q^D が $q^D = -3p + 300$ で，市場価格 p に応じて決まる供給量 q^S が $q^S = 2p$ となるとする．なお前者を需要関数，後者を供給関数と経済学では呼びます．
(1)価格が80円のときの需要量と供給量はどうなるか求めなさい．そのときに価格は下がるか上がるか考えなさい．
(2)価格が40円のときの需要量と供給量はどうなるか求めなさい．そのときに価格は下がるか上がるか考えなさい．
(3)均衡価格と均衡取引量を求めなさい．
(4)需要関数において $q^D = 0$ となる価格 p を求め，供給関数において $q^S = 0$ となる価格 p を求め，それぞれを，縦軸を価格で横軸を数量としたグラフに書き込みなさい（この点が需要曲線および供給曲線の切片となります）．均衡価格と均衡取引量を図に書き込み，需要曲線と供給曲線を描き，需要曲線と供給曲線の傾きを求めよ（グラフ上で横軸方向に進んだ大きさと縦軸方向に進んだ大きさの比率が傾きとなります）．直線を関数として表記する場合，「縦軸変数＝傾き×横軸変数＋切片」であることに注意して，需要曲線（ここでは直線となっています）と供給曲線（ここでは直線となっています）を関数で表せ．そのうえで市場均衡をグラフのなかに明記せよ（ヒント：直線の関数形は「縦軸変数＝傾き×横軸変数＋切片」で，ここで考えているグラフでは縦軸変数が価格となっている）．

第 2 章
市場における経済活動

　第1章において，需要曲線や供給曲線の特徴，そして市場における経済取引の決定について学びました．ただし，そこでは需要量や供給量を決定する要因として市場価格しか考えませんでした．需要量も供給量も，実際には市場価格以外の要因の影響を受けます．そしてそのことは，市場均衡における均衡価格や均衡取引量にも影響を与えます．本章では，このような問題を考えていきます．

1　需要曲線のシフト

　第1章で需要曲線を学びました．需要曲線は財の価格とその財の需要量の関係を表す曲線です．第1章では，需要曲線を描く際に，その財の価格以外の要因が需要量に与える影響は考えませんでした．本節では，ある財・サービスの市場において，その財・サービスの価格以外の要因が需要量に与える影響を考えてみましょう．

1.1　家計数の変化や所得の変化による需要曲線のシフト

　財・サービスの需要量に影響を与えるのは価格だけではありません．例えば，家計の数が増加すれば，財・サービスの需要量は増加します．需要曲線は価格以外の要因をある値に固定して，価格と需要量の関係を表している曲線です．したがって，価格以外の要因が変化すれば，それに伴って需要曲線も元の需要曲線とは別の需要曲線に変化します．この点を具体的に見てみましょう．

　表1は缶コーヒー市場において，家計の数が1,000人であるときと2,000人であるときの価格と需要量の関係を表しています．家計の数が1,000人から2,000人に増加すると，価格が変化しなくても市場全体の需要量は2倍になっていま

表1　家計の数と需要量

缶コーヒーの価格	1,000人の需要量（本）	2,000人の需要量（本）
160円	2,000	4,000
140円	3,000	6,000
120円	4,000	8,000
100円	5,000	10,000
80円	6,000	12,000

図1　需要曲線のシフト

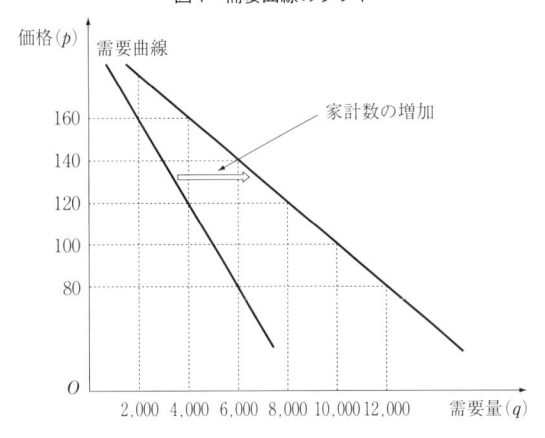

す．

　表1をグラフにしたのが図1です．家計の数が増えたことによって，同じ価格でも需要量が増加するので，需要曲線は右方にシフトします．このように，どの価格の下でも需要量が増加する（つまり需要曲線が右方にシフトする）ことを需要が増加するといいます．単に需要量が増加するという場合と，需要が増加するという場合では意味が全く異なるので注意してください．

　そのほかに需要を変化させる要因として，所得の変化が挙げられます．景気悪化の結果として人々の所得が減少した場合の缶コーヒー市場における需要曲線の変化を見てみましょう．所得が減少した結果，人々が缶コーヒーを買うのを控えて，その代わりにもっと安上がりな飲み物を飲むことにしたとします．例えば，缶コーヒーの代わりにお水を飲んだり，自分でお茶を入れたりして，飲み物にかける支出を節約したと考えてください．その結果，缶コーヒーの価

表2 景気と需要量

缶コーヒーの価格	景気悪化前の需要量（本）	景気悪化後の需要量（本）
160円	2,000	1,000
140円	3,000	2,000
120円	4,000	3,000
100円	5,000	4,000
80円	6,000	5,000

図2 需要曲線のシフト

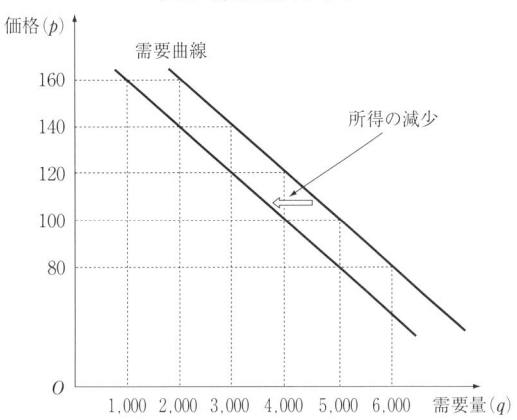

格が同じでも，缶コーヒーの需要量は減少します．この需要の変化を表した表が表2です．景気悪化後の需要量は同じ価格の下での景気悪化前の需要量と比べて減少しています．

この表をグラフにしたのが図2です．景気悪化によって所得が減少し，同じ価格の下でも需要量が減少した結果，需要曲線は左方にシフトしています．

1.2 代替関係・補完関係にある財の価格の変化と需要曲線のシフト

家計の数の変化や所得の変化以外にも需要曲線をシフトさせる要因はたくさんあります．需要曲線をシフトさせるそのほかの主な要因として，家計の好みの変化，将来の価格に関する予想の変化，代替関係にある財の価格の変化，補完関係にある財の価格の変化等が挙げられます．家計の好みの変化は財・サービスの需要に影響を与えます．例えば，流行などによって家計がある財をより

好むようになれば，その商品の需要が増加するので需要曲線は右方にシフトします．また，将来その財の価格が上昇すると人々が予想するようになると，価格が上昇する前に買っておこうと考え，現在のその財に対する需要は上昇するでしょう．このように将来価格に関する予想の変化も需要曲線をシフトさせる要因となります．

　二つの財について，一方の財を需要する代わりに他方の財を需要してもかまわない，といった財の組み合わせがあります．例えば，我々はお米を食べる代わりにパンを食べることがあるでしょう．このような場合，この二つの財には代替関係があるといいます．そこでお米の価格が上昇したら何が起きるでしょうか．お米の価格が上昇したら，家計は価格の上昇したお米の代わりにパンの需要量を増やすでしょう．この場合，パンと代替関係にあるお米の価格が上昇すると，パンの需要は増加します．逆に，お米の価格が下落したら，家計はお米の需要量を増やしてパンの需要量を減らすでしょう．パンと代替関係にあるお米の価格が下落すると，パンの需要は減少します．

　このように，特定の財を取り上げて，この財と代替関係にある財の価格が上昇すれば，ここで取り上げている財の需要は増加し，需要曲線は右方にシフトします．逆に，この財と代替関係にある財の価格が下落すれば，ここで取り上げている財の需要は減少し，需要曲線は左方にシフトします．

　ただし，ある二つの財が代替関係にあるかどうかは人によって変わると考えられます．例えば，先ほどはお米とパンが代替関係にあると説明しましたが，パンが嫌いでどうしても食べたくない人はいくら米の価格が上昇しても，パンの需要を増やすことはないでしょう．この場合には，この人にとってお米とパンは代替関係にはありません．お米とパンのあいだに代替関係がある家計が多ければ，お米の価格変化がパンの需要に与える影響は大きくなりますが，お米とパンのあいだに代替関係がない家計が多数を占めれば，お米の価格変化はパンの需要にそれほど影響を与えないでしょう．

　先述の代替関係とまったく逆の関係も考えることができます．二つの財について，一方の財を需要するときにはもう一方の財も需要する，といった財の組み合わせがあります．コーヒーを飲むときに砂糖を入れる人を考えましょう．この人の場合，コーヒーを需要するときには砂糖も需要します．このような場合，この二つの財には補完関係があるといいます．そこで砂糖の価格が上昇したら何が起きるでしょうか．この場合，この人は砂糖の需要量を減らそうとし

ますが，この人は砂糖を入れてコーヒーを飲むのですから，コーヒーの需要量も減らすと思います．この場合，コーヒーと補完関係にある砂糖の価格が上昇すると，コーヒーの需要は減少します．逆に，砂糖の価格が低下すれば，砂糖の需要量を増やすと同時にコーヒーの需要量も増やすでしょう．コーヒーと補完関係にある砂糖の価格が低下すると，コーヒーの需要は増加します．

このように，特定の財を取り上げて，この財と補完関係にある財の価格が上昇すれば，ここで取り上げている財の需要は減少し，需要曲線は左方にシフトします．逆に，この財と補完関係にある財の価格が下落すれば，ここで取り上げている財の需要は増加し，需要曲線は右方にシフトします．

代替関係の場合と同様，ある二つの財が補完関係にあるかどうかは人によって変わると考えられます．例えば，コーヒーに砂糖を必ず入れる人にとってはコーヒーと砂糖は補完関係にありますが，コーヒーをブラックで飲む人は砂糖の価格が上昇してもコーヒーの需要を減らすことはないでしょう．この場合には，この人にとってコーヒーと砂糖は補完関係にはありません．

1.3 需要曲線のシフトが市場均衡に与える効果

このように，需要量に影響を与える価格以外の要因が変化すると，需要曲線は左右の方向にシフトします．では，需要曲線のシフトはその財の価格や取引量にどのように影響するでしょうか．図3は缶コーヒー市場において，先ほどの家計の数の増加に伴う需要曲線の右方シフトが缶コーヒーの価格を上昇させ，取引量を増加させることを図示しています．需要曲線がシフトする前の市場均衡が E_1 で表されています．このときの均衡価格は120円，均衡取引量は4,000本です．需要曲線が右方にシフトしたとき，新しい需要曲線から，価格が元の水準の120円のままだと需要量は8,000本になることが分かります．一方で供給量は4,000本のままですから，このままだと缶コーヒー4,000本分の超過需要が発生します．第1章の第3節でみたように，超過需要が発生している限り価格が上昇し，最終的には需要量と供給量が等しくなる水準まで価格が上昇します．その結果，均衡は元の E_1 から E_2 へと変化します．このとき，均衡価格が上昇し，均衡取引量が増加していることが図から分かります．

それでは，景気悪化による所得減少に伴い，需要曲線が左方シフトすると，缶コーヒーの価格や取引量はどのような影響を受けるでしょうか．この需要曲線の左方シフトが均衡価格と均衡取引量に与える効果が図4で示されています．

図3 需要曲線のシフトと市場均衡の変化

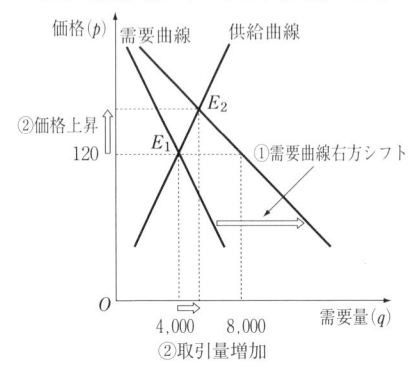

図4 需要曲線のシフトと市場均衡の変化

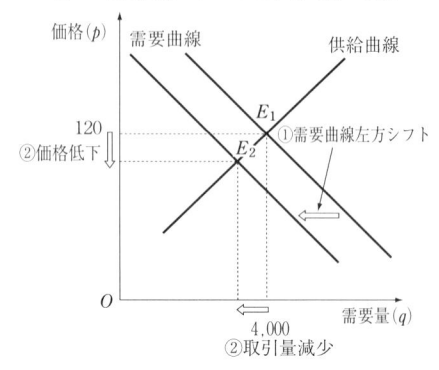

需要曲線が左方にシフトした結果，市場均衡は E_1 から E_2 へと左下に移動しています．その結果，均衡価格は下落し，均衡取引量は減少しています．

練習問題
1. 以下の場合，需要曲線が右，左のどちらの方向シフトするか答えなさい．
(1)気温が上昇すると，アイスクリームの需要曲線は？
(2)経済が成長し，人々の所得水準が上昇すると，自動車の需要曲線は？
(3)新幹線の料金が下がると，航空旅客サービスに対する需要曲線は？
(4)ある街に新しく大学のキャンパスができると，この街の賃貸マンションの需要曲線は？
(5)ガソリンの価格が上昇すると，高速道路使用に対する需要曲線は？
(6)不況で所得が減少すると，海外ツアーの需要曲線は？
(7)高速道路料金が下がると，地方の旅館の客室に対する需要曲線は？
(8)原油価格が上昇すると，天然ガスに対する需要曲線は？
(9)好況で企業が生産量を増やそうとすると，労働需要曲線は？
(10)牛肉の価格が上昇すると，豚肉の需要曲線は？
2. 穀物を原料とするバイオ燃料の生産が増加したことにより，穀物市場で穀物価格が上昇したとします．バイオ燃料の生産が増加する前の穀物価格を p_1，穀物の取引量を q_1，バイオ燃料の生産が増加した後の穀物価格を p_2，穀物の取引量を q_2 とし，穀物価格と穀物の取引量の変化を需要曲線と供給曲線の図を用いて示しなさい．

2 供給曲線のシフト

前節では，需要曲線がいくつかの要因によって移動する「需要曲線のシフト」を学びました．需要曲線は，家計数の変化，家計の所得の変化，家計の好

みの変化などでシフトしました．あるいは，将来財の価格予想の変化や，補完関係にある財，代替関係にある財の価格の変化でも需要曲線がシフトすることを見てきました．そして，需要曲線のシフトの結果，均衡価格が変化することを学びました．

本節では，売り手側の供給計画である供給曲線のシフトについて学びます．需要曲線の場合と同じように，供給曲線もいくつかの要因によってシフトします．

2.1 企業数の変化による供給曲線のシフト

ここでは，「企業数の変化」による供給曲線のシフトを見ていくことにしましょう．企業の数が変化するのは，例えば業界に新規参入があった場合です．ほかには貿易で海外から商品が入ってくるようになった場合もあります．缶コーヒー市場を例として取り上げて考えていきましょう．参入前と参入後の価格と缶コーヒーの関係が，表3のように表されるとします．

参入前の供給量を見てみると，40円で供給しようとする企業はなく，供給量はゼロとなっています．缶コーヒーの価格が少し高くなって，もし60円であったのならば1,000本供給する企業がいます．もう少し価格が高くなって，100円なら，3,000本供給しようと考えている企業がいます．もっと価格が上がって140円であれば，5,000本供給しようと考えていて，さらに価格が高くなって180円であれば，7,000本供給する計画となっています．この状態を示したのが図5の供給曲線 S_1 となっています．これは第1章の第2節の供給曲線と同じものとなっています．

次に，缶コーヒーを安く供給する企業が新規に市場へ参入してきた場合を考えてみましょう．この新規参入企業は企業努力をして，これまでより安い40円で1,000本の供給を計画しているとします．その状況を示したのが，表3の右列です．40円の下での供給量1,000本はこの新規参入企業による供給です．新規参入企業が供給できる缶コーヒーの量は1,000本までであるとします（1,000本分のコーヒー豆が格安で入手できたのかもしれません）．

この場合，価格が40円のときに，この新規参入企業が1,000本供給しますから，供給量は1,000本となります．価格が60円になると，この新規参入企業が1,000本供給するだけでなく，元々60円のときに1,000本供給できる企業が存在していましたから，市場全体での供給量は2,000本となります．このようにし

表3　缶コーヒーの供給量

缶コーヒーの価格	参入前の供給量	参入後の供給量
40円	0本	1,000本
60円	1,000本	2,000本
80円	2,000本	3,000本
100円	3,000本	4,000本
120円	4,000本	5,000本
140円	5,000本	6,000本
160円	6,000本	7,000本
180円	7,000本	8,000本

て表3の右の列の「参入後の供給量」が求まります．この表3から，参入後の供給曲線が図5の S_2 となることが分かると思います．参入前（S_1）と参入後（S_2）を見比べると，供給曲線が右方にシフトしています．例えば，参入前（S_1）に120円で4,000本の点は，参入後（S_2）には120円で5,000本の点となっています．

このように新規に参入があって，企業の数が増加した場合には，供給曲線が右方にシフトします．逆に，企業の数が減少した場合には，先で見たプロセスと同様のプロセスを経て，供給曲線は左方にシフトします．なお，企業の数が減少することを，市場から退出する，といいます．市場への参入と市場からの退出は対になる言葉ですので，覚えておきましょう．

2.2　生産費用の変化による供給曲線のシフト

前項では，「企業数の変化」による供給曲線のシフトを見てきました．供給曲線がシフトする要因はほかにもあります．供給曲線の高さは，1本ごとの費用を表していましたから，生産費用の変化は供給曲線のシフトの要因となります．まず投入要素価格を考えましょう．投入要素とは，生産に投入される投資財，中間財，労働などのことを指します．この投入要素の価格が変化すれば生産費用も変化しますので，供給曲線がシフトする要因となります．投入要素価格が下落した場合を考えてみましょう．

例えば，缶コーヒーの原料である牛乳が20円安くなったとしましょう．原料である牛乳が20円安くなった分だけ，以前は100円の生産費用がかかっていた

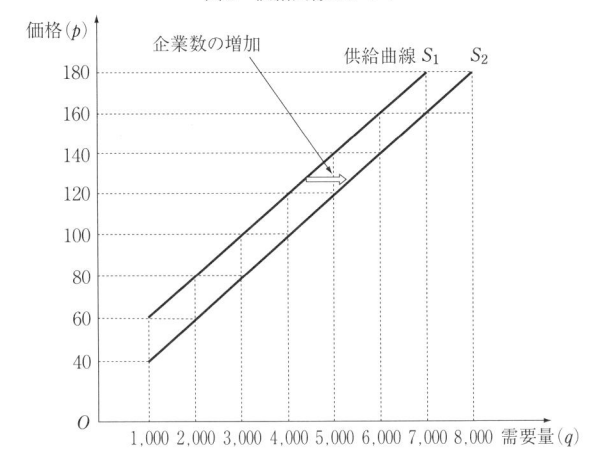

第2章 市場における経済活動　　　47

図5　供給曲線のシフト

缶コーヒーが80円で，140円の生産費用が必要であったのが120円で生産できるようになりました．その結果として，1本ごとの費用が20円下がりますから，1本ごとの費用の曲線が20円分だけ下方にシフトします．1本ごとの費用の曲線が供給曲線となりましたから，供給曲線も20円分だけ下にシフトします．この変化は，図5の S_1 から S_2 の右方へのシフトと全く同じであることが確認できます．以下では，このような背景から，下方へのシフトであっても，右方へのシフトという場合が多いと思いますので気をつけて下さい．

　なお，シフトの要因には「生産技術の変化」もあります．新技術が開発されまると，低コストで生産することができるようになるので，投入要素価格の下落と同様に生産費用が下がります．従って供給曲線は右（下）方にシフトします．逆に，技術が劣化してしまうと，生産費用が増加するので，供給曲線は左（上）方にシフトします．

2.3　供給曲線のシフトが市場均衡に与える効果

　供給曲線がシフトすると，市場では何が起きるのでしょうか．前節で学んだ需要曲線のシフトと同じように，市場均衡が移動し，均衡価格と均衡取引量が変化します．企業が増加した場合を考えて，市場均衡の移動と均衡価格，均衡取引量の変化を図6で見ていきましょう．

　前項で学んだように，企業の増加によって，供給曲線は S_1 から S_2 へと右

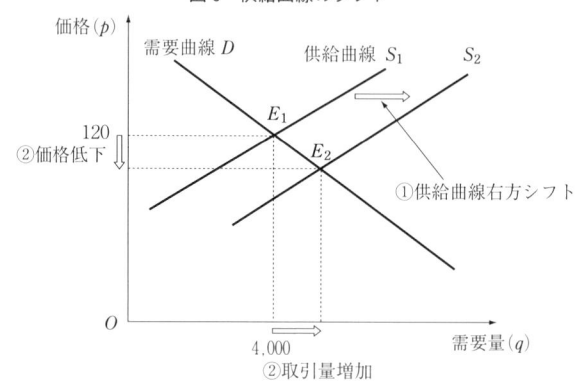

図6 供給曲線のシフト

価格(p)、需要曲線 D、供給曲線 S_1、S_2、E_1、120、②価格低下、E_2、①供給曲線右方シフト、O、4,000、②取引量増加、需要量(q)

方にシフトします．その結果，シフト前の均衡価格120では，超過供給が発生します．同じ価格で供給量が増えたわけですので，当然といえば当然の結果です．超過供給が発生すると市場機構が働いて，均衡が元の E_1 から新しい均衡 E_2 へと移動します．均衡の移動に伴い，均衡価格は下落し，均衡取引量は増加します．

では，逆に企業の数が減った場合はどうなるのでしょうか．その時には，供給曲線は左方にシフトします．その結果，同じ価格でも供給量は減少してしまいますので，超過需要が発生します．超過需要が発生すると市場機構の働きによって，均衡価格は上昇して均衡取引量は減少します．企業数の減少によって，供給曲線が左方にシフトしたときの動きは，図6の矢印をすべて逆にした形になっていることを確認しましょう．

上記の例では，企業数の変化による供給曲線のシフトを考えましたが，生産費用の変化や技術の変化による供給曲線のシフトの場合であっても同様の結果となります．需要曲線が右下がりである場合には，何らかの要因によって供給曲線が右方にシフトしたとき，均衡価格は下落し，均衡取引量は増加します．逆に，何らかの要因によって供給曲線が左方にシフトしたときには，均衡価格は上昇し，均衡取引量は減少します．

練習問題

1. 次のときに供給曲線がどちらの方向シフトするか理由とともに答えなさい．
(1) タクシー会社が増加したときのタクシー・サービスの供給曲線

(2)大豆農家が減少したときの大豆の供給曲線
(3)地域の医師数が減少したときの医療サービスの供給曲線
(4)公認会計士数が増加したときの財務会計サービスの供給曲線
(5)高速通信技術が開発されたときの通信サービスの供給曲線
(6)深海掘削が可能になったときの天然ガスの供給曲線
(7)金（gold）価格が高騰したときの金の指輪の供給曲線
(8)正社員の給料が高くなったときの自動車の供給曲線

2. 自動車業界では在庫管理技術の革新でそれまでよりも効率的な生産体制を構築した．その結果，自動車の均衡価格は 1 台 300 万円から 250 万円に低下したとする．次の問いに答えなさい．
(1)自動車の供給曲線はどの方向にシフトするか．
(2)シフトの要因として，何が考えられるか．
(3)自動車市場で起きた供給曲線のシフトを図で描きなさい．元の供給曲線を S_1，新しい供給曲線を S_2 としなさい．
(4)(3)の図に需要曲線を描き入れ，古い均衡を E_1，新しい均衡を E_2 として図で示しなさい．また，それぞれの均衡における均衡価格も記入しなさい．均衡取引量はどのように変化するか．元の均衡取引量を q_1，新しい均衡取引量を q_2 として，図に描きなさい．

3. 天候不順によって，小麦粉の価格が上昇した．その結果，ラーメンの価格が 500 円から 750 円に上昇した．次の問いに答えなさい．
(1)ラーメンの供給曲線はどの方向にシフトするか．
(2)シフトの要因として，どれが考えられるか．
(3)ラーメン市場で起きた供給曲線のシフトを図で描きなさい．元の供給曲線を S_1，新しい供給曲線を S_2 としなさい．
(4)(3)の図に需要曲線を描き入れ，古い均衡を E_1，新しい均衡を E_2 として図で示しなさい．それぞれの均衡における均衡価格も記入しなさい．均衡取引量はどのように変化するか．元の均衡取引量を q_1，新しい均衡取引量を q_2 として，図に描きなさい．

3 需要の価格弾力性

　需要曲線が一般的には右下がりであるあることを見てきました．ただし，財・サービスの特徴や，需要する家計の性質によって，右下がりの需要曲線といってもそのかたちはさまざまです．本節では需要の価格弾力性と呼ばれる概念について考えます．

3.1 　需要の価格弾力性

　図 7 を見てください．市場価格が 10 のときの需要量はどちらの需要曲線で

図7 需要の価格弾力性

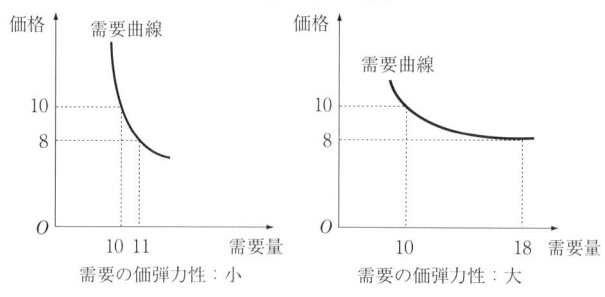

（左図）需要の価格弾力性：小　縦軸：価格（10, 8）、横軸：需要量（10, 11）、需要曲線
（右図）需要の価格弾力性：大　縦軸：価格（10, 8）、横軸：需要量（10, 18）、需要曲線

も10で，市場価格が8のときの需要量は，左側の需要曲線では11で，右側の需要曲線では18となっています．すでに学んだように，市場価格が低いほど需要量が大きくなっており，需要曲線は右下がりの形状をしています．

ただし，需要量の変化を詳しくみれば，左側の需要曲線では価格が下がってもそれほど需要量が増えていないのに対して，右側の需要曲線では需要量が大きく増えています．このことから，価格が変化した場合，左側の需要曲線では需要の反応が小さいのに対して，右側の需要曲線では需要の反応が大きくなっているといえます．

そこで以下では，価格の変化に対する需要の反応の大小を問題とします．経済学では，この問題を需要の価格弾力性という概念で捉えます．弾力性とはもともとは物理学で用いられていた概念で，ある変数が変化したときに，その変化の影響を受ける変数の反応の大小を測る概念です．ここでは，直感的な理解を優先しながら議論を進めていきましょう．

左側の需要曲線では，価格が10から8へ下がったときに，需要量は10から11へ増えました．ここで価格の変化量は2（$=10-8$）で，需要量の変化量は1（$=11-10$）となっています．一方で右側の需要曲線では，価格が10から8へ下がったときに，需要量は10から18へ増えました．つまり価格の変化量は2（$=10-8$）で，需要量の変化量は8（$=18-10$）となっています．なるほど左側の需要曲線の方が，需要量の変化量は小さいといえそうです．ところが，この変化量の大小は，単位として何を採用しているかによって大きく変わってしまいます．例えば需要量をグラムで計っているのかキログラムで計っているのかによって，値は1,000倍も異なってしまいます．先ほど計算した需要量の変化量である1が値として小さいのは，本当に変化が小さいからなのか，単位

の取り方のために値が小さくなったのかが判断できません．価格も実は同様です．単位を1,000円としているのか1万円としているのかで10倍異なりますし，円を単位とするかドルを単位とするかでも異なるでしょう．

そこで，変化量を元の値で割って変化率に直してみましょう．価格の変化量は2で，元の価格は10ですから，価格の変化率は2/10＝0.2となります．つまり，価格が20％（＝0.2）下がっています．この変化率は千円を単位としていても万円を単位としていても同じです．需要量についても変化率を計算してみましょう．左側の需要曲線では，需要量の変化量が1で元の需要量が10ですから，変化率は1/10＝0.1となります．つまり需要量が10％（＝0.1）増えています．右側の需要曲線では，需要量の変化量が8で元の需要量が10ですから，変化率は8/10となります．つまり需要量が80％（＝0.8）増えています．この需要量の変化率も単位に依存しません．

この計算より，価格が20％下がったときに，左側の需要曲線では需要量が10％しか増えていないのに対して，右側の需要曲線では需要量が80％増えています．この数字の大小の比較から，左側の需要曲線では需要の反応が小さいのに対して，右側の需要曲線では需要の反応が大きくなっていると明確に述べることができます．

このように変化率を用いて比較をすれば，反応の大小が判断できます．この考え方に従って需要の価格弾力性は定義されています．具体的には，

　　需要の価格弾力性＝需要量の変化率/価格の変化率

で定義されます（ただし，一般的には，値がプラスとなるように調整をします）．これは価格の変化のパーセントと需要量の変化のパーセントの比率となっていますから，価格が1パーセント変化したときに需要量が何パーセント変化するのかを表しています．

ここで考えている具体例の場合，左側の需要曲線では需要の価格弾力性が0.5（＝10％/20％）となり，右側の需要曲線では需要の価格弾力性が4（＝80％/20％）となります．なるほど，左側の需要曲線では需要の価格弾力性が小さく，右側の需要曲線では需要の価格弾力性が大きくなっています．

3.2　需要の価格弾力性を決める要因

では，どのような財・サービスにおいて需要の価格弾力性が小さくもしくは

大きくなるのでしょう．例えばバターとマーガリンを考えてみましょう．我々は，パンを食べるときに，バターを使うこともできますが，バターの代わりにマーガリンを使うこともできます．このようにある財・サービスの代わりに別の財・サービスが利用できる場合，すでに説明したように，この二つの財・サービスは代替関係にあるといいます．今考えている具体例では，バターとマーガリンは代替関係にあるわけです．

バターとマーガリンが代替関係にあることから，バターおよびマーガリンの需要の価格弾力性にある特徴が出てきます．バターの価格が高くなったとしましょう．我々はバターの代わりにマーガリンを利用しても構いませんから，バターが高くなれば，バターの代わりにマーガリンを需要すると思います．そのため，バターの価格が上がることによって，バターの需要が大きく減少してしまうでしょう．このことから，バターについては，需要の価格弾力性が大きいと思われます．同様に，マーガリンについても需要の価格弾力性は大きいでしょう．

以上のような理屈から，代替関係にある財・サービスの存在する財・サービスについては，需要の価格弾力性が一般的に大きくなります．

このことは，代替関係にある財・サービスの存在しない財・サービスについては逆の結果が成り立つことも示唆します．先ほど，マーガリンという代替関係にある財が存在するためにバターの需要の価格弾力性は大きいだろうと述べました．ところが同じバターであっても，人によってはマーガリンで代替できないと考える可能性もあります．ケーキ作りにこだわりのある人にとってのバターを考えてみましょう．美味しいケーキを作るためには良質のバターが欠かせないとすれば，バターをマーガリンで代替することはできません．そのために，バターの価格が高くなっても，こだわりのケーキを作るならば，バターの需要はそれほど減らないでしょう．この場合，バターにとって代替関係にある財・サービスが存在しないために，バターの需要の価格弾力性が小さくなります．

以上のような理屈から，代替関係にある財・サービスの存在しない財・サービスについては，需要の価格弾力性が一般的に小さくなります．そして，例えばバターを取り上げた場合でも，どのような状況なのかによって，需要の価格弾力性の大小が異なることも分かったかと思います．

別の具体例として，日本およびアメリカでのお米の需要を考えてみましょう．

お米は日本人の主食ですので，価格が上がっても需要量はそれほど減らないと思います．一方で，お米を主食としないアメリカでは，価格が上がれば需要量は大きく減るでしょう（そしてピザやハンバーガーを食べるのだと思います）．この場合，お米についての需要の価格弾力性が日本では小さいけれども，アメリカでは大きいと思われます．

このことはもう少し一般化できます．お米は日本人の主食ですから，日本人にとって必需品であるといえます．必需品は，価格が高くなっても需要をそれほど減らそうとしないと思われます．このように，一般に必需品については，需要の価格弾力性は小さくなると考えられます．タバコが好きな人にとってのタバコ，公共の交通機関があまりない地域の人にとっての自家用車などは必需品の典型例でしょうし，当然このような必需品ついては，需要の価格弾力性は小さいでしょう．

先ほど，バターの需要の価格弾力性について，状況次第で大小が異なると述べました．必需品という概念からの説明でも同様だと思います．なるほど一般的にはタバコが好きな人にとってタバコは必需品で，需要の価格弾力性が小さいと考えられます．ただし，本来はパイプを楽しみたいのだけれども，手入れが面倒だからタバコを楽しんでいる人を考えてみましょう．この人の場合，タバコの価格が高くなればタバコをやめてパイプを日常的に楽しむ可能性があります．この場合，タバコの需要の価格弾力性は大きくなるでしょう．

3.3 需要の価格弾力性と収入

需要の価格弾力性の大きさはさまざまな経済活動に影響を与えます．ここでは，企業の収入に与える影響を考えてみましょう（家計から見た場合は支出について考えることになります）．価格に取引量を掛け合わせた額（＝価格×取引量）が企業の収入となります．ここで，需要の価格弾力性が収入に与える影響に焦点を当てるために，需要量がそのまま取引量になるとします．

図8ではどちらの需要曲線でも，価格が p_1 のときの需要量は q_1 となっています．そこで価格が p_2 に下がったとします．左の需要曲線では需要量が q_2 になること，右側の需要曲線では需要量が q_2' になることが確認できます．q_2' の方が q_2 よりも大きくなっていますから，価格 p_1 と需要量 q_1 を基準にした場合，左側の需要曲線では需要の価格弾力性は小さくなっていて，右側の需要曲線では需要の価格弾力性は大きくなっています．

図8 需要の価格弾力性と収入（1）

需要の価格弾力性が小

需要の価格弾力性が大

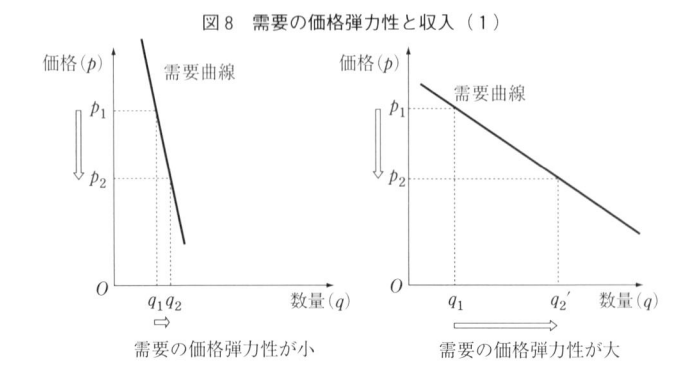

そこで収入に与える影響を考えてみましょう．価格が下がることは，企業の収入を減らす効果をもちますが，一方で需要量が増え，この需要量の増加は収入を増やす効果をもちます．需要量が大きく増えれば，需要量増加のプラスの効果が価格下落のマイナスの影響を相殺して，収入が増える可能性が出てきます．需要の価格弾力性が大きいほど需要量の増え方が大きくなりますから，需要量の増加によるプラスの影響の方が価格下落のマイナスの影響を上回る可能性が高まるでしょう．このように，需要の価格弾力性が大きな市場では，価格が下がると，企業の収入が増える可能性が出てきます．

次に価格が上がる場合を考えましょう．図9では，どちらの需要曲線でも p_1 のときの需要量は q_1 となっています．そこで価格が p_2 に上がったとします．左の需要曲線では需要量が q_2 になること，右側の需要曲線では需要量が q_2' になることが確認できます．

ここで，左側の需要曲線は価格弾力性が小さいために，価格が上がった場合の需要量の減少が小さく，q_2 はそれほど減少していません．価格が上がると，企業の収入を増やす効果がありますが，一方で需要量が減り，この需要量の減少は収入を減らす効果をもちます．需要の価格弾力性が小さい場合には，需要量がそれほど減らないために，需要量減少のマイナスの効果が小さく，収入が増える可能性が出てきます．このように，需要の価格弾力性が小さな市場では，価格が上がると，企業の収入が増える可能が出てきます（第5章の2.3の差別価格で，改めてここで考えた問題を，独占的な価格の吊り上げの観点から議論します）．

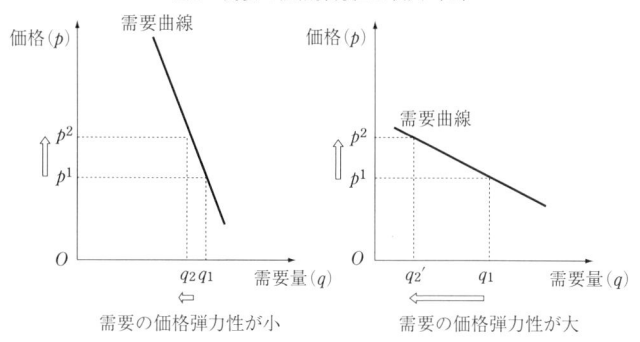

第 2 章 市場における経済活動   55

図 9 需要の価格弾力性と収入（2）

需要の価格弾力性が小　　　　需要の価格弾力性が大

3.4 豊作貧乏

　次に，需要の価格弾力性と収入の関係の典型的な問題として「豊作貧乏」と呼ばれる問題について考えます．豊作貧乏とは，農作物などが豊作であったために逆に農家の収入が減ってしまう状況で，決して珍しいことではありません．この問題の背景に需要の価格弾力性があります．

　野菜などの農作物は食卓に欠かせませんから，農作物は必需品である場合が多く，そのため需要の価格弾力性が小さいと考えられます．図10では農作物を取り上げ，需要の価格弾力性が小さいと想定して需要曲線が描かれています．

　農作物の供給は，土地の面積や天候などの影響を受けます．特に天候は我々にはコントロールできませんから，天候の影響で供給量が変動し供給曲線がシフトします．この点は第2節では考慮しませんでしたが，農作物の場合には，天候は供給曲線のシフトの重要な要因となります．ここでは単純化のために農作物の供給量は天候だけで決まると考え，供給曲線を垂直として，例年の供給量が q_1 であるとしましょう．図では左側の垂直の供給曲線がその状況を表しています．その場合の市場均衡は図中の点 E_1 で表され，価格は p_1 となっています．

　ある年にたまたま天候に恵まれて豊作となり，供給量が増えたとします．図では右側の垂直の供給曲線でその状況が表されており，供給量は q_2 となっています．この場合の市場均衡は図中の点 E_2 で表され，価格は p_2 となっています．単純化のために供給曲線を垂直としていますが，ここでの議論は，第2節での供給曲線の右シフトの問題の一例となっていることが分かると思います．

　ここで農家の収入を考えましょう．農家の収入は，例年であれば $p_1 \times q_1$ と

図 10 豊作貧乏

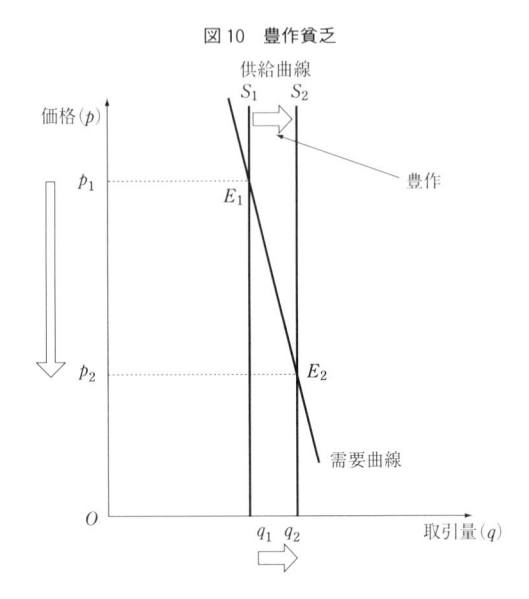

なり，豊作の年であれば $p_2 \times q_2$ となります．需要の価格弾力性が小さいことを反映して，豊作の年の価格 p_2 が大きく値下がりしていることが図から確認できると思います．そのため，豊作のおかげで供給量が増えて取引量が増えても，価格が大きく下がってしまうために，収入は減少してしまいます．

このような状況を「豊作貧乏」と呼びます．ここでの議論から，豊作となったために逆に農家の収入が減ってしまうのは，農作物が必需品で，需要の価格弾力性が小さいためであることが分かります．

練習問題

1. 需要の価格弾力性の大きいな財やサービスとして何があるのか，また需要の価格弾力性の小さな財やサービスとして何があるのか，理由とともに考えなさい．
2. 視力の悪い人にとってのメガネの需要の価格弾力性は大きいか小さいか考えよ．またこの視力の悪い人はコンタクトが目に合わないとすれば，メガネの需要の価格弾力性はどうなるか考えよ．
3. 映画館のチケットを一般向けと学生向けに区別して販売するとします．チケットの収入を増やすことを目的とした場合，学生向けの価格を，一般向けよりも高くすべきか安くすべきか考えなさい．
4. 昼間のタクシー・サービスと夜間のタクシー・サービスを考えます．タクシー・サービスからの収入を増やすことを目的とするのならば，昼間と夜間とでどちらのタクシー料金が

第 2 章　市場における経済活動

高くなるか考えなさい．
5. ホウレンソウの市場で，例年の供給量が100単位で，価格が300円であるとします．今年は豊作で，供給量が150単位に増えたとします．豊作となったために逆に農家の収入が減ってしまったとするならば，価格はいくら未満となっているのか計算し，この状況を図にしなさい．
6. ある財の需要曲線において，価格が50のときに需要量が300であった．価格が40に低下した時に需要量が330に増加したとすると，需要の価格弾力性がいくらになるか．

4　供給の価格弾力性

前節では需要の価格弾力性を学びましたが，供給の価格弾力性も同じような考え方で定義することができます．

4.1　供給の価格弾力性の意味

供給の価格弾力性は，供給量の変化率の価格の変化率に対する比の値で定義されます．つまり，

供給の価格弾力性＝供給量の変化率/価格の変化率

となります．したがって，供給の価格弾力性は，価格の1％の変化に対して，供給量が何％変化するかを表しています．供給の価格弾力性が大きいほど，価格変化に伴う供給量の変化が大きくなります．

図11は二つの供給曲線のグラフです．価格が10のとき，どちらの供給曲線も供給量が10になっています．ここで，価格が10から12へ上昇したとしましょう．すると，この価格上昇によって供給量は，左の供給曲線のもとでは13に，右の供給曲線のもとでは15にそれぞれ増加します．このとき，供給の価格弾力性はどちらが大きいでしょうか．

価格の上昇分は$12-10=2$なので，価格は$2/10\times100=20$％上昇したことになります．供給量は左の供給曲線の下では$3/10\times100=30$％上昇しているので，供給の価格弾力性は30を20で割って1.5になります．一方，右の供給曲線のもとでは供給量が$5/10\times100=50$％上昇しているので，供給の価格弾力性は2.5になります．したがって価格10の下で，右の供給曲線の方が供給の価格弾力性が大きくなっています．

図 11 供給の価格弾力性

供給の価格弾力性：小

供給の価格弾力性：大

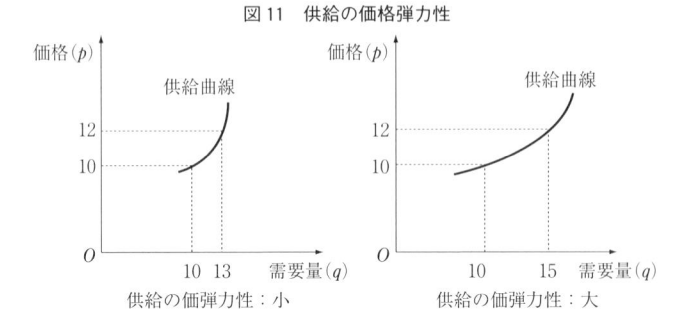

4.2 供給の価格弾力性を決める要因

供給の価格弾力性に影響を与える要因の一つに生産を調整する時間があります．つまり，供給曲線が短期の供給曲線か長期の供給曲線かで，供給の価格弾力性の大きさが異なってきます．短期というのは，文字通り短い期間という意味で，長期というのは長い期間という意味です．短期においては，企業が生産する際に投入する生産要素のうち，投入量を変化させることができない生産要素が存在するでしょう．工場や土地といった生産要素は投入量を増やしたり，減らしたりするのに時間がかかります．投入量を調整できない生産要素が存在する短期においては，価格が変化しても，工場の規模を変えたりすることが難しいため，価格変化に応じて弾力的に供給量を変化させることが難しくなります．したがって，すべての生産要素を変化させることができる長期の方が短期と比べて，供給の価格弾力性は大きくなります．

このように，供給の価格弾力性はどれだけ容易にその財の供給量を増やしたり減らしたりすることが可能かによって決まります．このことを見るために，オーケストラのクラシックコンサートの座席チケットとロックバンドのライブの座席チケットとで，供給の価格弾力性がどう異なるかを考えてみましょう．オーケストラのクラシックコンサートやロックバンドのライブは差別化されたサービスなので，第 1 章の 3.3 で学んだようにこのようなサービスの供給者は価格支配力をもつと考えられますが，ここではそうした問題は扱わず，これまで通り完全競争市場を想定して話を進めていきましょう．

クラシックコンサートでは通常，音響拡声のための装置を用いないので，演奏の音が観客にきちんと行き渡るように音響の優れたコンサートホールでコンサートが行われます．そのような優れたコンサートホールは数が少ないうえに，

第 2 章 市場における経済活動

図 12 供給の価格弾力性の小さな市場

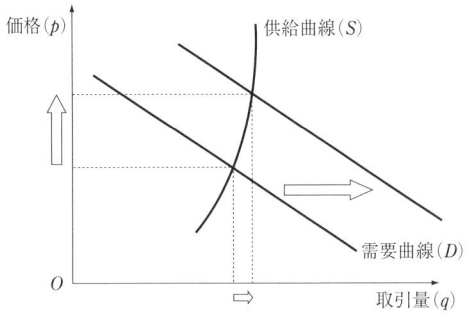

図 13 供給の価格弾力性の大きな市場

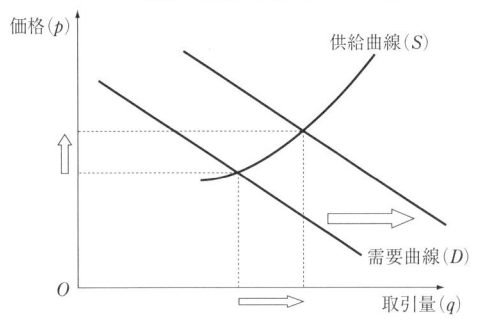

　コンサートホール内の座席を増やすことは困難でしょうから，クラッシックコンサートの座席チケットの価格が上昇しても，座席の供給量を増やすことは困難です．したがって，クラッシックコンサートの座席チケットの供給の価格弾力性は小さくなると考えられます．

　一方で，ロックバンドのライブは屋外で音響拡声装置を用いて行うことが可能です．ライブチケットの価格が上昇すれば，小さなライブハウスから東京ドームのような大きな会場に開催地を変更して座席数を大幅に増やすことも可能でしょう．このことから，ロックバンドのライブチケットの供給の価格弾力性はクラッシックコンサートと比べれば大きいと考えられます．

　供給の価格弾力性の小さいクラッシックコンサートの座席チケットの場合，例えば，人気オーケストラを迎えてコンサートを開催することになると，そのコンサートの需要は普段と比べて増加すると考えられますが，供給を増やすことは困難なのでコンサートチケットの価格は大きく上昇すると考えられます（図

12).

　一方，供給の価格弾力性の大きいロックバンドのライブの座席チケットの場合，バンドの人気が上昇すると，そのバンドのライブチケットに対する需要は増加しますが，チケット価格が上昇すると，ライブの座席の供給量も大きく増加し，チケットの価格はクラシックコンサートの場合ほど上昇しないでしょう（図13）．

練習問題
1. どの生産要素の投入量も変更することができないような非常に短い期間の供給曲線を書きなさい．
2. ある財・サービスの供給曲線において，価格が10のときに供給量が20であった．価格が10から12に上昇すると，供給量は25に増加した．このとき，供給の価格弾力性はいくらかを計算しなさい．

5　租税

　これまで，需要曲線のシフト，供給曲線のシフト，需要の価格弾力性，供給の価格弾力性について学んできました．一つひとつ段階を踏んで学んできましたが，経済現象を分析する際には，これらの概念を統合させる必要があります．
　本節では，政府による租税が経済活動にどのような影響を与えているのかを考えます．租税と聞いて何を思い浮かべるでしょうか．身近な租税として，消費税が思い浮かぶかもしれません．自動車やバイクに乗る人であれば，ガソリン税（揮発油税）を思い浮かべるかもしれませんし，喫煙者であれば，たくさんたばこ税を支払っていることを思い出したかもしれません．税金には，消費税のように価格に応じて支払う税額が決まる「従価税」とガソリン税やたばこ税のように財やサービスの量に応じて支払う税額が決まる「従量税」とがあります．ここでは，簡単化のために「従量税」を用いて分析を行います．

5.1　従量税による供給曲線のシフト

　ここでは，企業による財の供給1単位あたりに t 円の従量税が導入される場合を考えてみましょう．したがって，この税が導入されると企業は財を1単位供給するごとに t 円の税を政府に納めなくてはなりません．そのため，企業が収入や利潤を計算する際には，価格として p 円ではなく $p-t$ 円を用いること

第2章 市場における経済活動

表4 課税前の供給表

市場価格	供給量
60円	1,000本
80円	2,000本
100円	3,000本
120円	4,000本
140円	5,000本
160円	6,000本
180円	7,000本

表5 課税後の供給表

20円の従量税が存在する場合の市場価格	企業にとっての価格	供給量
80円	60円	1,000本
100円	80円	2,000本
120円	100円	3,000本
140円	120円	4,000本
160円	140円	5,000本
180円	160円	6,000本
200円	180円	7,000本

になります．このことを考慮すると，財を供給する際に企業にとっての価格は$p-t$円といえます．このことが以下で見るように供給曲線に影響を与えます．

今，課税前（税が導入される前）において，財の市場価格と財の供給量の関係が表4のようであるとします．市場価格と課税前の供給量の関係は第1章の2.1の表3と同じ数値にしてあります．このとき，財1単位あたり20円の従量税が導入されると市場価格と供給量の関係はどう変化するでしょうか．

例えば課税後の市場価格を80円としましょう．企業は市場価格80円で供給しますが，そこから税20円を納めなくてはいけませんから，利潤や収入を計算する時に用いる価格は60円となります．これは，20円の従量税が存在する場合の市場価格が80円のときに，企業にとっての実質的な価格は60円であることを意味します．表4を見ると，市場価格が60円ならば企業は1,000本供給していたので，20円の従量税が存在する場合の市場価格が80円ならば，企業は財を1,000本供給するはずです．この結果が表5の3列目に書かれています．同様に，20円の従量税が存在する場合の市場価格が100円のとき，企業にとっての価格が80円であることから，供給量は2,000本になります．このようにして表5が表4から導き出されることを確認してください．

供給曲線は，市場価格とその下での供給量の関係を表したものでした．表4からは第1章の図9の供給曲線が書けます．これが図14における課税が存在しない場合の供給曲線です．問題は表5から導き出される供給曲線です．従量税が存在する場合ですから，市場価格は表5の一番左の列の価格が観察されます．この場合，市場価格が80円のときに供給量が1,000本，市場価格が100円のときに供給量が2,000本などとなります．このことから，課税が存在する場合の供

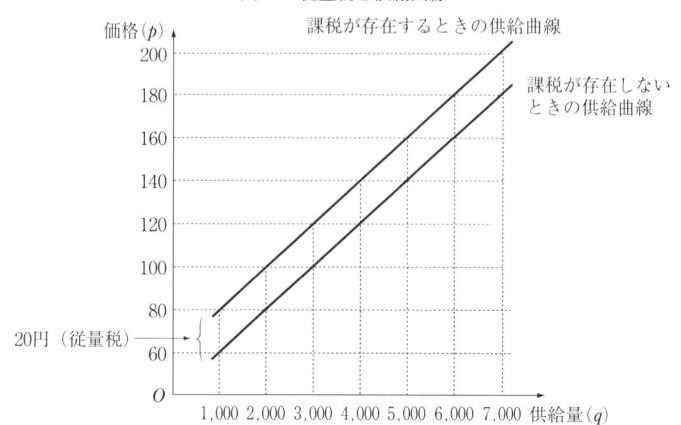

図14 従量税と供給曲線

給曲線は，価格80円と供給量1,000本の組み合わせ，価格100円と供給量2,000本の組み合わせをつなげたものとなります．

　以上で確認したことに注意して課税が存在する場合の供給曲線を描いてみると，課税が存在する場合の供給曲線は，課税が存在しない場合の供給曲線を従量税の税額である20円分だけ上にシフトさせたものになることが分かります．このように，一般的には，政府が財1単位当たりt円の従量税を課すと，供給曲線は上にt円分シフトします．

5.2　租税の影響

　従量税が課された場合，その分だけ供給曲線が上方にシフトすることが分かりました．供給曲線がシフトすれば，市場均衡も変化します．そこで，市場均衡の変化を考えていきましょう．

　図15は，供給曲線のシフトによる均衡の移動と価格の変化を表しています．この図のなかでは，課税が存在しないとき（課税前）の供給曲線をS_1としています．課税前の均衡点はE_1となります．この均衡での均衡価格がp_1で，均衡取引量はq_1となっています．

　そこでt円の従量税を課したとします．このときには，課税前の供給曲線がt円分だけ上にシフトします．図のなかでは，課税が存在するとき（課税後）の供給曲線をS_2としています．すでに学んだことの復習となりますが，課税による供給曲線のシフトが起きたために，均衡点はE_2に移動しています．こ

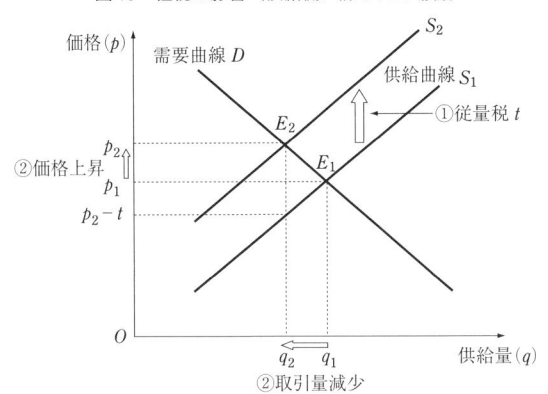

図15 租税の影響（供給側に課された場合）

の場合，均衡価格が p_1 から p_2 へ，均衡取引量が q_1 から q_2 へ移動しています．均衡価格の上昇と均衡取引量の減少が起きたことを確認してください．

5.3 租税の帰着

では，課税された t 円は一体誰の負担になっているのでしょうか．私たちは，t 円の税金が企業に課された場合，t 円全部を企業が負担していると直感的に思うのではないでしょうか．このような直観は正しいのでしょうか．これを検証するために，図15を使って，順を追って考えていきましょう．

課税前の均衡価格は p_1 円です．租税が課されたことによって，市場価格，つまり家計が直面している価格は，p_1 円から p_2 円へと変化しました．租税がなければ p_1 円で購入できたものが，租税の存在によって p_2 円で購入しなければいけなくなります．課税により，財1単位を購入する際に，課税前と比べて (p_2-p_1) 円だけ負担が増えていることになります．これが家計の負担となります．

次に企業について考えます．課税後の均衡価格は p_2 円となりますが，すでに説明しように，この場合に企業にとっての価格は (p_2-t) 円となります．供給曲線 S_1 と S_2 のあいだの縦方向の幅が t ですから，図の p_2-t がこの企業にとっての価格となります．つまり企業が直面している価格は，p_1 円から p_2-t 円へと変化しました．租税がなければ p_1 円で販売できたものが，租税の存在によって p_2-t 円で販売しなければいけなくなります．課税により，財1単位を販売する際に，課税前と比べて $(p_1-(p_2-t))$ 円だけ負担が増えて

図16 租税の帰着

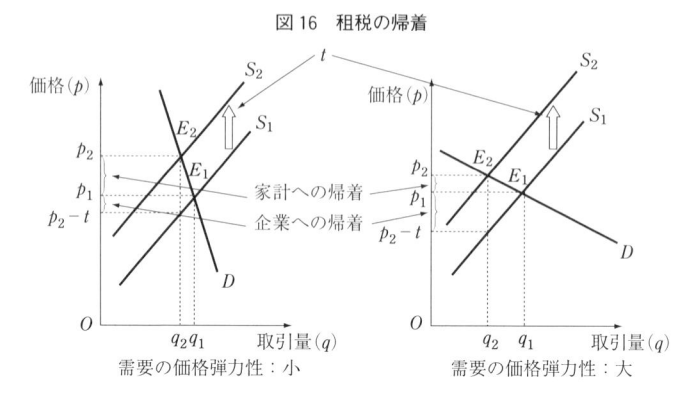

需要の価格弾力性：小 / 需要の価格弾力性：大

いることになります．これが企業の負担となります．

図で考えると，p_1 と p_2 のあいだの幅が家計の負担，p_1 と (p_2-t) のあいだの幅が企業の負担となります．先に見たように，租税が最終的に誰の負担となっているかを考えることを租税の帰着分析といいます．また，企業に課された税金の一部が家計の負担となることを「租税の転嫁」と呼びます．

5.4 需要の価格弾力性と租税の帰着

それでは，租税の帰着の大きさは，どのように決定されるのでしょうか．結論を先に書くと，価格弾力性が関係してきます．図16を使って考えていきましょう．ここでは，企業に課税された場合を考えますので，需要の価格弾力性の違いが租税の帰着にどのような影響を与えるのかについて検討します．

図16の左図には，需要の価格弾力性が小さい場合，右図には需要の価格弾力性が大きい場合の租税の帰着について描かれています．右図と左図で異なっている点は需要の価格弾力性だけで，課税前の均衡価格や均衡取引量は同じですし，1単位あたりの税金も同じ t 円です．

まず左図の需要の価格弾力性が小さい場合を見てみましょう．需要の価格弾力性が小さいということは，価格が変化したときに需要量の変化が小さいということです．そのため，企業は容易に租税を家計に転嫁できます．結果として，租税の帰着は家計への帰着が大きく，企業への帰着は小さくなります．

次に，右図のように需要の価格弾力性が大きい場合を考えてみましょう．需要の価格弾力性が大きいときには，課税による数量の減少幅が大きくなるため，企業が租税を転嫁することは困難になります．結果として，家計への帰着は小

さくなり，企業への帰着が大きくなります．

5.5 家計（需要側）に課税された場合

これまで，企業に課税される場合を考えてきました．次に，家計に課税された場合を考えてみましょう．この場合，需要曲線に課税の影響が出てきます．そのために課税の存在しない場合の需要曲線をまず復習しましょう．図17は第1章の図3と同じものが描かれています．この需要曲線を改めて第1章の表1のような価格と需要量の関係表に書き直してみましょう（ただし第1章の表1はAさんの需要量でしたが，ここでは市場全体の需要量となります）．それが表6となります．

表6では，例えば市場価格が120円のときには需要量が4,000本，市場価格が140円のときには需要量が3,000本などとなっています．需要曲線で観察される需要量と同じものとなっていることを確認してください．

ここで家計に，従量税20円が課税された場合を考えましょう．この場合家計が従量税20円を負担しなければいけませんから，例えば市場価格が120円の場合，120円で購入しても，それに加えて20円の税金を納めなくてはいけません．そのために，家計にとっての実質的な価格は140円となってしまいます．同様にもし市場価格が100円の場合，100円で購入しても，それに加えて20円の税金を納めなくてはいけないので，家計にとっての実質的な価格は120円となります．

このことから，従量税が存在する場合の市場価格が120円のときには家計にとっての価格が140円となり，表6からその時の需要量は3,000本になること，従量税が存在する場合の市場価格が100円のときには家計にとっての価格が120円となり，表6からそのときの需要量は4,000本になることなどが分かります．この関係を表にしたものが表7です．

この表7を用いて，従量税が存在する場合の需要曲線を書きましょう．ここでは，市場価格が120円のときに需要量は3,000本，市場価格が100円のときに需要量は4,000本などとなっています．これらをつないだものが従量税の存在するときの需要曲線となります．

以上で確認したことに注意して，図18に従量税が存在する場合の需要曲線を描いてみると，従量税が存在する場合の需要曲線は，課税が存在しない場合の需要曲線を従量税の税額である20円分だけ下方にシフトさせたものになること

図17 需要曲線

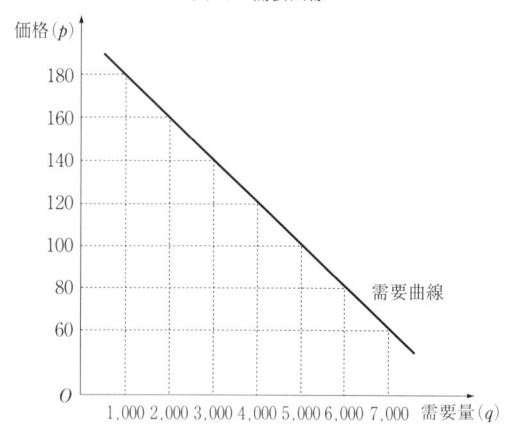

価格 (p) / 需要量 (q) のグラフ（需要曲線）

表6 課税前の需要量

市場価格	需要量
180円	1,000本
160円	2,000本
140円	3,000本
120円	4,000本
100円	5,000本
80円	6,000本
60円	7,000本

表7 課税後の需要量

20円の従量税が存在する場合の市場価格	家計にとっての価格	需要量
160円	180円	1,000本
140円	160円	2,000本
120円	140円	3,000本
100円	120円	4,000本
80円	100円	5,000本
60円	80円	6,000本

が分かります．このように，一般的には，政府が財1単位当たり t 円の従量税を家計に課すと，需要曲線は下方に t 円分シフトします．

　課税の存在によって需要曲線がシフトしますから，市場均衡も変わります．そこで市場均衡への影響を考えましょう．購入1単位あたり t 円の従量税が課されたグラフが，図19です．課税前の需要曲線と課税後の需要曲線は，ちょうど t 円分だけ離れています．需要曲線が下方にシフトしたため，課税前には均衡は E_1 でしたが，課税後には均衡は E_2 となりました．それに伴う均衡価格の下落や均衡取引量の減少についても図のとおりです．課税後の均衡価格は p_2 となり，均衡取引量は q_2 となります．

　租税の帰着について，図19を使って見ていきましょう．市場価格が p_2 円のときに，家計にとっての実際の価格は p_2+t 円でした．家計が直面している価

図18　従量税と需要曲線

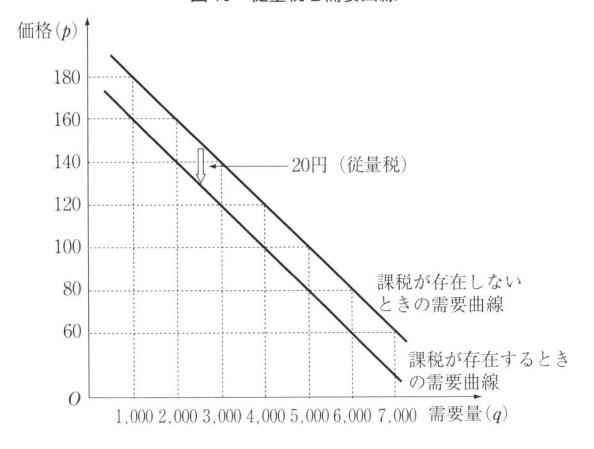

図19　租税の影響（需要側に課された場合）

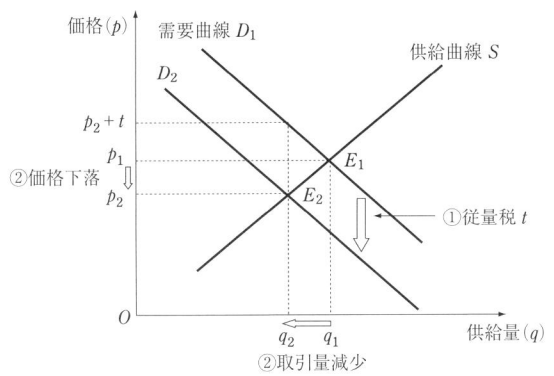

格は，p_1 円から p_2+t 円へと変化したことになります．租税がなければ p_1 円で購入できたものが，租税の存在によって p_2+t 円で購入しなければいけなくなります．課税により，財1単位を購入する際に，課税前と比べて (p_2+t-p_1) 円だけ負担が増えていることになります．これが家計の負担となります．

次に企業について考えます．課税後の均衡価格は p_2 円となりますが，租税がなければ p_1 円で販売できたものが，租税の存在によって p_2 円で販売しなければいけなくなります．課税により，財1単位を販売する際に，課税前と比べて (p_1-p_2) 円だけ負担が増えていることになります．これが企業の負担となります．

図で考えると，p_1 と p_2+t のあいだの幅が家計の負担，p_1 と (p_1-p_2) のあいだの幅が企業の負担となります．

ここまでグラフをしっかり追ってきた人は気付いたかも知れませんが，実は先に見た企業に対する課税と，ここで確認した家計に対する課税とは，まったく同じ効果をもっているのです．誰に課税されたかは，最終的な負担である租税の帰着に対して関係なく，税額が同じであれば，まったく同じ大きさになります．もちろん，租税の帰着の大きさについても，税額が同じなのであれば，価格弾力性の大小によって違いが出る点も同じになります．

練習問題
1. 従量税と従価税について，次の問いに答えなさい．
(1)ガソリン税やたばこ税，酒税が「従量税」であることを簡単に説明しなさい．
(2)消費税が「従価税」であることを簡単に説明しなさい．
2. p は市場価格を，q^D は需要量を，q^S は供給量を表している．市場価格 p に応じて決まる需要量 q_1^D が $q_1^D=-3p+300$ で，市場価格 p に応じて決まる供給量 q^S が $q^S=2p$ となるとする（基本的な設定は，第1章の第3節の練習問題と同じである）．
(1) (復習) 均衡価格と均衡取引量を求めなさい．
(2)需要量と供給量の式をそれぞれ「$p=$」の式に書き換えなさい．
(3)生産者に対して，30円の従量税が課されたとする．(1)で求めた供給量の式に従量税30円を加えなさい．
(4)課税後の均衡価格と均衡取引量を求めなさい．
(5)消費者への帰着と生産者への帰着がいくらであるか，それぞれ求めなさい．
(6)もしも需要が $q_2^D=-p+180$ であったとすると，課税前の均衡価格と均衡取引量はいくらになるか．
(7)上の(3)と同様に，生産者に対して30円の従量税が課されたとする．課税後の均衡価格と均衡取引量を求めなさい．
(8)上の(7)のときの消費者への帰着と生産者への帰着がいくらであるか，それぞれ求めなさい．
(9)課税前の均衡において，q_1^D は q_2^D に比べて需要の価格弾力性が大きいと考えられる．(5)と(8)の結果を比べて，需要の価格弾力性と消費者への帰着の大きさについて考察しなさい．

補論　市場と市場のつながり

序章で，石油に代わる代替燃料としてバイオ燃料に注目が集まり，そのことが世界中での穀物価格に影響を与え，さらには日本国内での食料品の価格にも影響を与えた，という事実を書きました．そして，そこでの経済活動の概要は，

第 2 章　市場における経済活動

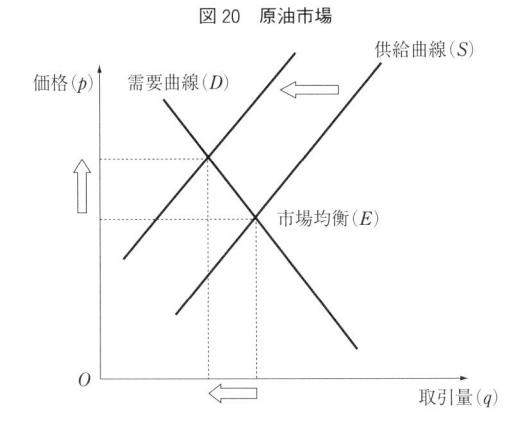

図 20　原油市場

経済学の知識でかなり説明できると述べました．第 1 章と本章で学んだ知識を使って，燃料問題から食料品価格までの流れを簡単に考えてみましょう．

　原油価格は当然原油の供給と需要から決まってきます．原油は天然資源ですから，長期的には供給が少なくなっていくだろうと現時点で一般に考えられています．そのような背景からでしょうが，近年，原油に代わるエネルギー源が求められ，その一つとしてバイオエタノールに注目が集まっています．すでにこの段階で，将来の原油市場の需要と供給の問題と，それを見越した現時点での技術選択という典型的な経済学の問題が出てきます．

　図20を見て下さい．将来に原油がなかなか採れなくなり，その結果として供給が減少するのであれば，図のように供給曲線が左方にシフトするはずです．この場合，均衡価格は上昇します．将来に原油価格が高騰することが，今から予想できるわけです．

　原油の埋蔵量を求め，現在の原油の年間使用量を計測し，両者の割り算から，石油エネルギーが後何年利用できるかを計算するといった話を見ることがあります．しかし，図20から明らかなように，供給が変化すれば価格が変化し，取引量も変化します．現在の原油の使用量を基準に計算する根拠は経済学的には相当に怪しいといえるでしょう．また，供給が減っていき価格が上昇するほど，原油に代わるエネルギー源の開発が盛んになると思われますし，原油価格は上昇していくのですから，ほかのエネルギー源が可能となれば，そちらに需要がシフトしていくでしょう（ほかのエネルギー源と原油は代替関係にあります）．そして以下のストーリーは，ほかのエネルギー源の問題が出発点となります．

図21　トウモロコシ市場

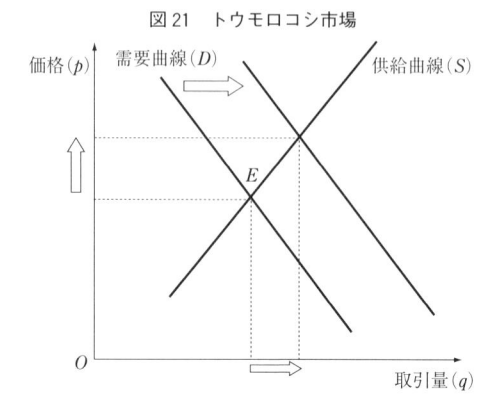

　この将来の原油価格の高騰という予想は，現在の経済活動に影響を与えるでしょう．その一つがエタノールなどのバイオ燃料への注目だと思います．将来に原油価格が上昇すれば，原油に代わるエネルギー源への需要が大きくなる可能性が出てきますから，原油に代わるエネルギー源を供給できれば高い利潤が稼げます．

　さて，バイオ燃料を作り出すための原料の一つがトウモロコシです．バイオ燃料を生産しようとする主体が増えれば，バイオ燃料の原料であるトウモロコシの需要が増えるでしょう．トウモロコシ市場において需要が増えれば，均衡価格が上昇することが分かります．このことが図21で描かれています．

　図21では需要曲線のみがシフトしていますが，実際には天候の関係などで供給曲線もシフトしているかもしれません（3.4では，天候による農作物の供給曲線のシフトを扱いました）．事実として，収穫量，つまり供給が増えている年もあるのですが，それでも価格が上昇していることがあります（需要曲線が右方へシフトしていれば，供給曲線が右方へシフトしても，価格が上昇する可能性があることを図に書いてみてください）．

　では，世界中の農家の立場になってみましょう．農地の規模は限られていますから，農家は限られた農地で何を作るのかを考えます．ここで農地の規模が限られていることから，農地の供給の価格弾力性が小さいだろうということにも気が付いてください．もし農地の供給の価格弾力性が大きければ，トウモロコシの生産を増やすために農地の需要が増えて，農地の供給も増え農地の利用も増えます（供給の価格弾力性の大きな市場で，需要曲線が右方にシフトした状況

を自分で描いて確認してください).その結果としてトウモロコシの供給も容易に増やせますから,トウモロコシの供給の価格弾力性が大きくなり,トウモロコシ市場での価格の上昇もそれほどではないでしょう(再び,供給の価格弾力性の大きな市場で,需要曲線が右方にシフトした状況を自分で描いて確認してください).宇宙空間で農作物が生産できるようにでもなれば,農地の供給の弾力性が大きくなり,このような状況になるのかもしれません.

　農家の立場に戻りましょう.トウモロコシ市場でのトウモロコシ価格の動向を理解していれば,トウモロコシの生産が有利であると考えます.限られた農地で,できるだけトウモロコシを生産しようとするでしょう.この場合,ほかの農作物の生産は減らさざるを得ません.第1章第2節では,一つの財もしくはサービスを生産する企業を取り上げたので,ここで考えているように,二つ以上の財を作る生産者という問題を考えませんでしたが,一種の応用問題となっていると思います.限られた農地でトウモロコシの生産を増やすために,大豆や小麦の生産を減らそうとするはずです.そうすれば,大豆や小麦の供給が減るでしょう.

　図22の大豆の市場を見てください.大豆の供給が減っていますから,均衡価格は上昇します.日本の伝統食品は大豆を使ったものが多いですから,大豆価格の高騰は日本の食文化に大きな影響を与えるでしょう.例えば,豆腐や納豆などは大豆を原料として作っています.その原料の大豆の価格が上がるわけですから,2.2での投入要素価格の上昇の典型的な具体例となっています.この場合,供給曲線が左方にシフトすることを学びました.このことが図23に描かれています.世界市場でのトウモロコシ価格の上昇が,日本国内の豆腐市場での価格上昇圧力となるわけです.実際に豆腐の価格がそれほど上昇してはいないかもしれませんが,それはほかの要因の影響かもしれませんし,もし価格がそれほど上昇していないと思っていても,特価の回数が減っていたり,内容量が減っていたりしているのかもしれません.

　ここで投入要素価格の上昇という論点が出てきましたが,この論点はさまざまなケースで出てくるでしょう.トウモロコシは家畜の飼料の原料となります.トウモロコシの価格が上がるということは,飼料の投入要素価格が上昇することになりますから,飼料の市場で供給曲線が左方にシフトします.

　図24の飼料の市場で,飼料の価格が上昇することが確認できると思います.今度は,飼料が食肉の生産の投入要素となります.飼料を家畜に与えて家畜を

図22 大豆市場

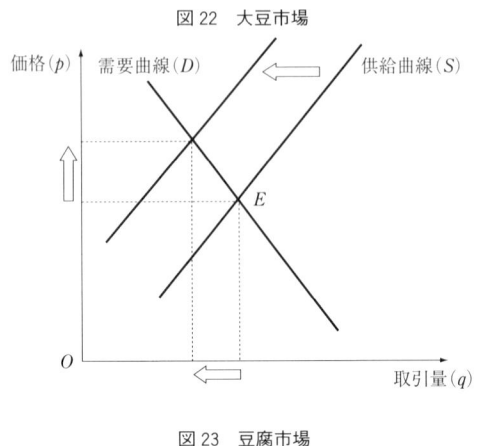

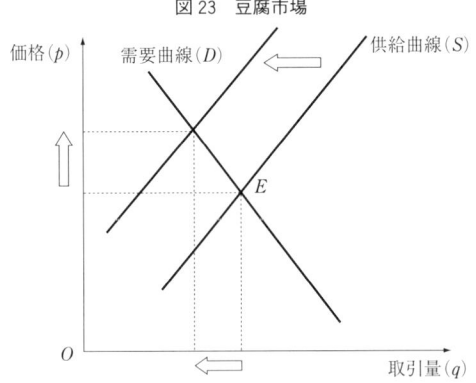

図23 豆腐市場

育て，食肉を生産するわけです．食肉の投入要素価格が上昇しますから，食肉の市場で供給曲線が左方にシフトします．図25をみると，食肉市場で価格が上昇することが確認できると思います．食肉の世界市場を考えた場合は需要のシフトも十分あり得ます．所得の少なさから肉をそれほど食べられなかった主体が，経済成長によって所得が増え，食肉への需要を増やすことが考えられます（1.1で学んだことの応用問題です）．世界を見渡せば，経済成長している国がいくつもあることを知ってください．この場合，需要曲線が右方にシフトしますから，均衡価格がさらに上昇するでしょうし，その可能性は高いと思います．

　以上は，バイオ燃料の原料であるトウモロコシの需要が増えたことの影響の一例です．ほかにもさまざまな影響が起きているでしょう．一部の影響の，しかも概要を分析しただけですが，需要曲線と供給曲線がかなりの説明力をもつ

図 24　飼料市場

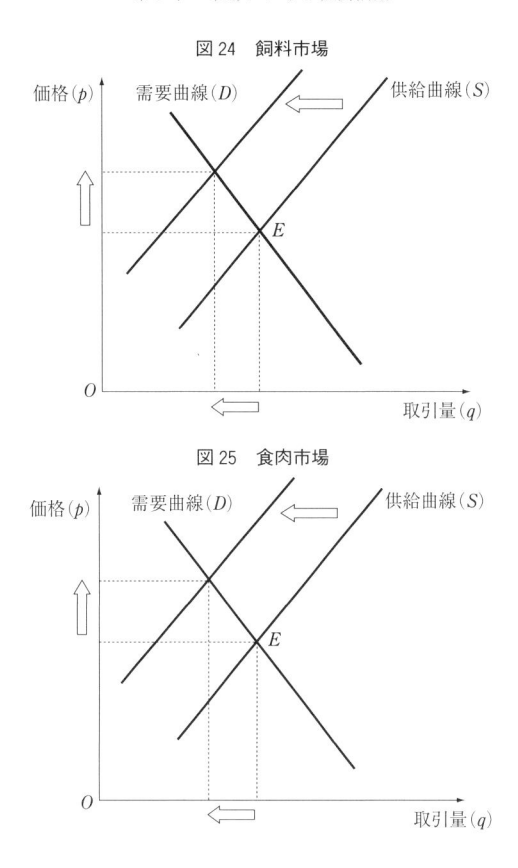

図 25　食肉市場

ことが示せたのではないかと思います.

　実際の市場を考えた場合，先程考えた市場が完全競争市場ではないかもしれません．その場合は，需要曲線と供給曲線を使った分析とずれてきます．また，トウモロコシ市場の価格が大豆の供給に影響を与えるとして議論をしましたが，実際には，大豆の価格が改めてトウモロコシの供給に影響を与えるでしょう．この場合，農家はトウモロコシと大豆の価格を同時に考えながら，トウモロコシと大豆の供給を決めることになります．この場合，供給曲線を描くことはできなくなります（二つの価格の下で二つの財の供給量を決めるわけですから，図にしようとすれば四次元の図になります）．そうした限界はあるのですが，それでも需要曲線と供給曲線をうまく使えば，経済活動の流れがかなり分かりやすくなります．第 3 章以降も需要曲線と供給曲線を用いた分析が出てきます．自分

の知識として，需要曲線と供給曲線を使えるように，ここまでの内容を復習しながら先へ進んでください．

第3章
経済厚生

　第1章と第2章では，経済活動がどのように決まるのかについて学んできました．そこでは，財もしくはサービスの価格や取引量は，需要と供給から決定されるという考え方が基本でした．

　本章では，実際の経済活動が我々にとってどれほどの幸福をもたらすのかを考えていきます．その場合，経済活動から得られる我々の幸福とは何なのかをまず明確にしなければなりません．幸福が何を意味するかは人それぞれでしょう．経済学では幸福を厚生という言葉で表すことが多いのですが，厚生という言葉で言い換えたとしても，その意味を明確にしないと議論はかみ合わなくなってしまいます．そこで，経済学のなかでもっとも重要な位置づけがなされている「効率性」に焦点を当てます．

　以下で詳細に見ていきますが，経済活動が効率的でなければ，どこかで無駄が生じています．その無駄をなくして，より効率的な経済活動が実現できれば，無駄をなくしたことによって得をする経済主体が必ず出てきます．この意味で，経済活動は効率的である方が我々にとって望ましいと考えられます．これが経済学において効率性に焦点が当てられる背景といえるでしょう．市場機構を通じて効率的な経済活動を実現できるか否かがこの章の主題となります．

　ただし，効率性が我々の幸福のすべてとはいえません．いかに効率的な経済活動が実現していたとしても，その結果，不平等の程度が大きくなっていたとすれば，その経済活動が幸福であるとは言い切れないでしょう．この点については，効率性について考えた後であらためて第5章で取り上げようと思います．

1　消費者余剰

　効率性から経済活動を考えるとしても，効率性をどのように捉えるか，その

基準を明確にする必要があります．経済学では，効率性の基準として社会的余剰（もしくは総余剰）という概念を多くの場合に使います．そこで社会的余剰が何であるのかをまず考えます．

社会的余剰は，消費者余剰と生産者余剰に分けられます．そこで消費者余剰が何を意味するのかを本節では説明します．

1.1 需要曲線と便益

すでに学んだように，普通の財もしくはサービスの場合には消費者（家計）は需要する立場になり，その経済活動は需要曲線で表されます．そこで需要曲線の意味を復習しながら，消費者余剰の意味について考えていきます．図1に需要曲線が表されています．ここでは取引量を1単位ずつ調べていくために，需要曲線を階段のかたちにしています．

需要曲線は，市場での価格と，その価格の下での需要量の関係をグラフとして表したものでした．図1では，市場価格が200円のときに需要量は1個，180円のときに2個，160円のときに3個，140円のときに4個，120円のときに5個，100円のときに6個……となっていることが分かると思います．

すでに第1章で需要曲線の性質やその背景について学びましたが，その内容を別の観点から復習しながら，この価格と需要量の関係について詳しく考えましょう．価格が200円のときに1個の需要量が存在するということは，この1個目の財を購入しようと考えている消費者が，この財に対しては200円までなら払ってもかまわないと考えていることを意味します．

このことは以下のように確認できます．1個目の財を購入しようと考えている消費者をAさんとしておきましょう．まず価格が200円のときにAさんはこの財を需要するわけですから，この財に対して少なくとも200円は払います．もしAさんが200円よりも高い価格，例えば210円払ってもかまわないとしたらどうなるでしょう．その場合，価格が210円のときにAさんはこの財を需要しますから，価格が210円のときに需要量が1個存在することになります．ところが需要曲線を見ると，価格が210円のときの需要量はゼロ個となっていますから，Aさんが210円払ってもかまわないとした場合の結果と矛盾します．つまりAさんは200円よりも高い価格を払う意思はないことになります．

今確認したことを改めて整理しましょう．需要曲線から，200円のときに需要量が1個であることが分かります．このことは，ある消費者（ここではAさ

第3章 経済厚生

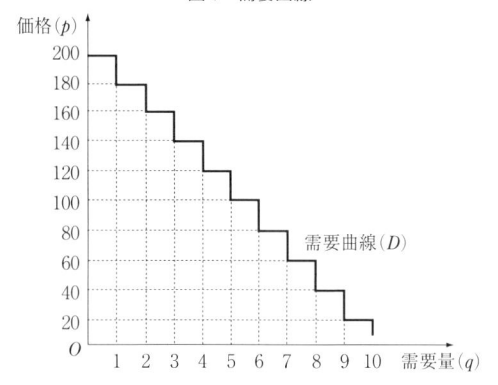

図1 需要曲線

ん）がこの1個目の財に対して200円までなら払ってもかまわないと考えています．つまり需要曲線での200円と1個の組み合わせからから，1個目の財に対して消費者が支払ってもよい最大金額が200円であるといえます．

次に価格が180円のときを考えましょう．この場合には需要量が2個あります．1個目の財を需要するAさんは200円までなら払ってもかまわないと考えていますから，価格が180円のときにAさんはこの財を需要します．ところが需要量は2個あるのですから，Aさん以外にもう1人この財を需要する消費者がいるはずです．

この消費者をBさんとしておきましょう．Bさんは少なくとも180円は払います．しかし180円よりも高い価格を払う意思はありません．なぜなら，もしBさんが180円よりも高い価格，例えば190円を払う意思があるならば，価格が190円のときに，Bさんと，200円までなら払ってもかまわないAさんの2人が需要し，需要量が2個になってしまうはずなのですが，需要曲線からは，価格が190円のときの需要量は1個しかないからです．

このことから，2個目の財を需要している消費者（ここではBさん）は，この財に対して最大限180円払ってもかまわないと考えていることが分かります．つまり，需要曲線での180円と2個の組み合わせからから，2個目の財に対して消費者が支払ってもよい最大金額が180円であるといえます．

同様にして，需要曲線上の160円と3個の組み合わせから，3個目の財に対して消費者が支払ってもよい最大金額が160円であることが分かりますし，需要曲線上の140円と4個の組み合わせから，4個目の財に対して消費者が支

払ってもよい最大金額が140円であることが分かります．

このように，需要曲線は，市場価格とその下での需要量の関係を表していると同時に，需要曲線の高さが，その財1個に対して消費者が支払ってもよい最大金額を表していることが分かります．この支払ってもよい最大金額を，その財やサービスの消費から得られる便益と呼びます．1個目の財の便益が200円，2個目の財の便益が180円，3個目の財の便益が160円などとなっているわけです．

次に市場全体で消費者はどれほど得をしたかを考えましょう．市場全体で3個の需要が実現した場合を考えます．1個目の財を消費する消費者Aさんは最大限200円払ってもかまわないと考えています．このことは，1個目の財を消費することによってAさんは200円の得をすると考えられます（だから200円までなら払うわけです）．このことから，1個目の財はAさんに200円の便益をもたらすともいえます．また2個目の財を消費する消費者Bさんは最大限180円払ってもかまわないと考えています．このことは，2個目の財はBさんに180円の便益をもたらすとも言えます．そして3個目の財を消費する消費者（Cさんとしましょう）は最大限160円払ってもかまわないと考えています．このことは，3個目の財はCさんに160円の便益をもたらすともいえます．

1個目の財の200円の便益は需要曲線でどのように表されているでしょう．図2での1番左にある太字で囲まれた四角形を見てください．この四角形の縦の長さは200で横の長さは1となっています．縦の長さと横の長さを掛け合わせたものは四角形の面積となりますが，この場合その面積は200です．つまり1個目の財の便益200円は，太字の囲まれた四角形の面積となっています．

同様にして，2個目の財の便益180円，3個目の財の便益160円が，それぞれ図2の需要曲線のなかの，太字で囲まれた四角形の面積で表されていることが分かると思います．

ここまでの内容を改めて整理してみましょう．需要量が3個の場合，1個目の財の便益が200円，2個目の財の便益が180円，3個目の財の便益が160円となっていることが，需要曲線から読み取れます．そのことから，3個需要した場合に，市場全体でその経済活動に200円プラス180円プラス160円の便益，つまり合計540円の便益があると消費者たちが考えていることになります．そしてその200円，180円，160円それぞれの便益が，需要曲線のなかの太字で囲まれた四角形の面積で表されています．この三つの四角形の面積の合計は，取引

第 3 章　経済厚生

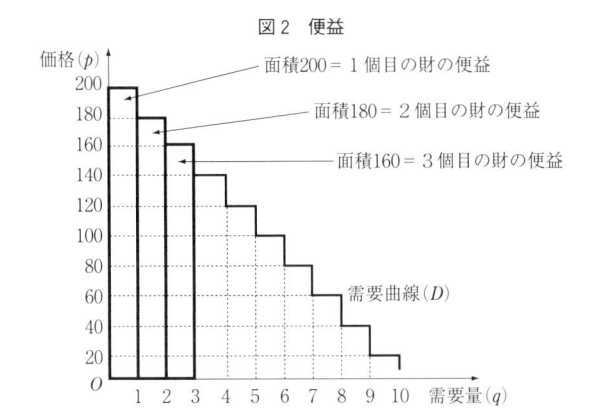

図 2　便益

価格 (p)
- 面積200 = 1 個目の財の便益
- 面積180 = 2 個目の財の便益
- 面積160 = 3 個目の財の便益
- 需要曲線 (D)

需要量 (q)

量 3 個までで測った，需要曲線の下の部分の面積となっています．

　このように，需要曲線の下の部分の面積で，市場全体として，その財がどれだけの便益をもたらすかが表されていることが分かると思います．

　もし 5 個の需要が実現した場合には，1 個目から 5 個目の財は，それぞれ200円，180円，160円，140円，120円の便益があり，合計は800円で，それは取引量 5 個までで測った需要曲線の下の部分の面積となっています．このことを自分で確認してください．

1.2　需要曲線と消費者余剰

　次に市場での経済活動を考えましょう．市場価格が150円だとします．この場合，需要曲線から需要量が 3 個であることが分かります．すでに確認したように，3 個需要することの便益は540円（= 200円 + 180円 + 160円）です．このときに消費者は150円の価格を払うわけですから，3 個需要した場合は合計450円（= 150円 × 3 個）を支払っていることになります．ここで540円の便益のある財を450円支払って入手しているわけですから，差し引き90円の得をしていると考えられます．この得した分を経済学では消費者余剰といっています．

　個別にみれば，1 個目の財を需要する消費者は，200円の便益のある財を150円で入手しているわけですから差し引き50円だけ得をして，2 個目の財を需要する消費者は，180円の便益のある財を150円で入手しているわけですから差し引き30円だけ得をして，3 個目の財を需要する消費者は，160円の便益のある財を150円で入手しているわけですから差し引き10円だけ得をしています．そ

図3 支払額

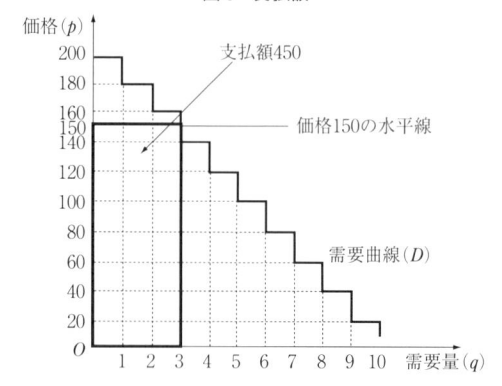

価格(p) 200, 180, 160, 150, 140, 120, 100, 80, 60, 40, 20
支払額450
価格150の水平線
需要曲線(D)
需要量(q)

して市場全体で90円（＝50円＋30円＋10円）の得をしているわけです．

　消費者余剰の大きさを需要曲線のなかでみてみましょう．すでに確認したように，3個需要することの便益540円（＝200円＋180円＋160円）は，ちょうど取引量3個までで測った，需要曲線の下の部分の面積となっています．一方で，支払額450円（＝150円×3）は図3のなかの縦の長さ150，横の長さ3の四角形の面積で表されます．

　消費者余剰90は，財の便益540円（＝200円＋180円＋160円）から支払額450円（＝150円×3）を引いた分ですから，図4のなかの太字で囲まれた部分の面積となります．

　次に市場価格が50円の場合を考えてみましょう．この場合，需要量が8個となることが需要曲線から分かります．そして需要曲線より，1個目から8個目までの財の便益がそれぞれ200円，180円，160円，140円，120円，100円，80円，60円であることが分かります．そして消費者余剰は，この便益の合計1040円（＝200円＋180円＋160円＋140円＋120円＋100円＋80円＋60円）と支払額400円（＝50円×8）の差額の640（＝1040－400）となります．グラフでは，図5の太字で囲まれた部分の面積となっています．

　以上の結果を整理しましょう．需要曲線は，本来は市場価格と需要量の関係をグラフにしたものです．その背景を考えることによって，需要曲線の高さはその財に対して消費者が支払ってもよい最大金額を表しています．消費者余剰は，消費者が支払ってもよい最大金額と実際に支払った価格との差額を意味します．これは財の便益から支払額を差し引いたものになります．グラフにおい

第 3 章　経済厚生

図 4　消費者余剰（価格150円）

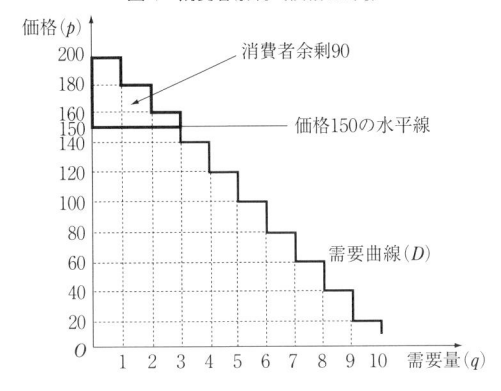

図 5　消費者余剰（価格50円）

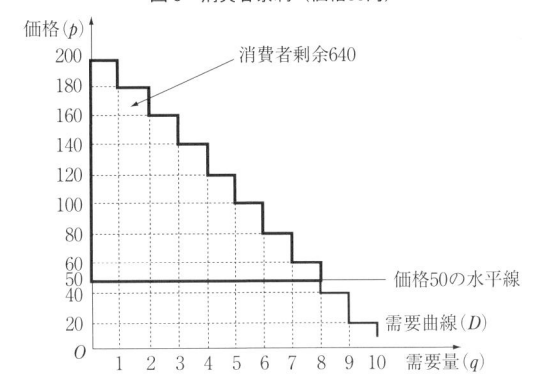

ては，需要曲線と需要する際の価格の水平線のあいだの面積となっています．

　今までは需要量を 1 単位ずつ調べてきたので，需要曲線が階段のかたちになっていました．実際の市場での取引量は膨大で，そのために横軸の 1 単位の幅は小さくなります．その場合，需要曲線は細かく見れば階段のかたちとなっていますが，全体的に見れば曲線に近いものになっています．図 6 では横軸の 1 単位の幅を少し小さくして描いてみました．今までのグラフよりは形状が曲線に近付いていると思います．1 単位の幅をグラフのなかでさらに小さく描いていけば，ほとんど曲線で近似できるようになります（これは第 1 章の 1.2 での説明と少し別の視点からの説明となっています）．

　最後に，需要曲線が直線で表された場合で，今までの結果を整理しましょう．

図6　需要曲線

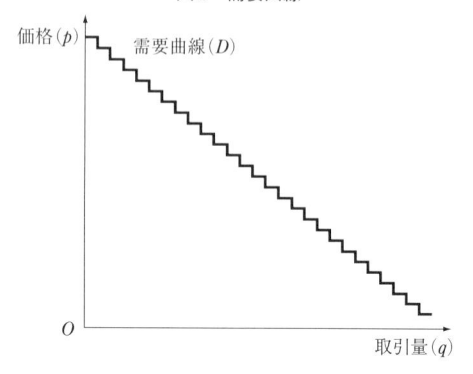

図7　消費者余剰

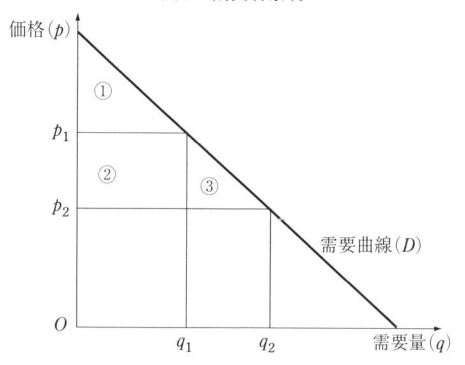

図7に直線の需要曲線が描かれています．価格が p_1 なら需要量は q_1 となること，価格が p_2 なら需要量は q_2 となることが分かります．そして価格が p_1 なら消費者余剰は①の面積となること，価格が p_2 なら消費者余剰は①＋②＋③の面積となることがここで学んだことの結果です．

練習問題
1. 本文の図1での需要曲線の下で，価格が110円のときの消費者余剰を求めよ．
2. 本文の図1での需要曲線の下で，価格が30円のときの消費者余剰を求めよ．また，価格が110円のときの消費者余剰に比べて大きくなっているか小さくなっているかを確認せよ．
3. p は市場価格，q^D は需要量を表し，需要関数が $q^D=300-3p$ であるとする．縦軸が価格，横軸が数量であることに注意をして，この需要関数から需要曲線を描け．また価格が50のときの消費者余剰を計算しなさい．

2 生産者余剰

次に生産者余剰が何を意味するのかを説明します．すでに学んだように，普通の財もしくはサービスの場合には生産者（企業）は供給する立場になり，その経済活動は供給曲線で表されます．そこで供給曲線の意味を復習しながら，生産者余剰の意味について考えていきます．

2.1 供給曲線と生産費用

図8に階段のかたちで描かれた供給曲線が表されています．すでに学んだように，供給曲線は，市場での価格と，その価格の下での供給量の関係をグラフとして表したものです．図8では，市場価格が20円未満のときには供給量はゼロ個で，20円のときに供給量は1個，40円のときに2個，60円のときに3個，80円のときに4個，100円のときに5個，120円のときに6個……となっています．

すでに第1章で供給曲線の性質やその背景について学びましたが，その内容を別の観点から復習しながら，この価格と供給量の関係について詳しく考えましょう．価格が20円のときに1個の供給量が存在するということは，この1個目の財を生産しようと考えている生産者が，この1個目の財の1単位の生産に20円の費用がかかっていることを意味します．

このことは以下のように確認できます．費用が20円よりも高いとします．たとえば費用が30円としましょう．この場合，価格20円の下で生産し供給しても収入は20円ですが，その際の費用が30円ですから10円の赤字となります．生産しなければこの赤字は生じませんから生産をしないはずです．ところが20円のときの供給量が1個となっていますから矛盾です．つまり1個目の財の生産費用は20円より高くはありません．費用が20円よりも安いとします．例えば生産費用が10円としましょう．この場合，価格10円の下で生産し供給すると収入は10円で，その際の費用が10円ですから生産・供給することの損失はありません．そのため10円のときに生産し供給するはずなのですが，10円のときの供給量はゼロ個ですから矛盾です．つまり1個目の財の生産費用は20円より安くもありません．以上から1個目の財の生産費用が20円であることが分かります．

今確認したことを改めて整理しましょう．供給曲線から，20円のときに供給

図8　供給曲線

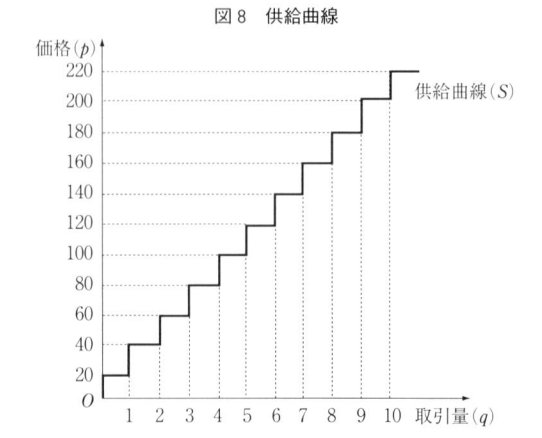

量が1個であることが分かります．このことは，この1個目の財1単位の生産費用が20円であることを表しています．つまり供給曲線での20円と1個の組み合わせからから，1個目の財1単位の生産費用が20円であることが分かります．

　次に価格が40円のときを考えましょう．この場合には供給量が2個あります．1個目の財1単位の生産費用は20円ですから，価格が40円のときにはこの1個目の財を生産・供給します（そのことによって20円の儲けが得られます）．ところが供給量は2個あるのですから，この財の2個目を誰かが生産しているはずです．

　この2個目の財を1単位生産する際の費用は，以下で確認するように40円となります．もし2個目の財1単位の生産費用が40円よりも高ければ，価格40円のときの供給は，費用20円で生産できる1個目だけとなっているはずだし，2個目の財1単位の生産費用が40円よりも安ければ，価格が40円よりも少し安いときの供給量が，費用20円で生産できる1個目と40円よりも安い費用で生産できる2個目とで2個となっているはずですが，どちらも供給曲線での結果と矛盾していることから確認できます．

　このことから，2個目の財1単位の生産費用は40円であることが分かります．つまり，供給曲線での40円と2個の組み合わせからから，2個目の財1単位の生産費用が40円であるといえます．

　同様にして，供給曲線上の60円と3個の組み合わせから，3個目の財1単位の生産費用が60円であることが分かりますし，供給曲線上の80円と4個の組み

第 3 章 経済厚生

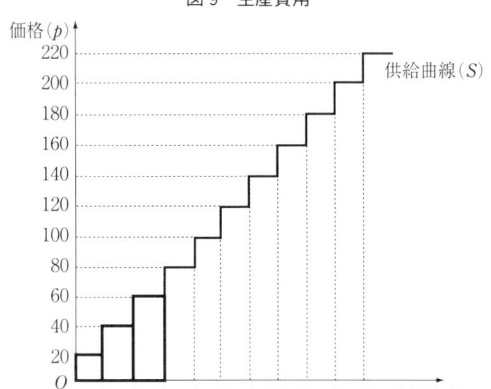

図 9 生産費用

合わせから，4個目の財1単位の生産費用が80円であることが分かります．

このように，供給曲線は市場価格とその下での供給量の関係を表していると同時に，供給曲線の高さが，各生産量のその1単位当たりの費用を表していることが分かります．

次に市場全体での生産費用を考えましょう．市場全体で3個の供給が実現した場合を考えます．1個目の財1単位の生産費用は20円，2個目の財1単位の生産費用は40円，3個目の財1単位の生産費用は60円です．よって市場全体での費用は120円（＝20円＋40円＋60円）となります．

ただし，先述の計算では，生産量の大小に関係なく必要となる費用を考慮していません．例えばすでに工場を建設してしまい，その建設費用は生産量に関係なく負担しなくてはいけないなどの状況がありえますが，その際の費用は考えていません．このような費用を固定費用と呼ぶのですが，固定費用を考慮しない場合の生産費用となっている点に注意して下さい．

この生産費用120円（＝20円＋40円＋60円）は供給曲線でどのように表されているでしょう．図9での太字で囲まれた3つの四角形を見てください．一番左にある四角形の縦の長さは20で横の長さは1となっていますから面積は20です．つまり1個目の財1単位の生産費用20円は，一番左にある太字の囲まれた四角形の面積となっています．同様に2個目の財1単位の生産費用の40円は二番目にある太字の囲まれた四角形の面積，3個目の財1単位の生産費用の60円は三番目にある太字の囲まれた四角形の面積となっています．

以上のように生産費用20円，40円，60円がそれぞれ，供給曲線のなかの太字で囲まれた四角形の面積で表されています．これらの生産費用を合計したものが，3個供給するときの市場全体での生産費用となりますが，この三つの四角形の面積の合計は，取引量3個までで測った供給曲線の下の部分の面積となっています．

このように，供給曲線の下の部分の面積で，市場全体の生産費用が表されていることが分かると思います．

もし5個の供給が実現した場合には，1個目から5個目の財の生産費用は，それぞれ20円，40円，60円，80円，100円で，市場全体では300円で，それは取引量5個までで測った供給曲線の下の部分の面積となっています．このことを自分で確認してください．

2.2 供給曲線と生産者余剰

次に市場での経済活動を考えましょう．市場価格が70円とします．この場合，供給曲線から供給量が3個であることが分かります．すでに確認したように，3個生産することの費用は120円（＝20円＋40円＋60円）です．このときに市場価格は70円ですから，3個供給した場合の収入は210円（＝70円×3）になります．収入が210円で費用が120円ですから，生産者は差し引き90円の得をしていると考えられます．この得した分を経済学では生産者余剰といっています．

生産者余剰の大きさを供給曲線のなかで見てみましょう．すでに確認したように，3個生産することの費用120円（＝20円＋40円＋60円）は，ちょうど取引量3個までで測った，供給曲線の下の部分の面積となっています．一方で，収入210円（＝70円×3）は図10のなかの縦の長さ70，横の長さ3の四角形の面積で表されます．

生産者余剰90は，収入210円（＝70円×3）から費用120円（＝20円＋40円＋60円）を引いた分ですから，図11のなかの太字で囲まれた部分の面積となります．

次に市場価格が170円の場合を考えてみましょう．この場合，供給量が8個となることが供給曲線から分かります．そして供給曲線より，1個目から8個目までの財の生産費用がそれぞれ20円，40円，60円，80円，100円，120円，140円，160円であることが分かります．そして生産者余剰は，収入1360円（＝170円×8）から生産費用の合計720円（＝20円＋40円＋60円＋80円＋100円＋120

第 3 章 経済厚生

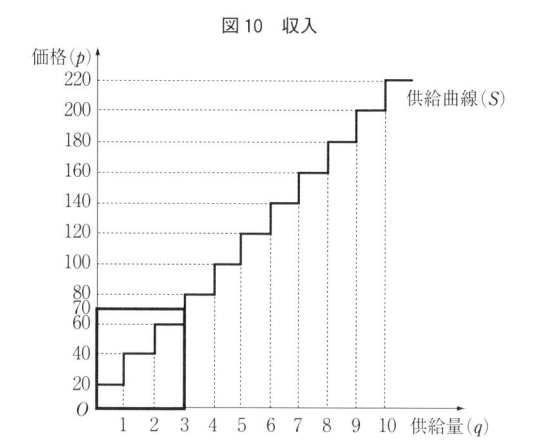

図 10 収入

図 11 生産者余剰（価格70円）

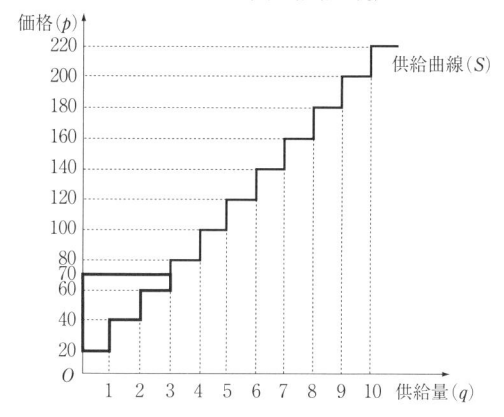

円＋140円＋160円）の差額の 640（＝1360－720）となります．グラフでは，図12の太字で囲まれた部分の面積となっています．

以上の結果を整理しましょう．供給曲線は，本来は市場価格と供給量の関係をグラフにしたものです．その背景を考えることによって，供給曲線の高さはその財の各生産量のその 1 単位当たりの費用を表しています．生産者余剰は，収入と（固定費用を除いた）生産費用との差額を意味します．グラフにおいては，供給曲線と供給する際の価格の水平線のあいだの面積となっています．

今までは供給量を 1 単位ずつ調べてきたので，供給曲線が階段のかたちになっていました．実際の市場での取引量は膨大で，そのために横軸の 1 単位の

図12 生産者余剰（価格170円）

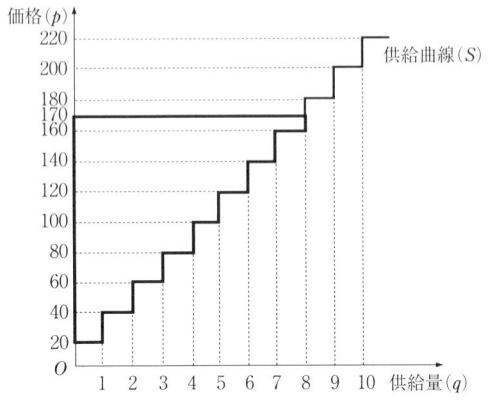

図13 生産者余剰

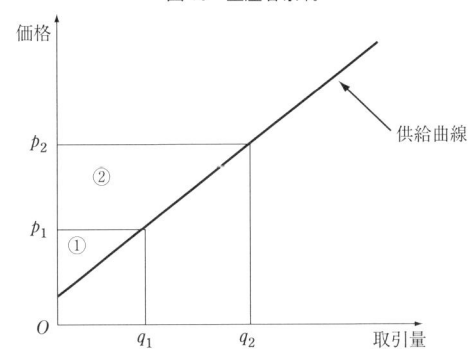

幅は小さくなります．その場合，供給曲線は細かく見れば階段のかたちとなっていますが，全体的に見れば曲線に近いものになっています．1単位の幅をグラフのなかでさらに小さく描いていけば，ほとんど曲線で近似できるようになります．

最後に，供給曲線が直線で表された場合で，今までの結果を整理しましょう．図13に直線の供給曲線が描かれています．価格が p_1 なら供給量は q_1 となること，価格が p_2 なら供給量は q_2 となることが分かります．そして価格が p_1 なら生産者余剰は①の面積となること，価格が p_2 なら生産者余剰は①＋②の面積となることがここで学んだことの結果です．

練習問題
1. 本文の図 8 での供給曲線の下で，価格が 110 円のときの生産者余剰を求めなさい．
2. 本文の図 8 での供給曲線の下で，価格が 210 円のときの生産者余剰を求めなさい．また，価格が 110 円のときの生産者余剰に比べて大きくなっているか小さくなっているかを確認せよ．
3. p は市場価格，q^s は供給量を表し，供給関数を $q^s=2p$ とする．縦軸が価格，横軸が数量であることに注意をして，この供給関数から供給曲線を描け．また価格が 100 のときの生産者余剰を計算しなさい．

3 社会的余剰と市場機構

前節と前々節で消費者余剰と生産者余剰について学びました．この二つの概念を使うことによって，社会的余剰を定義することができます．本節では，社会的余剰を定義し，市場での経済活動の効率性について考えます．

3.1 社会的余剰

すでに説明したように，社会的余剰（もしくは総余剰）は消費者余剰と生産者余剰の合計です．ただし，もし政府の税収がある場合には，その税収も社会的余剰に含めます．

消費者余剰は，消費者が支払ってもよい最大金額から実際の支払いを差し引いたもの，もしくは，消費から得られる便益から実際の支払いを差し引いたものです．生産者余剰は，生産者の収入から（固定費用を除いた）生産費用を差し引いたものです．ここで消費者の支払いは生産者の収入と等しくなります．このことに注意すると

社会的余剰＝消費者余剰＋生産者余剰
　　　　＝消費者の便益－消費者の支払い＋生産者の収入－生産費用
　　　　＝消費者の便益－生産費用

となります．

すでに学んだように，消費者の便益は，需要曲線の下の面積で表されます．また生産費用は供給曲線の下の面積で表されます．このことから

社会的余剰＝需要曲線の下の面積－供給曲線の下の面積

3.2 経済活動と社会的余剰

今まで学んだことを用いて，どのような経済活動が最も効率的なのかについて考えましょう．図14では，需要曲線 D と供給曲線 S が直線で描かれています．また点 E で需要量と供給量が等しくなっていて，そのときの取引量が q_E となっています．

ここで取引量が q_E のときの社会的余剰を求めると，需要曲線の下の①+②+③+④の面積から供給曲線の下の②+④の面積を引いたものが社会的余剰ですから，①+③の面積となっています．

また図では，q_E より取引量が少ない状況として q_1，取引量が多い状況として q_2 が取り上げられています．ここで，社会的余剰は，取引量が q_E のときの方が，取引量が q_1 のときや q_2 のときより大きくなっていることが分かります．

このことは社会的余剰の面積をそれぞれの取引量について実際に調べればすぐ分かりますが，以下のように確かめることもできます．

まず取引量が少ない q_1 の場合を図15で考えましょう．取引量が q_1 のときには，消費者の便益が①+②の面積，生産費用が②の面積で，社会的余剰は①の面積となっています．ここで取引量を増やした場合を考えましょう．例えば q_3 に増やしたとします．この場合，便益は③+④の面積だけ増えて，生産費用は④の面積だけ増えることが分かります．消費者の便益の増加分の方が大きいですから，差し引き③の面積だけ社会的余剰が増えています．このように，取引量が少ない q_1 のような場合，取引量を増やすことによって社会的余剰が増えます．

次に取引量が多い q_2 の場合を図16で考えます．取引量が q_2 のときには，消費者の便益が①+②+④+⑥の面積，生産費用が②+③+④+⑤+⑥の面積で，社会的余剰は①の面積から③+⑤の面積を差し引いた分となっています．ここで取引量を減らした場合を考えましょう．例えば q_4 に減らしたとします．この場合，便益は⑥の面積だけ減って，生産費用は⑤+⑥の面積だけ減ることが分かります．生産費用の減少分の方が大きいですから，差し引き⑤の面積の分だけ社会的余剰が増えています．このように，取引量が多い q_2 のような場合，取引量を減らすことによって社会的余剰が増えます．

第 3 章　経済厚生　　91

図 14　社会的余剰（1）

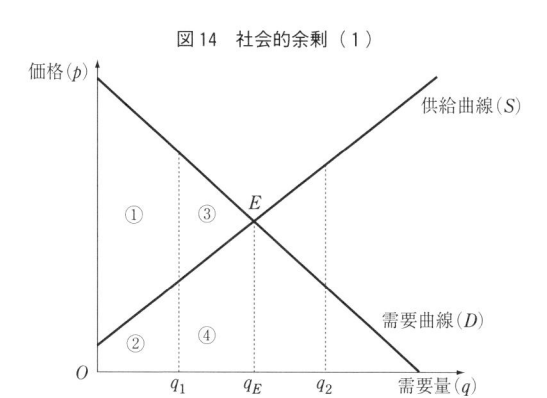

価格(p)／供給曲線(S)／需要曲線(D)／需要量(q)／q_1, q_E, q_2／①②③④／E

図 15　社会的余剰（2）

価格(p)／供給曲線(S)／需要曲線(D)／需要量(q)／q_1, q_3, q_E／①②③④⑤⑥／E

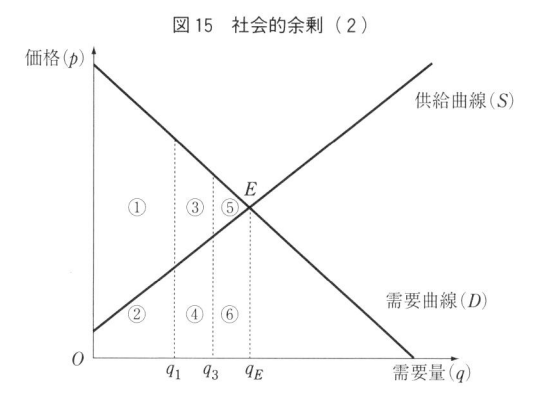

図 16　社会的余剰（3）

価格(p)／供給曲線(S)／需要曲線(D)／需要量(q)／q_E, q_4, q_2／①②③④⑤⑥／E

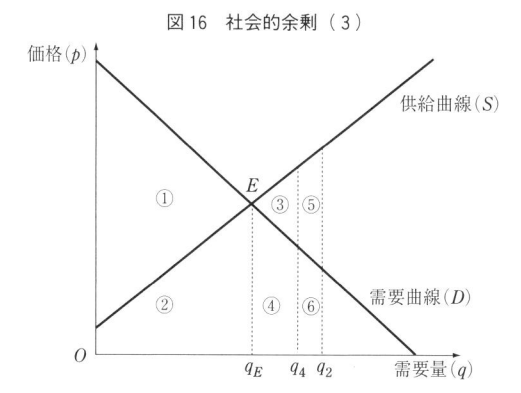

以上のことから，需要量と供給量が等しい状態に対応する取引量である q_E のときに社会的余剰が一番大きくなっていることが分かります．

3.3 市場機構と効率性

　市場機構が機能するのであれば，需要と供給が調整されて，最終的には需要量と供給量が等しくなることをすでに学びました．そして需要量と供給量の等しい状態が完全競争市場での市場均衡でした．前項で確認したように，需要量と供給量の等しくなる取引量で社会的余剰が最大となっているのですから，完全競争市場の市場均衡では社会的余剰が最大となっていることが分かります．

　このことのもつ意味は極めて重要です．完全競争市場では，家計（消費者）は自分の便益を考えて需要を決め，企業（生産者）も自分の利潤を考えて供給を決めます．言い換えれば，どの経済主体も，特に社会全体のことを考えて経済活動をするわけではありません．ところが，社会的余剰を考えた場合，完全競争市場での均衡でもっとも社会的余剰が大きくなっているわけです．つまり誰も社会全体のことを考えて経済活動をするわけではないのに，結果として社会的にもっとも望ましい状態が実現しているわけです．

　18世紀末にアダム・スミスが『国富論』という経済問題についての最初の体系的な研究書を発表します．そこでの主張の一つが，経済活動は自由放任が望ましいというものでした．アダム・スミスは，各人が自らの利益を追求していけば，「見えざる手」に導かれて社会的利益が達成されると主張しました．ここでの議論に即していえば，家計や企業が自分の目的を最大化するように行動していれば，市場機構の働きという「見えざる手」によって，結果的に社会的余剰が最大化されます．

　このように，経済活動に関しては，原則として市場での自由な活動に任せるべきという主張が導き出されます．これが従来からの経済学の重要な主張の一つとなります．

　ただし，市場機構がすべての経済問題を解決するわけでもありませんし，すでにアダム・スミスもこの点を考えています．この点に関してはこの後で確認していきます．

練習問題

1. 本文の図15において，取引量が q_1 から q_E に増えたときに社会的余剰がどれだけ増える

か求めよ．
2. 本文の図16において，取引量が q_2 から q_E に減ったときに社会的余剰がどれだけ増えるか求めよ．
3. p は市場価格を，q^D は需要量，q^S は供給量で，需要関数が $q^D=300-3p$ で供給関数が $q^S=2p$ とする．縦軸が価格，横軸が取引量であることに注意して，需要曲線と供給曲線を描き，完全競争均衡での消費者余剰と生産者余剰を求めよ．

第4章
経済活動と余剰

　第3章で，完全競争市場の均衡においてもっとも効率的な経済活動が実現していることを確認しました．しかし実際の経済活動は完全競争市場の均衡となっているとは限りません．そこで経済活動に規制が存在した場合と租税が存在した場合の余剰を考えてみます．また，外国との貿易が可能である場合も考え，その際の自由貿易の下での余剰や関税が課せられた場合の余剰についても考えます．

1　規制の余剰分析

　本節では，市場に対して，政府が規制をかけた場合を考えます．政府が市場に対して規制をかける目的の一つとして，市場での取引に不公平な部分があると考えられる場合です．例えば，弱者保護のためであったり，消費者の安全や健康を守ったりする必要がある場合です．具体的には，家賃規制であったり，最低賃金を定めた法令であったり，たばこの販売価格を政府が認可したりすることがあげられます．みなさんが普段利用している電車やバスなどの公共交通機関の運賃も認可制がとられており，政府の規制が行われている例といえます．
　こうした一見すると望ましいように思える政府による市場への規制や介入ですが，果たして，効率性の観点から分析するとどうなるのでしょうか．本節では，これまでに学んだ余剰概念を用いて，政府による規制を分析していくことにします．一見すると望ましいように見える市場への規制ですが，そのすべてが必ずしも望ましいとはいえないことが明らかになります．
　政府による規制の手法として，価格を直接コントロールする価格規制と，数量をコントロールする数量規制があげられます．順番に分析していくことにしましょう．

1.1 価格規制が実施された場合

　政府によって価格が規制された場合を考えてみましょう．価格規制の「望ましさ」を考えるために，価格規制が実施されなかった場合と，価格規制が実施された場合の社会的余剰を比較してみましょう．社会的余剰は，大きければ大きいほど効率性の観点から「望ましい」と考えられます．

　まず，図1の左図は，規制が実施されていないときの状態を示しています．言い換えれば，市場で自由に取引が行われている状態です．市場で自由に取引が行われる場合，市場機構によって，需要曲線と供給曲線が交わる点が均衡となり，均衡価格は p^*，均衡取引量は q^* となります．すでに学んだ通り，社会的余剰は，①＋②の三角形の面積となります．

　次に，図1の右図にあるように，価格に対して規制がかけられた場合を考えてみましょう．よく知られる例として，借家の家賃に対する規制，電車やバスの運賃に対する規制や電気料金に対する規制などが挙げられます．例えば，人々が生活をしやすいように，家賃を均衡価格よりも安くするように政府が規制をかけたとしましょう．政府が家賃の上限を p' に定めたとします．したがって，借家の家賃は p' よりも高く設定することはできません．家賃が p' 以下であるとき，図1の右図を見ると分かるように，借家に対する超過需要が発生し，家賃は上昇します．家賃は p' よりも高くできないので，家賃が p' まで上昇した時点で家賃の上昇は止まります．このときに，家主（借家の供給者）による借家の供給量は q' となります．借家の供給量が均衡取引量の q^* よりも少なくなっているのは，これまで学んできた通り，価格 p' の下で q' 以上の借家を提供しようとすると家主は赤字になってしまうためです．

　このときの余剰を考えてみましょう．消費者余剰は需要曲線と価格で囲まれる部分ですから，図1右図の台形③の面積になります．生産者余剰は価格と供給曲線で囲まれた部分ですから，三角形④の面積になります．③＋④の面積が，価格（家賃）規制のあるときの社会的余剰となります．

　価格規制が実施されなかった場合の社会的余剰（①＋②）と価格規制が実施されたときの社会的余剰（③＋④）を比べてみましょう．価格規制が実施された場合の方が，右図の⑤だけ，明らかに小さくなっています．つまり，家賃を安く規制して人々の生活を良くしようとする政策ですが，必ずしも社会的余剰の増加にはつながらないことがわかりました．

　どうして社会的余剰が減ってしまったのでしょうか．実は，政府が価格規制

第4章 経済活動と余剰

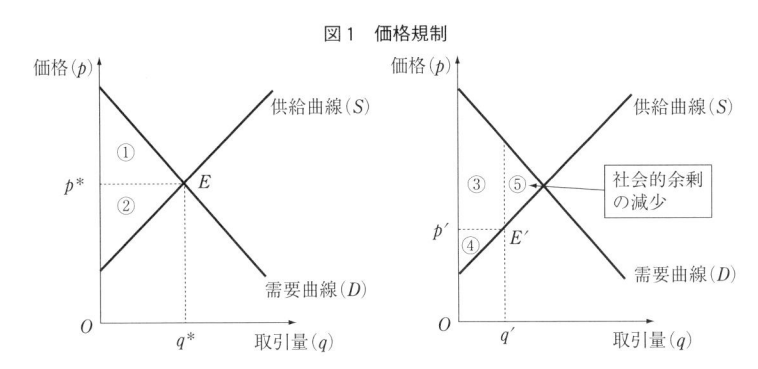

図1 価格規制

を実施して価格を安くしてしまったために,「もう少し高い金額を支払っても家を借りたい」という消費者と,「もう少し高く支払ってもらえるなら家を貸してもいい」という生産者の取引が実現しなくなってしまったことが原因になっています．この取引が行われれば,消費者も生産者も余剰が増えたはずなのに,取引が実現しなかったために,余剰が減ってしまいました．規制がなければ,消費者も生産者も自由な意思によって,市場で取引を行うため,このようなことは起きません．

1.2 数量規制が実施された場合

前項では,価格に対して規制された場合の余剰の変化を分析しました．次に,数量に対して規制された場合について考察してみましょう．過当競争を防止したり,安全性を確保したりするために,数量に対する規制も価格規制と同じくらいかそれ以上実施されています．例えば,タクシーの台数や飛行機の発着枠などがあげられます．

数量規制についても価格規制の場合と同じように,数量規制が実施されなかった場合と数量規制が実施された場合とを比較して考えてみましょう．

図2の左図は,数量規制が実施されなかった場合の均衡価格,均衡取引量,そして社会的余剰を表しています．当然ですが,図1の左図と全く同じ図となっています．社会的余剰は,①+②のとなっています．

数量規制が実施された場合の状況を示したのが図2の右図です．前項で考察した図1の右図と似ていると感じるかも知れません．しかし,少しだけ違うので注意しましょう．どこが少しだけ違うのかは,順を追って見ていきます．まず,政府によってタクシー台数が q' 台と規制されたとしましょう．均衡取引

図2 数量規制

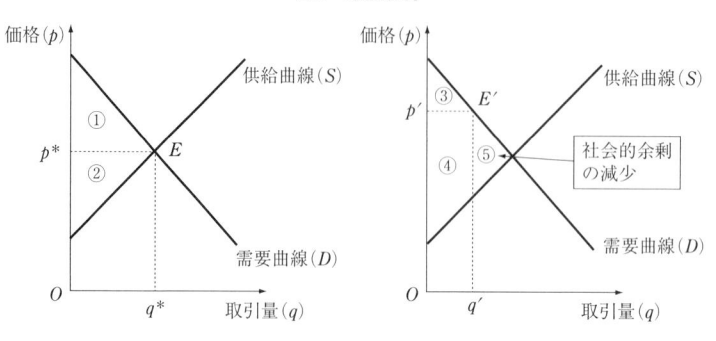

量 q^* よりも少ない数量で規制されましたので，価格が規制前の均衡価格 p^* だと，消費者は先を争ってタクシーを利用しようとします．その結果，タクシー料金（価格）は均衡価格 p^* よりも高い p' に決定されます．これよりも価格が高ければ超過供給が，低ければ超過需要が発生します．タクシー台数が q' 台であるときに需要量と供給量が一致するのは，価格が p' のときのみです．図1右図と違うのは，取引される価格です．

数量規制が実施されたときの余剰を見ていきましょう．まず，消費者余剰ですが，需要曲線と価格とで囲まれた部分となりますから，③の面積となります．一方，生産者余剰は価格と供給曲線とで囲まれた部分ですから，④の面積となります．これらの消費者余剰（③）と生産者余剰（④）を合わせた③＋④の面積が社会的余剰となります．

数量規制について，効率性の観点から「望ましさ」を評価するために，社会的余剰を比較してみましょう．数量規制が実施された場合の方が，⑤の面積だけ，明らかに小さくなっています．これは数量規制によって，社会的余剰が小さくなったことを示しています．数量規制も，価格規制と同じように経済効率性の観点からみれば，望ましくないことがわかりました．

では，どうしてこのようなことになってしまうのでしょうか．数量規制によって，タクシーの台数が制限されています．このことによって，「もう少し安ければタクシーに乗るのに」という消費者と「もう少し安くても（もうけが出るので）タクシーに乗せてもいい」という生産者の取引が実現しなくなっています．この取引が行われれば，消費者も生産者もそれぞれ余剰が増えたはずなのに，数量が制限されているため，取引は実現できませんでした．数量規制

が実施されていなければ，消費者と生産者の自由な意思によって，先述のような取引は実現されていたはずです．

　価格規制と数量規制を見てきましたが，以上のように，どちらも社会的余剰を減らしてしまいました．政府による規制は，弱者保護であったり，人々の安全で健康な生活を守ったりするように見えて，何となく望ましいもののように感じられますが，余剰分析から明らかなように，必ずしも望ましいものではありませんでした．経済学者が，市場機構に照らして，政府による規制を批判する場合が多いのは，こういった背景があるためなのです．

練習問題
1. 市場で自由に取引が行われて，均衡価格が200円，均衡取引量が10個であったとする．この市場に対して価格を150円にするように価格規制がかけられたとする．そのときの供給量は7個であったとしよう．この状況を図で表すとともに，図のなかに自由に取引されていたときの社会的余剰と価格規制が実施されたときの社会的余剰を書き入れなさい．
2. p は市場価格を，q^D は需要量を，q^S は供給量を表しているとする．需要関数が $q^D=-3p+300$ で，供給関数が $q^S=2p$ とする．以下の問いに答えなさい．
(1) 価格の上限を48円とする価格規制が実施されたときの社会的余剰を計算しなさい．
(2) 数量の上限を90とする数量規制が実施されたときの社会的余剰を計算しなさい．

2　租税の余剰分析

　前節では，市場に対して政府が規制をかけた場合について学習しました．本節では，政府が「税金」というかたちで市場に影響をおよぼす場合を考えていきます．私たちの日常生活において，さまざまな場面で税金に直面します．モノを買えば，消費税を支払いますし，車に乗る人ならガソリンを給油するたびにガソリン税を支払っています．ほかにも，お酒を飲む人は酒税を支払いますし，たばこを吸う人はたばこ税を支払っています．

　このように私たちの身の回りにある税金ですが，これまで学んできた余剰分析を用いれば，どのように評価できるのでしょうか．税金には，財やサービスの量に応じて支払う税額が決まる「従量税」と価格に応じて支払う税額が決まる「従価税」とがあります．ここでは，簡単化のために「従量税」を用いて余剰分析を行います．日本の場合は，先に挙げた税金の例でいうと，ガソリン税やたばこ税，酒税が従量税に分類されます．ちなみに，「従価税」の例は消費

税です．

2.1 生産者（供給側）に税金が課された場合

まず，生産者（企業）に対して税金が課された場合を考えてみましょう．すでに第2章の第5節で学んだ通り，従量税が課せられると，その税額の分だけ市場価格と生産者にとっての価格が乖離し，課税によって供給曲線がちょうど税金の分だけ上方へシフトします．生産物1単位あたりt円の税金がかけられたグラフが図3です．課税前の供給曲線S_1と課税後の供給曲線S_2は，ちょうどt円分だけ離れています．課税前の均衡点はE_1で，課税後の均衡点はE_2となっています．課税前の社会的余剰は，①＋②＋③＋④＋⑤＋⑥＋⑦＋⑧の面積です．なお，消費者余剰は需要曲線と均衡価格で囲まれた①＋②＋③＋④の面積であり，生産者余剰は均衡価格と供給曲線で囲まれた⑤＋⑥＋⑦＋⑧の面積であることを確認しておいてください．

では，課税後の余剰はどうなっているのでしょうか．課税によって均衡がE_2に移動し，均衡価格はp_2に上昇し，均衡取引量はq_2に減少しました．消費者余剰は需要曲線と価格とで囲まれた部分でしたので，図の①の面積となります．消費者は，課税前に比べて高い価格に直面していますので，消費者余剰は小さくなってしまいます．次に，生産者余剰を見てみましょう．均衡価格はp_2ですが，生産者にとっての価格は，税金を引いたp_2-tとなります．生産者余剰は，供給曲線と価格とで囲まれた部分でしたが，ここで生産者にとっての価格はp_2-tでしたから，生産者余剰は⑧の面積となります．課税前のときと比べて，価格がp_1からp_2-tへと下がっていますので，生産者余剰は小さくなっています．最後に，税金による収入（税収）についてみてみましょう．税収は政府のものですが，結局は社会全体の収入とみなすことができますので，社会的余剰に加えることができます．税収は図の②＋③＋⑤＋⑥の面積で表されます．1単位あたりt円の税金の下でq_2単位の取引量があったので，税収（＝1単位当たりの税金×取引量）は$t \times q_2$（円）となります．長方形の面積は「たて×よこ」ですので，②＋③＋⑤＋⑥の面積が税収と対応していることが確認できます．

以上をまとめると，課税後の社会的余剰は，消費者余剰（①）と生産者余剰（⑧），税収（②＋③＋⑤＋⑥）をあわせた部分になります．社会的余剰を課税前と課税後とで比較してみると，④＋⑦の面積が課税後に減少していることが

第 4 章 経済活動と余剰　　　101

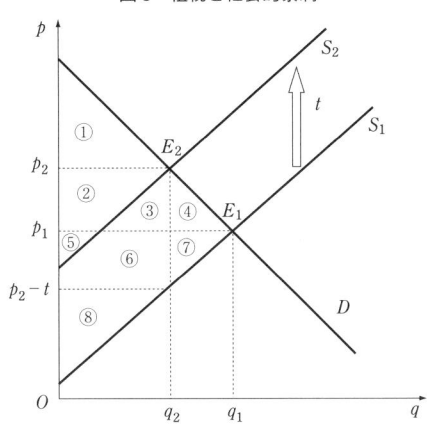

図 3　租税と社会的余剰

分かります．なぜ，社会的余剰は減少してしまったのでしょうか．「もう少し安ければ，購入するのに」という消費者と「もう少し高ければ，供給するのに」という生産者がいるはずなのですが，課税されたことによって，消費者は課税前よりも高い価格に直面し，生産者は課税前よりも低い価格に直面します．そのため，課税前には実現していたはずの取引が，課税によって実現せず，消費者と生産者が共に得られたはずの余剰が得られなくなってしまったのです．このような課税による社会的余剰の減少を「死荷重（Dead Weight Loss）」と呼びます．

2.2　死荷重の大きさ

それでは，課税による死荷重の大きさは，どのように決定されるのでしょうか．結論を先に書くと，価格弾力性が関係してきます．図 4 を使って考えていきましょう．図 4 左図には需要の価格弾力性が小さい場合，右図には需要の価格弾力性が大きい場合の，税収と死荷重が描かれています．違うのは需要の価格弾力性だけで，課税前の均衡価格や均衡取引量は同じにしてありますし，1 単位あたりの税金も同じ t 円としてあります．

需要の価格弾力性が小さいということは，価格が変化したときに需要量の変化が小さいということになりますので，課税による取引量への影響は小さくなります．そのため，左図のように，均衡取引量の変化は少なく死荷重の大きさは小さくなります．一方，右図のように需要の価格弾力性が大きいときには，

図4　租税と価格弾力性

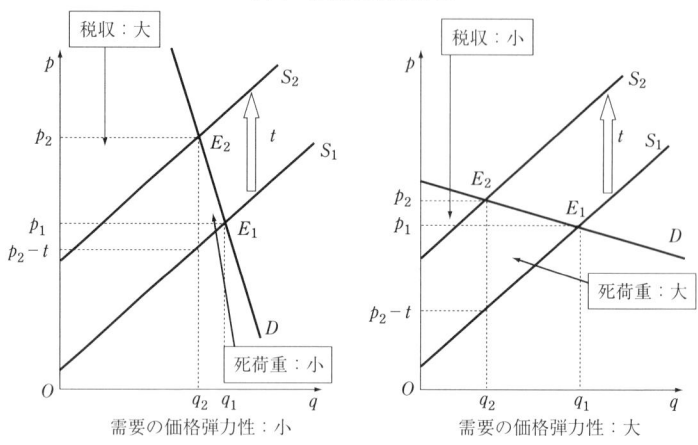

［左図：需要の価格弾力性：小　税収：大　死荷重：小　縦軸 p、p_2、p_1、p_2-t、E_2、E_1、S_2、S_1、D、t、横軸 q_2、q_1、q］

［右図：需要の価格弾力性：大　税収：小　死荷重：大　縦軸 p、p_2、p_1、p_2-t、E_2、E_1、S_2、S_1、D、t、横軸 q_2、q_1、q］

課税による取引量の影響が大きくなるため，均衡取引量の変化が大きくなり，死荷重の大きさは大きくなります．これは，課税によって取引の機会が大きく奪われ，本来なら消費者と生産者の両者が得られたはずの余剰が得られなかったためです．

　ところで，税収はどうなるのでしょうか．税収は死荷重の場合と逆になり，価格弾力性が小さい場合には税収は大きくなり，価格弾力性が大きいときには税収は小さくなります．税収は t×取引量となりますので，t が等しい場合には課税後の取引量が多いほど，つまり取引量への影響が小さく取引量の減少が小さいほど，税収が多くなるのです．

　死荷重の大きさと税収の大きさを考えてみますと，需要の価格弾力性の小さい財やサービスへの課税が望ましいことが分かります．つまり，日常の必需品のような価格の変化があったとしても需要量の変わらない財や，たばこやお酒といった常習性のある財への課税が，余剰分析を使うことで望ましいと考えられます．消費全般にかかる消費税や，たばこ税，酒税は望ましいと結論づけられます．なお，現実には，消費税率を高くすると所得の低い人への影響が大きいという批判があります．たばこ税や酒税についても，これらの愛好者は所得が低い人も含まれており，これらの財にだけ課税を集中的にさせることには，議論の余地が残されています．

　実は，供給の価格弾力性についても，同様の結論が得られます．供給の価格

弾力性が小さい場合に，課税の死荷重は小さくなり，税収は大きくなります．逆に供給の価格弾力性が大きい場合には，死荷重は大きくなり，税収は小さくなってしまいます．供給の価格弾力性が小さい財の代表例として，土地があげられます．なぜなら，土地の広さは限られていますので，価格が変化したとしても供給量を変化させることはできないと考えられるからです．

練習問題
1. 需要の価格弾力性が大きい市場と小さい市場でどちらが，課税による死荷重が大きいか確認せよ．
2. 需要の価格弾力性が大きい市場と小さい市場でどちらが，課税による税収が大きいか確認せよ．
3. 供給曲線についても，価格弾力性の違いによって，死荷重の大きさと税収に違いが出ることを図で確認しなさい．
4. p は市場価格を，q^D は需要量を，q^S は供給量を表しているとする．需要関数が $q^D=-3p+300$ で，供給関数が $q^S=2p$ とする．1単位あたり50円の従量税が生産者に課税されたとする．以下の問いに答えなさい．
(1) 課税されたことによる供給曲線のシフトを図で示しなさい．
(2) 課税後の供給関数を「$p=$」の式で表しなさい．
(3) 課税後の均衡価格と均衡取引量を求めなさい．
(4) 税収を求めなさい．
(5) 租税による死荷重を求めなさい．

3　国際貿易

　日本は世界有数の工業国です．私たちの身の回りにあるものほぼすべてを，技術的には作り出すことが可能だと考えられます．自動車や化学製品など，国内向けだけでなく，海外に向けて販売している場合もあります．しかし，それだけの工業力がありながら，私たちが日常的に使っているもの全てが「Made in Japan」ではありません．中国製のものもあれば，ベトナム製のものもあります．工業製品ばかりでなく，農作物についても同じです．日本は，気候に恵まれているため，さまざまな農作物を生産することができます．しかし，私たちが日常的に食べている農作物が日本で採れたものかというと，必ずしもそうではありません．多くの農作物は，海外で生産されたものです．

　本節では，日本で生産されたものが海外で需要されたり，逆に海外で生産さ

れたものが日本で需要されたりする国際貿易について考えます．前者は輸出となり，後者は輸入となります．貿易を行うことで，国内の社会的余剰はどうなるのでしょうか．時として，国内産業を守るという観点から貿易自由化は反対されることがあります．そうした考え方に対して，経済学の視点からはどのような解答を出すことができるのでしょう．これまで学んできた消費者余剰や生産者余剰，そして社会的余剰の概念を使って考えていくことにします．

3.1 輸出国の社会厚生

図5の左図は，国際貿易を始める前の状態を示しています．需要曲線 D と供給曲線 S が交わった点が均衡となっていますが，あくまでもこれは国内に取引を限定した場合の結果です．社会的余剰は，需要曲線と供給曲線で囲まれた①＋②の面積になります．世界価格 pw は，国内での均衡価格よりも上にあることに注意しましょう．

次に財やサービスを輸出する場合を考えてみましょう．輸出とは国内で生産した財やサービスを海外で売ることですので，貿易を始める前に国内で成立している均衡価格 $p*$ の方が，海外での取引価格（世界価格）pw よりも安い必要があります．もし，貿易前の国内取引における均衡価格の方が世界価格よりも高ければ，生産者は国内で生産した財やサービスを海外で売ろうとはしません．海外に輸出した状態を表したのが，図5の右図です．海外市場における取引規模はとても大きいので，自国の生産者が国内で生産した財やサービスを海外市場で供給しても世界価格 pw がそれによって下落することはないと仮定しましょう．自国の需要量や供給量が世界価格に影響力をもたないという仮定を，小国の仮定と呼びます．国内の生産者は世界価格に対して影響力をもたないプライス・テイカーであるといえます．世界価格が国内の均衡価格よりも高いため，国内の生産者は貿易を始める前より多くの量を供給できます．図では，供給量は q^s となっています．

ここで，世界価格より安い価格で販売する生産者が国内にいたとしましょう．その場合には，その生産者から購入して，海外に世界価格で転売するだけで価格の差だけの利益がでることになります．つまり，何ら生産活動を行うことなく，製品を転売するだけで利益が出ることになります．こういう「オイシイ商売」には，多くの人が参加しますので，結果として国内で安く仕入れることは困難となり，価格は世界価格へと近づいていきます．最終的には，国内の需要

図5 輸出国

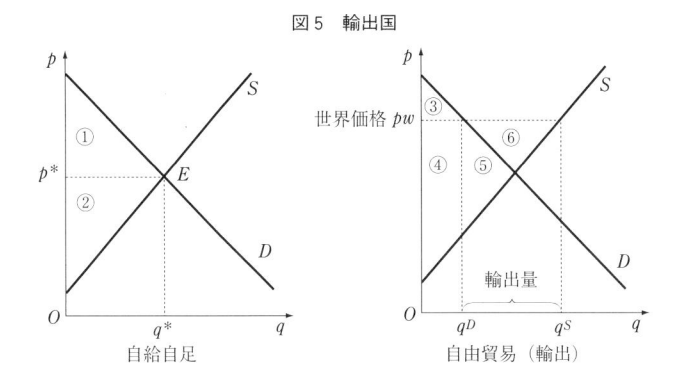

者は世界価格と同じ価格で購入することになります．なお，ここで出てきた「オイシイ商売」のことを「裁定取引」と呼びます．国内の需要者は，貿易を始める前の均衡価格よりも高い世界価格で購入せねばなりませんので，需要量は貿易がなかったときの均衡数量 q^* よりも少ない q^D となります．輸出が開始された結果，供給量は q^S になり，需要量は q^D となりました．これを言い換えれば，国内で生産された量が q^S，国内で消費される量が q^D となり，両者の差は輸出量となります．

それでは，輸出国の経済厚生はどうなったのでしょうか．輸出が開始された結果，需要量は減少しましたので，消費者余剰は小さな三角形③の面積となります．消費者にとっては，高い価格を支払わねばならなくなってしまったため，消費量が減少し，消費者余剰は減少しています．一方，供給量は増えましたので，価格と供給曲線で囲まれた生産者余剰は，大きな三角形④＋⑤＋⑥の面積となります．生産者にとって，国内よりも高い価格で海外に生産物を販売できるようになったことで，生産者余剰が大きくなっています．生産者余剰と消費者余剰を合計した社会的余剰は，図5の左図と見比べれば分かるように，三角形⑥の面積だけ増加しています．このことが示すのは，輸出を行うことで，国内の消費者にとっては消費者余剰の損失を伴いますが，その損失を補って余りある生産者余剰を国内の生産者が受けることを示しています．結論として，輸出は社会的余剰を増加させますので，効率性の観点から望ましいと考えられます．

3.2　輸入国の経済厚生

次に，財やサービスを輸入する場合を考えてみましょう．輸入とは，海外で生産された財やサービスを国内で購入することです．輸出の場合とは逆で，貿易が無かった場合の国内の均衡価格よりも世界価格の方が安い場合に輸入は生じます．もし国内の均衡価格の方が安かったのであれば，わざわざ海外から購入する必要はなくなります（この場合は，前項で学んだように輸出になります）．図6の左図が貿易を始める前の状態を示しています．繰り返しになりますが，社会的余剰は需要曲線と供給曲線で囲まれた①＋②の面積となっています．世界価格 pw が国内の均衡価格 p^* よりも下にあることに注意しましょう．

では，海外から輸入する場合を考えていきましょう．図6の右図が輸入を行う場合を示しています．ここでも，小国の仮定をおきます．自国の消費者が海外の財やサービスをいくら購入しても，世界価格が上昇することはありません．貿易を始めると貿易前の均衡価格よりも安い世界価格で財を購入することができるので，需要量は貿易前の均衡数量 q^* から q^D へと増加します．逆に，価格が安くなってしまいますので，国内の生産者は生産を減らし，供給量は q^S となります．需要量 q^D と供給量 q^S の差が海外からの輸入量となります．

では，輸入があるときの経済厚生はどうなるでしょうか．まず，消費者余剰ですが，需要曲線と価格とで囲まれた，大きな三角形③＋④の面積となります．財やサービスを安く，たくさん消費できますので，消費者余剰は大きくなっています．一方，生産者余剰は，価格と供給曲線で囲まれた範囲ですので，三角形⑤の面積となります．海外からの安い製品に押されるかたちで，生産者余剰は貿易がなかったときと比べて小さくなっています．

社会的余剰は，消費者余剰と生産者余剰をあわせたになります．貿易が無かった場合（図6左図）と比べて，三角形④の面積が社会的余剰の増加分です．これは，輸入が開始されたことによって，国内の生産者余剰は減少してしまいますが，それを補って余りある消費者余剰が発生していることを示しています．つまり，効率性の観点からいえば，輸入の開始は社会的余剰を増加させますので，望ましいという結論になります．

以上のように，貿易は輸出であれ，輸入であれ社会的余剰を増加させることが分かりました．自由貿易は経済厚生の面から望ましいといえます．ただし輸出の場合には消費者余剰の減少，輸入の場合には生産者余剰の減少がそれぞれ発生し，それを補うだけの生産者余剰（輸出の場合）や消費者余剰（輸入の場

第 4 章 経済活動と余剰   107

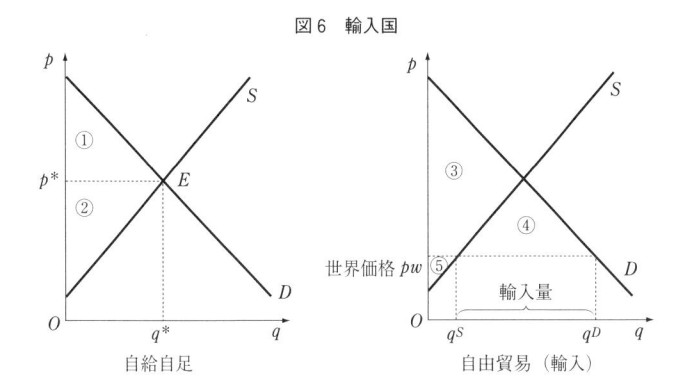

図 6　輸入国

[自給自足の図：縦軸 p、横軸 q、供給曲線 S と需要曲線 D が点 E で交わる。均衡価格 p^*、均衡数量 q^*。領域①は p^* より上、②は p^* より下。]

[自由貿易（輸入）の図：世界価格 pw の水平線が供給曲線と q^S、需要曲線と q^D で交わる。q^S から q^D までが輸入量。領域③は上部、④は中間、⑤は pw 線上の小領域。]

　　　　自給自足　　　　　　　　　　　自由貿易（輸入）

合）が発生する点に留意しましょう．

3.3　関税の経済厚生への影響

　先に見たように，輸入が開始されると国内生産者の余剰は減少してしまいます．そこでいくつかの財については，国内生産者の保護を目的として，輸入品に対して税金がかけられる場合があります．輸入品にかけられる税金を関税と呼びます．関税をかけるなどをして国内産業を保護しようとする場合を保護貿易と呼びます．例えば，野菜や牛肉，お酒などを輸入する場合には，関税が課されています．国内産業の保護のために課される税金ですから，関税は望ましいもののように感じられます．果たしてそうなのでしょうか．これまでに学んできた経済厚生の側面から分析してみましょう．

　図 7 は，輸入品に対して関税を課したときの社会的余剰の変化を表しています．図 7 左図は関税が課されない場合を示しています．関税などが課されない場合を，自由貿易と呼びます．3.2 で学習したとおり，社会的余剰は消費者余剰（①＋②）と生産者余剰（③）を合わせた①＋②＋③の面積になります．

　次に，図 7 右図は関税がかけられた場合を示しています．関税が輸入品 1 単位に対して t 円かけられていますので，国内の消費者や生産者が直面する価格は，世界価格 pw に関税 t を足しあわせた $p'(=pw+t)$ に上昇します．もし p' よりも国内価格が安ければ，輸入品の価格は関税がかけられて p' となっていますから，誰も輸入品を需要しません．ところが，p' よりも国内価格が安い場合には，国内の需要よりも国内の供給が小さく，国内品に対して超過需要となります．誰も輸入品を需要しないのですから，この超過需要は解消されない

図7 関税

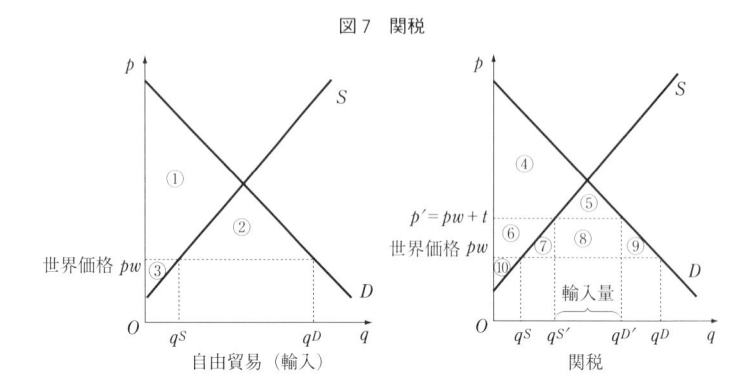

図左：自由貿易（輸入）、図右：関税

でしょう．そのために国内価格が上昇していきます．その結果として価格は p' に上昇することになります．

　関税がかけられた影響を見ていきましょう．まず，需要量ですが，価格が高くなっていますので，自由貿易のときの需要量 q^D から $q^{D'}$ へと減少しています．このときの消費者余剰は，需要曲線と p' で囲まれた三角形④＋⑤の面積となります．自由貿易のときと比べて，消費者余剰が小さくなっていることを確認してください．

　国内生産者の供給量は，国内での価格上昇を受けて，自由貿易のときの供給量 q^S から $q^{S'}$ へと増加します．このときの生産者余剰は，国内価格 p' と供給曲線で囲まれた⑥＋⑩の面積となります．自由貿易のときと比べて，価格が上昇し，供給量も増えているため，生産者余剰が増加していることを確認しておきましょう．

　輸入量は，国内の需要量と供給量の差で表されますので，$q^{D'}$ から $q^{S'}$ を引いた量 $(q^{D'}-q^{S'})$ になります．輸入関税は，輸入量1単位あたり t 円ずつ課税されますので，政府への税収は，$t\times(q^{D'}-q^{S'})$ 円になります．これは，ちょうど図7右図の長方形の⑧に対応しています．

　関税がある場合の社会的余剰は，消費者余剰（④＋⑤）と生産者余剰（⑥＋⑩）に，政府の関税収入（⑧）を加えたものになります．自由貿易の図7左図と見比べると，二つの三角形⑦＋⑨の面積の分だけ，社会的余剰が少なくなっていることが分かると思います．これは関税によって失われた社会的余剰です．前節で学んだ課税でも出てきましたが，この失われた社会的余剰を関税による死荷重と呼びます．関税によって，取引の量が制限されてしまったため，取引

が自由に行われていれば得られたはずの余剰が得られず,社会的余剰が減少してしまいました.以上の分析をふまえると,経済厚生の側面から見ると,関税の実施(保護貿易)は望ましくなく,自由貿易が望ましいと結論づけることができます.

練習問題
1. 次の場合,自由貿易にすると輸出と輸入のどちらが発生するか.
(1)国内価格が世界価格よりも高い場合
(2)国内価格が世界価格よりも安い場合
2. 輸出によって厚生の改善は,生産者と消費者のどちらにもたらされるか.また,社会厚生はどのように変化するか.
3. 輸入の場合には,厚生の改善は,生産者と消費者のどちらにもたらされるか.また,社会厚生はどのように変化するか.
4. 農作物は,関税が課されることが多い.農作物に関税が課された場合について,図を用いて,消費者余剰,生産者余剰,社会的余剰の変化について記述しなさい.
5. p は市場価格を,q^D は需要量を,q^S は供給量を表しているとする.需要関数が $q^D=-3p+300$ で,供給関数が $q^S=2p$ とする.
(1)均衡価格と均衡取引量を求めなさい.
(2)その時の社会的余剰を計算しなさい.
(3)世界価格が $Pw=80$ であったときの輸出量を計算しなさい(自由貿易をしているとする).
(4)世界価格が $Pw=80$ であったとき,社会的余剰はいくらになるか.
(5)世界価格が $Pw=40$ であったときの輸入量を計算しなさい(自由貿易をしているとする).
(6)世界価格が $Pw=40$ であったとき,社会的余剰はいくらになるか.
(7)世界価格が $Pw=40$ であったとき,国内産業保護のため,政府が輸入品に対して1単位当たり10円の関税を課したとする.その時の輸入量を計算しなさい.
(8)(7)のときの社会的余剰を計算しなさい.
(9)(6)の社会的余剰と(7)の社会的余剰を比較して,社会的余剰の損失について述べなさい.

補論　比較優位の理論

　第3節では貿易について考えましたが,どの財を輸出することになって,どの財を輸入することになるかは,国際価格との関係ですでに決まっていました.では,貿易のパターンはどのように決まるのでしょうか.国々のあいだの貿易や国際分業についての基礎理論としてデヴィット・リカードの比較優位の理論あるいは比較生産費説があります.
　ここで二つの国のあいだで二つの財が取り引きされる状況を考えましょう.

表1　労働投入量

	工業製品1単位の生産に必要な労働者	農産物1単位の生産に必要な労働者
A国	30	60
B国	90	90

　この二つの財の生産は，労働力だけを必要とするとします．この二つの国をA国とB国，二つの財は工業製品と農産物としましょう．A国とB国が，工業製品と農産物を1単位生産するときに必要とされる労働投入量が表1のように与えられているとします．A国は，工業製品を1単位生産するのに労働者を30人，農産物を1単位生産するのに60人必要とし，B国は工業製品を1単位生産するのに労働者を90人，農産物を1単位生産するのに90人必要とします．

　ここである財について，生産に必要な労働者が相手国よりも少なければ，この財を少ない労働者で生産できるわけです．この場合，この財について絶対優位にあると呼びます．つまり，絶対優位にある財について，その国は相手国よりもより効率的に生産ができることを意味しています．今考えている具体例では，工業製品についても農産物についてもA国の方が少ない労働者で生産できますから，どちらの財についてもA国は絶対優位にあります．

　A国はどちらの財も絶対優位にあるわけですから，A国がどちらの財についても積極的に生産量を増やし，どちらの財もB国に輸出すると考えられるかもしれません．実は，実際の貿易においては，貿易パターンがこのような絶対優位で決まるわけではないことを示すのが比較優位の理論です．

　まず，貿易をした方が，お互いの国にとって望ましいことを示しましょう．例えば，A国が農産物の生産を1単位減らして，そこで余った労働力を用いて工業製品の生産を増やすことを考えましょう．農産物を1単位減らすことによって60人の労働力が余ります．この60人の労働力を用いることによって，工業製品を2単位生産することが可能です（A国では，工業製品1単位の生産に必要な労働力は30人でした）．逆にB国は，工業製品の生産を1単位減らして，そこで余った労働力を用いて農産物の生産を増やすとしましょう．工業製品の生産を1単位減らすことによって90人の労働力が余ります．この90人の労働力を用いることによって，農産物を1単位生産することが可能です（B国では，農産物1単位の生産に必要な労働力は90人でした）．

つまり，A国は，農産物の生産を1単位減らすと工業製品の生産を2単位増やせて，B国は，工業製品の生産を1単位減らすと農産物の生産を1単位増やせるわけです．

ここで，A国は，農産物の生産を1単位減らして工業製品の生産を2単位増やし，B国は，工業製品の生産を1単位減らして農産物の生産を1単位増やすとしましょう．A国で減った農産物の分はB国で増えています．その際に工業製品はB国で減った以上にA国で増えています．つまり，世界全体では農産物の生産量は変わらないのに，工業製品の生産量は増えているわけです．農産物の生産量は変わっていませんから，A国はB国から輸入をすれば，農産物の消費は従来通りにできます．その一方で，工業製品の生産量は増えていますから，A国がB国へ輸出したり，もしくは自国で消費をすれば，工業製品は従来以上に消費ができ，その分だけ誰かが得をします．

農産物の生産を増やすこともできます．A国は，農産物の生産を1単位減らして工業製品の生産を2単位増やし，B国は，工業製品の生産を2単位減らして農産物の生産を2単位増やすとしましょう（これが可能であることを確認してみて下さい）．B国で減った工業製品の分はA国で増えています．その際に農産物はA国で減った以上にB国で増えています．つまり，世界全体では工業製品の生産量は変わらないのに，農産物の生産量は増えているわけです．工業製品の生産量は変わっていませんから，B国はA国から輸入をすれば，工業製品の消費は従来通りにできます．その一方で，農産物の生産量は増えていますから，B国がA国へ輸出したり，もしくは自国で消費をすれば，農産物は従来以上に消費ができ，その分だけ誰かが得をします．

このようにして，できるだけA国は工業製品の生産を増やして輸出をし，B国は農産物の生産を増やして輸出をした方が，世界全体の生産量が増え，その結果として誰かが必ず得をします．これが貿易をすることの望ましさです．

では，貿易のパターンはどのように決まってくるのでしょう．貿易のパターン決定の背景で，比較生産費が問題となります．比較生産費とは，1単位生産するときに必要とされる労働投入量の比率を意味します．具体的には，農産物1単位生産するときに必要とされる労働投入量で工業製品1単位生産するときに必要とされる労働投入量を割ったものが，（農産物で測った）工業製品の比較生産費となり，工業製品1単位生産するときに必要とされる労働投入量で農産物1単位生産するときに必要とされる労働投入量を割ったものが，（工業製品

で測った）農産物の比較生産費となります．この比較生産費が相手国よりも低ければ，その国はその財について比較優位にあると呼びます．

先ほどの具体例では，工業製品の比較生産費は，A国が0.5（＝30/60）でB国が1（＝90/90）です．つまりA国は工業製品について比較優位にあります．逆に，農産物の比較生産費は，A国が2（＝60/30）でB国が1（＝90/90）です．つまりB国は農産物について比較優位にあります．

では貿易のパターンはどのようになるでしょう．貿易の結果として，各国は比較優位にある財の生産に完全特化し，その財を輸出することになります．ここで完全特化とは，その財だけを生産することを意味します．この結果が比較優位の理論です．

この結果は以下のように直感的に解釈できます．A国では，農産物1単位の生産に60人の労働者が必要で，工業製品1単位の生産に30人の労働者が必要です．これより，A国では，農産物1単位の生産費用は60人分の賃金で，工業製品1単位の生産費用は30人分の賃金となります．農産物の生産費用は工業製品の生産費用の2倍となりますから，A国の国内市場では，農産物と工業製品の価格比が2対1となります．つまり市場で農産物1単位と工業製品2単位が交換できます．

B国では，農産物1単位の生産に90人の労働者が必要で，工業製品1単位の生産に90人の労働者が必要です．これより，B国では，農産物1単位の生産費用は90人分の賃金で，工業製品1単位の生産費用は90人分の賃金となります．農産物の生産費用と工業製品の生産費用は同じですから，B国の国内市場では，農産物と工業製品の価格比が1対1となります．つまり市場で農産物1単位と工業製品1単位が交換できます．

ここで，A国が，農産物の生産を1単位減らして工業製品の生産を2単位増やしたとしましょう（これが可能であることは，先ほど確認しました）．増えた工業製品2単位の内の1単位をB国の国内市場に持っていけば，1単位の農産物と交換できます（B国の国内市場では，農産物と工業製品の価格比が1対1でした）．つまり，減った農産物の分は，工業製品をB国に輸出することによって回復できます．しかも工業製品はまだ1単位残っているわけです．この1単位を国内で消費してもいいですし，輸出してさらに農産物と交換してもいいわけです．このようにして，A国は工業製品の生産を増やして，それをB国に輸出することによって，農産物も工業製品もより多く消費することが可能となりま

す．

　B国についても考えましょう．B国が，工業製品の生産を1単位減らして農産物の生産を1単位増やしたとしましょう（これが可能であることも，先ほど確認しました）．増えた農産物1単位をA国の国内市場にもっていけば，2単位の工業製品と交換できます（A国の国内市場では，農産物と工業製品の価格比が2対1でした）．つまり，減った工業製品の分は，農産物をA国に輸出することによって回復できて，しかも工業製品はまだ1単位残っているわけです．この1単位を国内で消費してもいいですし，改めて農産物と交換してもいいわけです．このようにして，B国は農産物の生産を増やして，それをA国に輸出することによって，農産物も工業製品もより多く消費することが可能となります．

　このようにして，A国は，比較優位にある工業製品の生産に完全特化し，B国は，比較優位にある農産物の生産に完全特化します．

　最後に，実際の農産物と工業製品の価格比はどうなるでしょう．A国内では2対1でB国内では1対1でした．世界市場はその二つの国内の価格比のあいだになります．実際にどの価格比になるかは，世界市場での需要と供給で決まります．

　ここでは，単純なかたちで貿易のパターンを考えたので，結果も分かりやすいものになりました．実際は，生産に実物資本も使われるでしょうし，労働者が相対的に多いのか，実物資本が相対的に多いのかによって，費用条件も変わってくるでしょう．完全特化という極端な結果も修正されます．ただ一般的には，貿易を通じて，世界全体で生産量が増え，貿易が存在しないときよりもより多くの消費が各国とも可能となり，経済厚生は高まります．

第 5 章
市場機構の限界

ここまでで，完全競争市場（貿易ができるときには自由貿易）の均衡でもっとも効率的な経済活動が実現していることを確認しました．すでに述べているように，この帰結が経済学の長い伝統のなかの主要な一つの主張となります．ただし，このことは，経済活動をすべて市場での競争に任せればよいことを意味しません．経済活動には今までの議論では捉えられていないさまざまな問題があります．そこで本章では，そのような市場機構の問題点について考えていきます．

1 公平性

ここでは，経済活動の公平性について考えてみます．そもそもどのような状態を公平，平等，公正と呼ぶのかは，人によって異なります．そして，その問題については，それこそプラトン，アリストテレスの時代から議論されていますし，今でも哲学，倫理学，そして経済学などで議論されています．ここでは所得の格差を例として市場機構と公平性の関係を考えます．

1.1 市場機構と所得分配

所得分配と経済活動の関係の一例として，前章で考えた貿易について見てみましょう．自由貿易の下での均衡と関税が課せられたときの均衡を表したものを改めて図 1 に示しています．

すでに確認したように，自由貿易の下での均衡の方が社会的余剰は大きくなっていました．このことから，関税を課すよりも自由貿易の方が，効率性の観点から考えた場合に望ましいといえます．ところが，自由貿易の下での均衡を詳しく見てみると，社会的余剰は大きいとしても，そのなかの生産者余剰は

図1 関税と社会的剰余

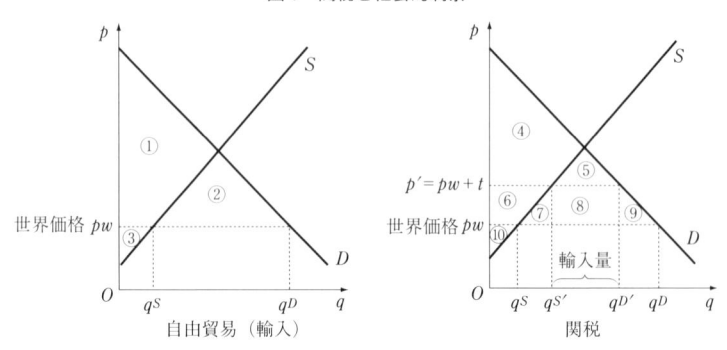

自由貿易（輸入）　　　　　　　関税

　小さくなっています．その小さい生産者余剰を補って余りあるほどに消費者余剰が大きくなっているので，社会的余剰は大きくなっているのですが，この小さな生産者余剰は社会的に問題とならないのでしょうか．
　一般的に生産者余剰は，その財やサービスの生産に従事した人たちの所得に対応します．この生産者余剰が小さいわけですから，この財やサービスの生産に従事した人たちの所得も小さなものとなっているはずです．このことは，自由貿易の下での均衡で，この生産に従事した人たちの合計としての所得が小さくなっていることを意味します（自由貿易の下で輸出をする場合には，逆に生産に従事した人たちの合計としての所得が大きくなることを前章の議論から確認してください）．
　関税を課せば社会的余剰は小さくなりますが，図1から分かるように生産者余剰は自由貿易の時よりも大きくなっています．自由貿易の下では生産者の所得が小さく，所得分配の公平性から問題があるとするならば，むしろ関税をかけた方が社会的に望ましいという主張も意味をもってくるでしょう．関税を課すことによって効率性は阻害されるけれども，所得分配はより公平なものとなっているという議論が成立し得るわけです．
　もちろん今の議論では，生産に従事する人たちの所得が小さくなることは「公平性」に反するという前提が置かれていますが，最初に述べたように，何をもって「公平」と呼ぶかは立場によって異なってきます．供給曲線は生産費用を反映していることを思い出してください．生産費用が高いために供給曲線の位置が高くなり，自由貿易の下では外国から輸入することとなり，生産者余剰が小さくなっているといえます．（第2章の2.2で学んだように，生産費用が下

がれば供給曲線が右方にシフトします．この場合，自由貿易の下でも生産者余剰が大きくなることを確認してみてください）．生産者余剰が小さいという事実が，その産業の生産費用の高さを理由としているのであれば，関税を課すことによって，生産性において他国に劣る生産者を保護し，消費者の余剰を減少させるのは「公平性」に反するという立場もあり得ます．

1.2 労働市場と所得

　所得分配の問題と経済活動の関係の一例を示しましたが，所得の決定の別の具体例として労働市場を取り上げましょう．労働力の取引も一つの経済的取引ですから，市場機構を通じて決まってくると考えられます．そしてその市場機構の働きは，価格に応じて決まってくる需要と，価格に応じて決まってくる供給で分析できました．労働の価格は一般に賃金率となります．注意してほしいのですが，通常の財やサービスと異なり，労働市場の場合は，需要するのが企業で供給するのが家計となっています．市場機構が機能すれば，需要曲線と供給曲線の交点で均衡賃金率と均衡雇用量が決まります．図2がその典型的なかたちとなっています．

　労働として，専門的な知識や技能が必要とされる労働と，標準的な内容の労働の二つがあり，その二つの取引が区別できる状況を考えてみます．例えば医者としての労働力や弁護士としての労働力は資格をもつ人しか供給できませんから，前者の状況に対応します．この場合，専門的な労働力を供給できる人はそれほど多くないのに対して，標準的な労働力を供給できる人は多数存在するでしょう．そのことから，専門的な労働の市場では労働供給が少なく，標準的な労働の市場では労働供給が多いと考えられます．この状況が図3です．なおここでは，労働需要はどちらもほぼ同じとしています．

　図3から分かるように，専門的労働の市場では均衡での賃金率が高くなり，標準的労働の市場では均衡での賃金率が低くなります．この均衡が完全競争市場の均衡ですから，すでに確認したように，この結果がもっとも効率的な経済活動となっています．

　ところが，この結果を所得分配の観点から見てみると解釈は変わってきます．専門的な能力をもつ人たちは，標準的な人に比べて高い賃金率で取引できますから所得が大きく，逆に標準的な能力の人の所得は小さくなってしまいます．言葉を換えれば，所得において一種の格差が生じています．この格差の存在を

第Ⅰ部　ミクロ経済学

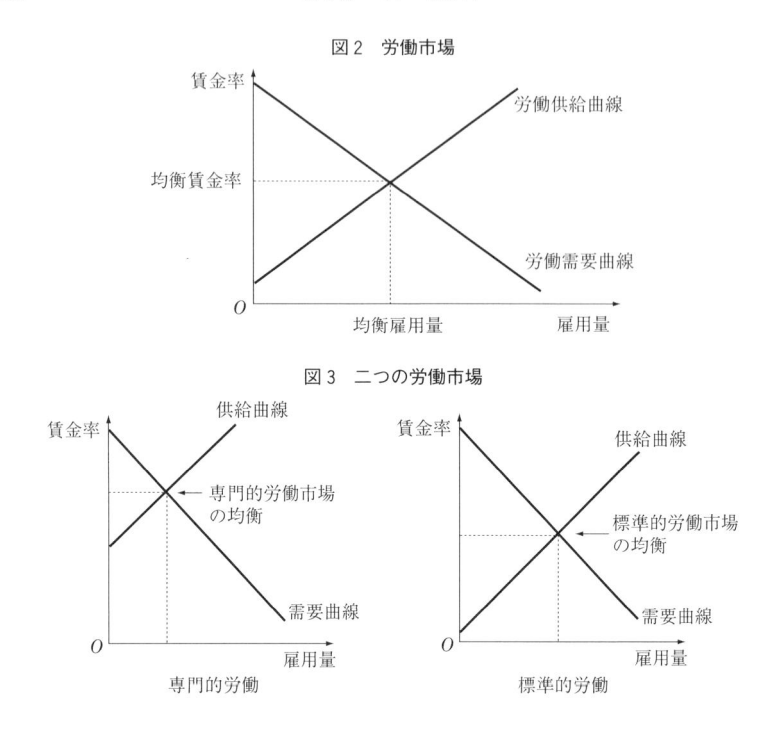

図2　労働市場

賃金率／労働供給曲線／均衡賃金率／労働需要曲線／O／均衡雇用量／雇用量

図3　二つの労働市場

賃金率／供給曲線／専門的労働市場の均衡／需要曲線／O／専門的労働／雇用量

賃金率／供給曲線／標準的労働市場の均衡／需要曲線／O／標準的労働／雇用量

問題とするのであれば，完全競争市場の均衡は社会的に望ましいとはいえなくなります．格差の存在が社会的な公平性を損なっているとするならば，完全競争市場の均衡は，効率的な経済活動を実現できても，公平な経済活動を実現できてはいないことになります．

　ここで，専門的な能力をもつ人と標準的な能力をもつ人のあいだでの格差を無くし，結果の平等を追及するとどうなるでしょう．ただし結果の平等が公平性の意味する内容とは限りません．すでに述べたように，何が公平さなのかについては長いあいだ議論が繰り返され，現在でも議論が続いています．考えられる一つの基準として結果の平等を考えます．

　結果の平等を追求するためには，二つの労働市場での賃金率を同じにする必要がありますから，結果は図4のようになります．ここでは賃金率は同じになっていて，その結果，専門的労働市場の均衡は A 点，標準的労働市場の均衡は B 点となります．そのため，専門的労働市場では超過需要，標準的労働市場では超過供給が生じています．社会全体で見ると，専門的な労働をもっと

第5章 市場機構の限界　　　　　　　　　119

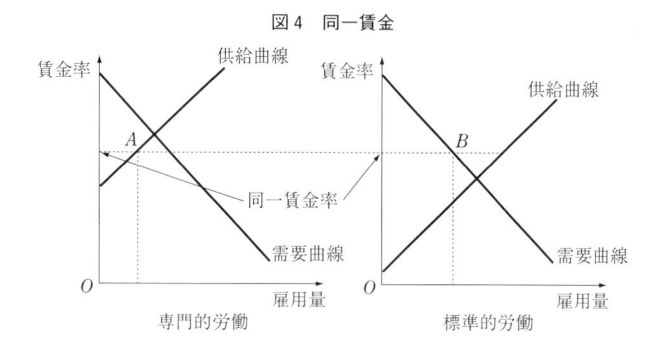

図4　同一賃金

（左図：専門的労働の市場。均衡点A、同一賃金率の水準が均衡より低い位置に示されている。縦軸：賃金率、横軸：雇用量、供給曲線、需要曲線）

（右図：標準的労働の市場。均衡点B、同一賃金率の水準が均衡より高い位置に示されている。縦軸：賃金率、横軸：雇用量、供給曲線、需要曲線）

必要としているにもかかわらず，賃金率が低いために供給が少なく，専門的な労働を必要としながら利用できない人が出てきます．一方で標準的な労働に関しては，賃金率が高いために需要が少なくなってしまい，一部の労働供給者はその高めの賃金率で仕事を見つけることができますが，働きたくても仕事が見つからない労働供給者が出てきてしまいます．結果の平等という公平性は実現できているとしても，どちらの市場を見ても，効率性の観点からは問題が生じています．効率性の観点からは，完全競争市場の均衡が望ましくなります．

　実は，ここでの均衡が結果の平等となっているのかさえも疑わしいと思われます．なるほど賃金率は同じですから，皆が同じ所得を得ていますが，標準的労働の市場では仕事を見つけられない労働者がいて，その人たちは所得がゼロとなっています．この点に着目すると，無理やり同一賃金率を設定した場合の均衡では，格差がより大きくなっている可能性もあります．それでも公平性の捉え方によって，完全競争市場の均衡では，必ずしも公平な経済活動となっていないという主張は十分あり得ると思います．

1.3　市場機構と公平性

　このように，完全競争市場の均衡は効率的な経済活動を実現しますが，その経済活動は必ずしも公平なものではないという問題が残ります．市場での競争がすべての問題を解決するわけでないという，ある意味で当たり前の結論なのですが，経済学の主張を「市場原理主義」などと単純化して理解する人が少なからず存在する現状を見ると，この点をここで強調しておくことは無駄ではないと思います．

　また，ある経済活動について，効率性の観点から論じているのに，それに対

して自分の立場を明確にすることなく公平さの観点から反論するという議論を目にすることも珍しくないのではないでしょうか．しかもその場合，その公平さの意味が具体的に何なのかが本人にもよく分かっていないということさえあります（結果の平等なのか，機会の均等なのか，ほかの基準なのか，公平さの意味は色々あり得ます）．経済活動の社会的な望ましさについて判断する際に，何を基準とするのか，その基準がどのようなものなのか，そしてその基準にしたがった場合に何がいえるのかという議論の展開が必要とされるのではないかと思います．

練習問題

1. p は市場価格を，q^D は需要量を，q^S は供給量を表しているとする．需要関数が $q^D=-3p+300$ で，供給関数が $q^S=2p$ とする．世界価格が $p_w=40$ であったとき，生産者余剰はいくらになるか．国内産業保護のため，政府が輸入品に対して1単位当たり10円の関税を課したときの生産者余剰はいくらか．また生産者余剰は関税を課すことによって増えるのか減るのか確認しなさい．
2. 労働供給は同じだけれども，（その労働が現在必要とされていて）労働需要が大きい市場と，（その労働が現在はあまり必要とされていないため）労働需要が小さい市場があるとします．どちらの労働市場で賃金率が高くなるか確認しなさい．
3. 社会における公平を実現するために，すべての人の所得を同じにすべきであるという意見があるとします．その意見に賛同するかしないのか，その理由も併せて自分の考えを述べなさい．
4. 同じ生産技術を持つ二つの産業があり，一方は生産物が時代遅れとなり需要が小さく，他方は時代の流れに乗っていて需要が大きいとします．(1)前者の産業では生産者余剰が小さく，後者の産業では生産者余剰が大きいことを確認しなさい．(2)生産者余剰はその産業に従事した人たちの所得となります．そこで生産者余剰の差を公平性の観点から問題とすべきかどうか，その理由も併せて自分の考えを述べなさい．また，より利潤の大きい方の産業に要素投入がシフトするならば，どちらの産業の供給が増えて，どちらの産業の供給が減り，生産者余剰の大きさはどうなると思いますか．

2　独占・寡占

前節で，完全競争市場の均衡が必ずしも公平なものとはならないことを確認しました．ただ，効率性の観点から経済活動の望ましさを考えるのであれば，完全競争市場の均衡で社会的余剰が最大化されるという結論は依然として有効です．効率性を追求するのであれば，経済活動は自由な競争に任せればよいよ

第 5 章 市場機構の限界

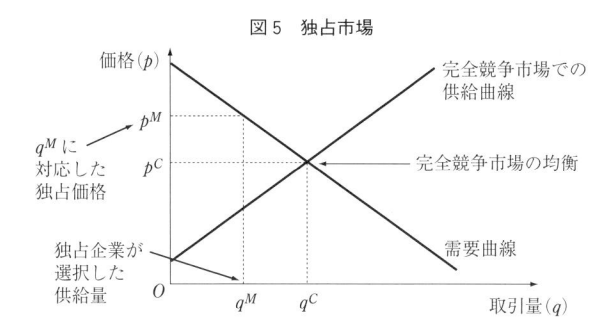

図 5 独占市場

うに思えます．

ところで，今までの議論は完全競争市場を前提としてきました．完全競争市場では，各経済主体がプライス・テイカーとして行動しています．ただし実際の経済取引では，特定の経済主体が価格をコントロールできる場合があります．特に，一つの企業が市場を独占してしまう，もしくはいくつかの限られた企業だけで市場を占めてしまうことがあり得ます．前者を独占市場，後者を寡占市場と呼びます．独占市場や寡占市場では，各企業が独占力を行使して価格をコントロールする可能性が出てきます．

この場合，完全競争市場を前提としての分析をそのまま使うことはできません．そこで，経済主体が価格をコントロールできるとした場合に，経済活動はどのようになるのかを，簡単なかたちではありますが少し考えてみましょう．

2.1 独占市場の均衡

市場における企業が一つしか存在しない独占市場を考えましょう．図 5 には需要曲線と，完全競争市場であれば本来実現するはずの供給曲線が描かれてあります．完全競争市場が実現しているのならば，均衡価格 p^C と均衡取引量 q^C が実現します．ところが，企業が一つしか存在しないとします．この場合，この独占企業はプライス・テイカーとして行動する必要がありません．この市場ではこの独占企業しか供給しないのですから，この企業が価格を設定すればその価格で家計は買うしかなくなるのです．

例えば，この独占企業が図 5 の q^M を供給量として選択したとします．この場合，図 5 で p^M となっている価格を独占企業が設定した場合，需要量はちょうど独占企業が選択した供給量 q^M と一致しています．もしこの p^M よりも高

い価格を独占企業が設定してしまうと，独占企業の選択した供給量よりも需要量が小さくて超過供給となり，元々の供給計画が市場で実現できません．また p^M よりも安い価格を設定すると，独占企業が選択した供給量を需要量は上回りますから，独占企業の供給するものはすべて市場で需要されますが，p^M よりも価格を安くしている分だけ独占企業の利潤を押し下げています．

　以上の議論から分かるように，独占企業が供給量を図5の q^M とした場合に，その供給量 q^M と需要量が一致する価格 p^M を，独占企業は独占価格として自ら設定します．このようにして独占企業は市場での価格設定において独占力を行使します．

　では，独占企業が独占力を行使した場合に，市場での取引はどうなるでしょう．結論から先に述べると，独占企業は必ず，本来の完全競争市場の均衡取引量 q^c よりも供給量を制限し，完全競争市場の均衡価格 p^c よりも独占価格を吊り上げます．

　実際にどこまで供給量を制限し，どこまで独占価格を吊り上げるのかは，ミクロ経済学や産業組織論の専門的な議論を用いないと理解できませんが，必ず供給量を制限して独占価格を吊り上げようとすることは今までの議論からも理解できます．

　独占企業が，完全競争市場の均衡で実現する供給量 q^c を供給計画とした場合を考えます．その場合は価格 p^c で需要量と供給量 q^c が一致しますから，独占企業は独占価格として価格 p^c を設定します．この価格 p^c は本来の供給曲線における価格ですから，q^c 個目を1単位生産する際の費用は p^c となっています（すでに学んだように，供給曲線はその数量1単位の生産費用を反映しています）．

　そこで供給計画を，q^c 個より1単位少ない q^c-1 個に制限する場合を考えます．q^c 個目を生産する際の費用は p^c ですから，供給量の計画を1単位減らせば，つまり q^c 個目を生産しなければ，q^c 個目の生産費用 p^c が節約でき，その分だけ利潤が増えます．一方で，供給量を減らせば収入も変化します．供給量を1単位減らせば販売量も1単位減りますから，価格の分だけ収入が減少します．価格は p^c ですから，供給量を1単位減らせば収入が p^c だけ減り，その分だけ利潤が減ります．ここで，費用の節約と収入の減少が同じ額ですから，利潤の増加分と減少分が同じ額になっています．この二つの効果を考えるだけでしたら，供給計画を1単位減少させても利潤は同じ水準になっているは

第 5 章　市場機構の限界　　　　　　　　　　　　　　　123

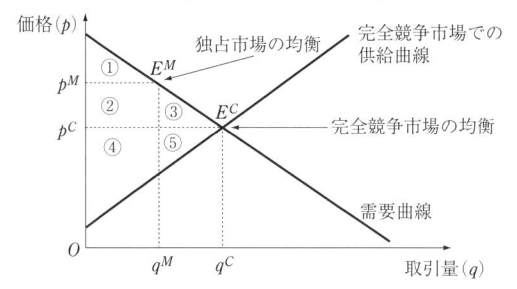

図 6　独占市場の均衡と社会的余剰

ずです．

ただし，供給量を減らせば，独占企業は独占価格を吊り上げることができます．独占価格が上った分だけ，供給量を制限した場合の取引である q^C-1 個は高い価格で販売できますから，その分だけ収入は増えることになります．すると，価格を吊り上げて収入を増やせる分だけ，完全競争市場の均衡で実現するはずの供給量 q^C より供給量を減らすことによって利潤を増やすことができます．つまり独占企業は必ず，完全競争市場で実現するはずの取引量よりも供給量を減らして独占価格を吊り上げます．

2.2　独占市場の社会的余剰

このように，独占企業が存在すれば，本来の完全競争市場の均衡での取引量よりも取引量は必ず制限されて，その結果として独占価格は吊り上げられます．そこで社会的余剰を比較しましょう．図 6 において，本来の完全競争市場では，均衡取引量が q^C で均衡価格が p^C なのに，独占企業が供給量を q^M に制限し，独占価格を p^M まで吊り上げるとします．

完全競争市場の均衡の E^C 点では，消費者余剰が①＋②＋③の面積，生産者余剰が④＋⑤の面積で，社会的余剰は①＋②＋③＋④＋⑤の面積となります．一方で独占の均衡の E^M 点では，消費者余剰が①の面積，生産者余剰が②＋④の面積で，社会的余剰は①＋②＋④の面積となります．その結果，独占の均衡では③＋⑤の面積だけの社会的余剰の損失があることが分かります．この③＋⑤の面積を独占の死荷重と呼ぶことがあります．

しかも，独占企業は完全競争市場の均衡を自ら選ぶことができるにもかかわらず，それとは異なる点を独占市場の均衡として選んでいるわけですから，完

全競争市場の均衡よりも独占市場の均衡の方が必ず利潤が大きくなっています．このことは，生産者余剰に関しては，独占市場の均衡の方が大きいことを意味します．生産者余剰が大きくなっているにもかかわらず，消費者余剰が大幅に小さくなるために，社会的余剰は小さくなってしまうわけです．

このように，独占市場では社会的余剰の損失が出てきます．寡占市場でも，各企業は独占的に価格を吊り上げようとしますから，やはり社会的余剰の損失が出てきます．自由な競争に任せるとしても，自由な競争の結果，企業が独占力を行使するようになると，効率的な経済活動がこのように阻害されてしまいます．

2.3 差別価格

ここで学んだ独占市場の特徴を使って，差別価格についても考えてみます．差別価格とは，同じ財・サービスに対して異なった価格をつける状況を指します．例えば，同じ映画館サービスであっても，一般の人向けと学生向けとでチケットの価格が異なることがあります．そして通常は学生向けの価格の方が安くなっているはずです．このことが，以下に見るように，利潤を追求する企業の行動から説明ができます．

独占企業は，供給量を制限することによって独占価格を吊り上げて利潤を増やせるから，均衡では，供給量を制限して，その供給量に応じた独占価格を設定することを学びました．そこで二つの市場で需要の価格弾力性が異なるとします．すでに学んだことから分かるように，需要の価格弾力性が小さな市場の方が，供給量を減らした場合に，需要量と供給量が一致する価格が大きく上がることが分かります．つまり需要の価格弾力性が小さな市場ほど，供給量を制限することによって価格を吊り上げることができます．図7にこのことが描かれています．

映画館サービスの市場では，学生よりも一般の人の方が需要の価格弾力性が小さいと考えられます（一般の人は，多少価格が高くてもチケットを買うでしょうが，学生は高ければ買わなくなるでしょう）．その場合，供給側が価格を支配するならば，一般向けのチケットの方が価格を吊り上げやすいわけです．言い換えれば，学生向けのチケットの価格を吊り上げようとしても，それほど価格を上げることができないので，結果として価格が低めに設定されるわけです．

図 7　差別価格

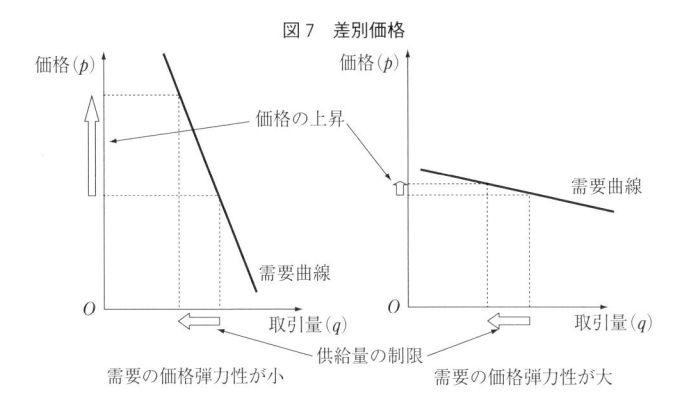

（左図）価格(p)／需要曲線／価格の上昇／取引量(q)／需要の価格弾力性が小

（右図）価格(p)／需要曲線／取引量(q)／需要の価格弾力性が大

供給量の制限

2.4　市場機構の意義と限界

　前節では，完全競争市場の均衡はなるほど効率的かもしれませんが，必ずしも公平なものとなっているとはいえないことを確認しました．公平性の観点から，経済活動に介入する必要性は常にあるといえるでしょう（ただし，どのような介入が望ましいかは簡単に結論付けできませんし，そもそもどのような状態が公平なのかについても意見の一致は容易に得られないと思います）．これが前節で確認したことでした．

　公平性の追求は市場機構では難しいとしても，効率性を目標とするのであれば，完全競争市場の均衡がもっとも効率的な経済活動をもたらすわけですから，完全競争市場が意義をもってきます．ただし，このことは無条件の自由競争を意味するわけではないことを本節では確認しました．つまり，自由な競争の結果として企業が独占力をもつようになれば，効率性が阻害されます．自由な競争が望ましいとしても，企業による独占力の行使に対しては，常に目を光らせなければならないでしょう．自由な経済活動をもたらすために政府の規制を撤廃することと，独占を排除するために政府が経済活動を監視し規制することとは矛盾しません．これが本節で確認したことです．

　前節と本節では，市場機構の限界について説明してきましたが，これまでで整理した内容にしたがうと，効率性を社会の目標とするならば，そして企業による独占力の行使に対して目を光らせるならば，やはり競争が望ましいといえます．このことは市場機構を重視する一つの重要な根拠となっています．そこでは完全競争市場を想定していたことも意識してください．完全競争市場は必ずしも現実的ではないかもしれないと前に述べました．それにもかかわらず完

全競争市場を想定して経済活動を分析する理由の一つがここにあるといえます．完全競争市場がもっとも効率的な経済活動を実現するのですから，完全競争市場が，社会的に望ましい経済活動を考える際の基準となり得ます．実際の市場は完全競争市場と異なっているかもしれませんが，完全競争市場が望ましい市場であるとするならば，実際の市場での取引を完全競争市場の条件を満たすようにすることが社会的に意味をもつことになります．

ただし次節では，完全競争市場の均衡がそもそも効率的な経済活動を実現しない可能性があることを説明します．このような問題を「市場の失敗」と呼びます．前節と本節でも市場機構の問題点を議論してきましたし，そこでの問題点（公平性と独占・寡占）も市場の失敗と呼ぶことがありますが，そこでは完全競争市場の均衡が実現していれば，それは公平なものではないとしても効率的な経済活動となっていました．次節では，完全競争市場の均衡の効率性そのものが問題点となってきます．経済活動の性質によっては，この効率性がそもそも実現できなくなります．

練習問題

1. p は市場価格を，q^D は需要量，q^S は供給量で，需要関数が $q^D=60-3p$ で，企業がプライス・テイカーとして行動した場合に実現する供給関数が $q^S=p$ とする．この企業が独占企業だった場合に，供給量を12に制限した場合の独占価格はいくらになるか．また供給量を12とした場合の社会的余剰と死荷重はいくらになるか．
2. 二つ地域の鉄道サービスで，一方は地下鉄や路線バスといった代替的なサービスが存在するけれども，他方はそのような代替的サービスが存在しないとします．鉄道会社が独占的に価格を設定するならば，どちらで価格が高くなると考えられますか．

3　市場の失敗

第1章の3.3で，完全競争市場の条件が，市場に多数の参加者がいて，各主体は価格に影響力をもたないプライス・テイカーであることを学びました．そしてこの条件を満たす完全競争市場は，社会的余剰を最大にするという意味において望ましいことを第3章と第4章で学習してきました．

本節で考える「市場の失敗」とは，市場に参加する各主体がプライス・テイカーとして取引しても，社会的余剰が最大にならないことです．市場の失敗は，表1にまとめられています．市場の失敗の原因には，大きく分けて「外部性の

第5章 市場機構の限界

表1 市場の失敗

市場の失敗	内容	具体例
外部性	ある主体の経済活動が，市場を経ずに，他者に対して影響をおよぼしてしまう．	外部不経済：公害，教室内の私語 外部経済：クリスマス・イルミネーション
公共財	供給されると， (1)ある主体の消費が他者の消費と競合しない． (2)料金を支払わない者の消費を妨げることができない．	防衛，治安，防災，伝染病予防，道路，公園，テレビ・ラジオの電波
規模の経済性 （費用逓減産業）	供給するために，ネットワークの構築などの巨額の固定費用が必要で，自然独占が発生してしまう．	電力，水道，電話，鉄道
情報の非対称性	取引に際して，売り手と買い手の片方は十分な情報をもつことができるのに，もう一方は十分な情報をもつことができない．	中古車，新卒労働者，保険契約

存在」，「公共財の存在」，「規模の経済性（費用逓減産業）の存在」，「情報の非対称性の存在」の四つがあげられます．後で詳しく触れていきますが，環境問題（外部性）や道路建設（公共財）など，市場ではうまく問題が解決できない場合があります．また，電話や電力のように広大なネットワークを構築する必要のある産業（費用逓減産業）では，大きな規模の企業が有利となってしまい，結果として独占が発生してしまいます．あるいは，中古車のように品質が消費者にとってよく分からない場合（情報の非対称性）には，市場には質の悪い車しか出回らなくなってしまいます．これらはすべて社会的余剰を小さくしてしまいます．

3.1 外部性

市場の失敗の一つめとして，「外部性」の存在を考えていきましょう．外部性とは，ある経済主体の行動が，市場の取引を経ずに他者に影響をおよぼしてしまうことをいいます．これまで学んできたように完全競争市場で社会的余剰が最大になるのは，各主体が便益および利益を追求し，それらが取引を通じて調整されるからなのです．しかし，ある主体の行動が市場での調整を経ずに他者におよんでしまう場合には，取引を通じた利益の追求が実現できなくなってしまいます．これが，外部性による市場の失敗です．抽象的な話では，分かりにくいと思いますので，具体例で考えてみましょう．環境問題が代表的な例と

なります．

　ここでは大気汚染や騒音を考えてみましょう．運送業者はトラックを利用して，人々の荷物を運んでいます．運送サービス自体は，需要と供給から価格が決まる通常の経済活動です．しかし，トラックを動かすためには，ガソリンや軽油を燃料として燃やさなければなりません．そのときに出る排気ガスは，道路周辺の空気を汚しますし，場合によっては地球全体の温度を高めてしまう温暖化をもたらしてしまうかもしれません．また，トラックが走行するときの音は，道路周辺を騒がしくしますので，周りに住んでいる人たちは，騒音に悩まされることになります．この場合の外部性は，運送業者が経済活動として荷物を輸送する際に出してしまう排気ガスや騒音のことを指します．このような，他者に対して悪い影響をおよぼしてしまうことを，特に「外部不経済」や「負の外部性」と呼びます．排気ガスや騒音は市場で取引されていません．そのため，運送業者は運送サービスという自らの経済活動に付随して発生する排気ガスや騒音のことまで考えずに経済活動をしてしまいます．他者に対する悪影響まで考慮するとすれば，外部不経済を伴う経済活動は少なくするべきです．しかし，繰り返し述べているように，外部性は市場で取引できませんので，外部不経済の発生者は他者への悪影響を考慮せず，経済活動を大きくしてしまいます．その結果として，社会的余剰は，小さくなってしまいます．

　一方，ある経済主体の行動が，他者に対して良い影響をおよぼすことを「外部経済」と呼ぶ場合もあります．例えば，クリスマスシーズンになると，各家庭の庭先などにイルミネーションが施されます．これは，各家庭で装飾を楽しんでいるわけですが，その家の周りに住む人も，クリスマスの雰囲気を楽しむことができます．このような他者に対して良い影響をおよぼす活動なのですが，イルミネーションを飾っている家族は，ほかの人の幸福まで考えて飾っているわけではありません．イルミネーションを見て雰囲気を楽しむことは，市場で取引されていないからです．その結果，イルミネーションの量は社会的余剰まで考えると，十分な量とはいえず，その意味で社会的余剰を最大にできていません．

　このように，外部不経済であっても，外部経済であっても，経済活動を行っている主体が，他者への影響を考慮しないために社会的余剰を大きくすることに失敗しています．これを外部性による市場の失敗といいます．外部不経済を修正するために，政府による規制や課税が実施されます．規制や課税によって，

取引量が減少することをこれまで学んできました．他者に対して悪い影響をおよぼす活動に課税することで，悪い影響を自覚させるわけです．逆に，外部経済を修正するために，政府から補助金が出されたりします．他者に対して良い影響を与える活動に対して，補助金を出すことで動機付けをしているのです．こうした取り組みを「外部性の内部化」と呼びます．

なお，同じイルミネーションであっても，遊園地のイルミネーションは少しだけ事情が異なります．どこが違うのかというと，遊園地の場合は，料金を取ることができますので，イルミネーションから受ける便益は，チケット代に反映されて市場で取引されています．この場合は，外部性は発生せず，社会的余剰は取引を市場に任せることで最大になります．イルミネーションの影響は，チケット代として内部化されているわけです．

3.2　公共財

次に公共財が存在する場合を考えてみましょう．公共財について説明を始める前に，通常，みなさんがイメージする財やサービスで考えてみましょう．例えば缶ジュースは，ある人が消費してしまえばほかの人はそのジュースを飲むことはできません．これを競合性と呼びます．ジュースという財の消費を，ある人とほかの人が競い合っているわけです．また，お店はお金を払ってくれる人にだけ缶ジュースを手渡すことができます．これを排除性と呼びます．お金を支払わない人は排除されてしまうわけです．こうした競合性と排除性があるために，市場で財やサービスが取引され，これまで学んできたように社会的余剰は最大になるのです．なお，競合性と排除性をあわせもった財を「私的財」と呼びます．

これから考える公共財とは，ある人の消費がほかの人の消費を妨げない性質（非競合性）と，一度供給されてしまえばお金を支払わない人の消費を妨げることが困難な性質（排除不可能性）の二つの性質をもった財のことです．例えば，安全な環境（治安）などがこれに対応します．日本に住むみなさんは，基本的には安全な暮らしを楽しめています．ある人が安全な暮らしをしたからといって，別の人の安全が減ってしまったりはしません．その意味で，ある人とほかの人とは，競い合っていないわけです（非競合性）．また，安全な環境というのは，一度達成されてしまうと，お金を支払わない人であっても，安全な暮らしを享受することができてしまいます．お金を払わない人だけ，安全な暮

らしから排除するということは技術的に考えても極めて困難です（排除不可能性）．

では，なぜ公共財が存在すると市場が失敗してしまうのでしょうか．直観的に理解しやすいのは，排除不可能性による部分です．企業は，生産物に対する対価を市場で正しく受け取ることができないと，供給を続けることができません．その結果，取引量が少なくなって社会的余剰は小さくなってしまいます．また，家計もお金を支払わなくても消費できてしまうのなら，わざわざお金を支払おうとはしないはずです．これを「フリーライダー」と呼びます．このようなフリーライダーが現れてしまうことで，もし，排除可能であったのならば取引が実現できて，企業も家計も余剰を増加できていたのに，それができなくなってしまうのです．また，フリーライダー問題とも関連しますが，公共財が非競合性をもつことによって，公共財は最適な量よりも少ない量しか提供されない「過小供給」も発生します．公共財のフリーライダー問題や過小供給問題については，第4節でもう少し詳しく考えます．

3.3　規模の経済性（費用逓減産業）

市場の失敗の三つめは，規模の経済性の存在です．規模の経済性とは，規模が大きくなることで，生産量を飛躍的に大きくできたり，1単位あたりの平均の費用を小さくできたりすることです．例えば，鉄道や電力といった，ネットワーク産業がこれに対応します．ネットワークを構築するときに巨額な費用が必要となる一方で，ネットワークができあがってしまえば，1単位余分にサービスを供給するときの費用がとても小さくできると行った性質をもっています．このような性質をもった産業を「費用逓減産業」と呼びます．「逓減」という難しい漢字が出てきましたが，これは「徐々に減っていく」という意味です．規模が大きくなるにつれて，1単位当たりの平均の費用が徐々に減っていく産業という意味です．

費用逓減産業の例として，鉄道サービスを考えてみましょう．鉄道サービスを始めるときには，線路を引いたり，駅舎を建設したり，車両を購入したりと巨額の費用が必要となります．しかし，一度電車が走り出してしまえば，乗客が1人増えたとしても，ほとんど費用の増加はありません．こうした性質がある場合には，できるだけ規模を大きくすることで，1単位あたり平均の費用を小さくすることができます．規模が小さいままだと，多くの顧客を受け入れる

ことができず，最初に投入した費用を回収するためには，1単位あたり平均の費用は高くなってしまいます．つまり，少ない顧客に対して高い料金を請求せねばならなくなってしまいます．

規模の経済性があることで，規模が大きくなるにつれて平均の費用が小さくなれば，どんなことが起きるのでしょうか．競争市場においては，規模が大きいために平均の費用を少なくできる企業が，競争力をもってほかの企業を圧倒していくことができるようになります．逆に，規模が小さい企業は，平均の費用が高くなってしまい，競争力を失ってしまいます．そうすると結果として規模の大きな企業が生き残りますので，独占が発生してしまいます．これを自然独占といいます．独占が発生してしまうと，独占企業はプライス・テイカーではなくなってしまいますので，前節で学んだように社会的余剰が小さくなってしまいます．

規模の経済性への対応として，政府による規制が行われています．多くの場合，政府が直接生産活動に関わって，価格を低く抑えて供給を行っています．わが国でもかつて，鉄道（日本国有鉄道：国鉄），電話（日本電信電話公社：電電公社），郵便（郵政事業庁，日本郵政公社）などは，政府によって運営されていました．また，電力は民間会社が供給していますが，価格などに規制がかけられています．

3.4　情報の非対称性

市場の失敗の四つめとして，情報の非対称性が上げられます．情報の非対称性とは，市場において売り手と買い手のうち，片方は情報を十分にもっているのに，もう一方は情報をもっていないことをいいます．売り手も買い手も十分な情報をもっていれば，取引が円滑に進んで，社会的余剰は最大になるのですが，どちらか一方が十分に情報をもつことができない場合には，好ましくないことが起きてしまいます．

情報の非対称性には2種類の典型的な現象があります．まずは，「逆選択」と呼ばれる現象です．典型的な例として，中古車市場を考えてみましょう．中古車の品質について，売り手は十分な情報をもっています．一方で買い手は，目の前にある中古車が壊れやすいのか，まだまだ乗れるのかについての情報をもつことができません．もし中古車の品質が良いのであれば，品質に見合った高い金額を支払っても良いと買い手が考えていたとします．しかし，目の前に

ある中古車の品質がよく分からない場合には，高い金額を支払うのをためらってしまうことになります．売り手は，品質の良い中古車にはそれに見合った高い金額を支払って欲しいと願っています．しかし，買い手が疑心暗鬼になって高い金額を支払うのをためらっているのを見ると，品質の良い中古車を出しても仕方がないかとあきらめてしまいます．結果として何が起きるかというと，品質の良い中古車は，市場からすべて引き上げられてしまって，壊れやすい品質の悪い中古車だけが市場に出回ることになります．品質の悪い中古車だけが市場に出回っていると買い手も予想し，本来実現したであろう取引の機会が失われてしまいます．買い手にも売り手にもメリットがあったはずの取引が失われるということは，社会的余剰が損なわれていることになります．

情報が十分にあったのなら，品質の良い中古車が買い手からも売り手からも選択されることで，取引による余剰が両者にもたらされます．しかし，情報が十分でない場合には，逆に品質の悪い中古車が選択されてしまい，社会的余剰を小さくしてしまいます．こうした現象を逆選択と呼びます．

次に「モラル・ハザード」と呼ばれる現象を見ていきましょう．典型的な例として，保険市場があげられます．保険会社は，保険に加入したお客さんの情報が十分には分かりません．一方で，お客さんは自分自身の事情を保険会社が把握していないことを知っています．この場合にどんなことが起きるのでしょうか．例えば自動車保険を考えてみましょう．事故は思わぬときに起きてしまいます．保険はそうした思わぬ事故への補償となっています．保険加入時には，当然のごとく安全運転を心がけることが求められます．保険会社はお客さんが安全運転をしてくれることを期待していますし，お客の方も安全運転を心に誓っているはずです．しかし，保険に加入した後は，事故になっても被害額を補償してもらえるとお客さんは考えるようになってしまいます．たとえ被害にあったとしても，後で補償されるのですから，お客さんは安全運転の心がけをゆるめてしまいます．結果として事故を起こしやすくなってしまいます．本来，個人個人が心がけるべき注意事項が守られなくなってしまいます．情報の非対称性に起因するこうした現象をモラル・ハザードと呼んでいます．この情報の非対称性については第5節でもう少し詳しく学習します．

練習問題

1. 次の事例は，外部経済と外部不経済のどちらであるか，理由も含めて答えなさい．

(1)飛行機の騒音　(2)100万ドルの夜景　(3)大気汚染　(4)大学
2. 公共財であると考えられる財やサービスを三つあげなさい．
3. 現在，国鉄・電電公社・郵政公社は，民営化されている．それぞれ何という企業になったのか答えなさい．知らない人は，調べてみましょう．
4. 費用逓減産業の例を三つあげなさい．
5. 逆選択の例を二つあげなさい．
6. モラル・ハザードの例を二つあげなさい．

4　公共財

　市場の失敗の原因として4種類の経済活動が考えられることを第3節で学びました．それぞれが重要な問題となっていますが，本節と次の節では，その四つのなかで特に「公共財」と「情報の非対称性」について詳しく見ていきます．まず本節では「公共財」を取り上げます．公共財とは，ある人の消費がほかの人の消費を妨げない性質（非競合性）と，一度供給されてしまえばお金を支払わない人の消費を妨げることが困難な性質（排除不可能性）の二つの性質をもった財のことです．例えば，安全な環境（治安）などがこれに対応すると学びました．あるいは，一般道路も公共財の性質を有しています．

　前節の復習になりますが，私的財についても確認しておきましょう．例えば缶ジュースは，ある人が消費してしまえばほかの人はそのジュースを飲むことはできません．これを競合性と呼びます．ジュースという財の消費を，ある人とほかの人が競い合っているわけです．また，お店屋さんはお金を払ってくれる人にだけ缶ジュースを手渡すことができます．これを排除性と呼びます．お金を支払わない人は排除されてしまうわけです．こうした競合性と排除性があるために，市場で財やサービスが取引され，これまで学んできたように社会的余剰は最大になるのです．

　次に，公共財について考えましょう．市場の取引に委ねていると，公共財の非競合性と排除不可能性によって，社会的余剰を最大にすることができません．公共財が一度供給されてしまうと，費用負担をしていない人でも同時に消費することができてしまいますので，社会全体で望ましい量よりも少ない量しか公共財が提供されなくなってしまいます．前節で学んだように，費用負担をせずに公共財からの便益だけを受けようとする人をフリーライダーと呼びます．

4.1 フリーライダー問題

公共財に関するフリーライダー問題をより詳しく考えるために，次のような例を取り上げてみましょう．ここでは，ゲーム理論（ゲーム理論については，補論でもう少し詳しく説明しています）の手法を用いて考えていきます．山田さんと吉田さんはご近所同士です．夜道が暗くて不安なので，街灯（公共財）を作ることにしました．街灯の性質上，いったん設置されてしまえば，山田さんと吉田さんの両方が便益を受けることになります（非競合性）．また，どちらかがお金を支払わなかったとしても，街灯は現に設置されていますので，街灯から得られる便益から排除することはできません（排除不可能性）．

街灯から得られる便益（「安心」という利益）は，それぞれ10万円だとします．一方，街灯を設置するための費用は12万円であったとします．山田さんと吉田さんが，2人で一緒になって街灯を作る場合には，費用は2人で折半することになります．山田さん，吉田さんのどちらか1人が街灯を作る場合には，街灯の設置費用を1人で全額負担せねばならないとします．このような状況において，街灯は設置されるのかを考えてみましょう．

まず，2人で協力して街灯を設置する場合を考えてみましょう．街灯が完成すると2人はそれぞれ10万円の便益を受けます．一方，街灯の設置費用を割り勘で支払いますので，費用は6万円（＝12万円/2）となります．したがって2人の利得（便益－費用）は，次のようになります．

　　（山田さん）　　10万円（便益）－6万円（費用）＝4万円（利得）
　　（吉田さん）　　10万円（便益）－6万円（費用）＝4万円（利得）

次に，山田さんは街灯設置に協力するが，吉田さんが非協力的な場合を考えてみましょう．山田さんが1人でがんばって街灯を設置しますので，街灯は完成します．その結果，2人はそれぞれ10万円の便益を受けます（街灯は公共財ですので，吉田さんもその便益を受けることができます）．街灯の設置費用は山田さんだけが支払いますので，山田さんの負担は12万円，吉田さんの負担は0円です．このことから2人の利得は次のようになります．

　　（山田さん）　　10万円（便益）－12万円（費用）＝－2万円（利得）
　　（吉田さん）　　10万円（便益）－0円（費用）＝10万円（利得）

同様に，山田さんは街灯設置に非協力的だが，吉田さんが協力的な場合には，

街灯は吉田さんの負担によって完成します．街灯が設置されたことで2人は10万円の便益を受けることになります．費用負担は，山田さん0円，吉田さん12万円となり，2人の利得は次のようになります．

　　（山田さん）　　10万円（便益）－0円　（費用）＝10万円（利得）
　　（吉田さん）　　10万円（便益）－12万円（費用）＝－2万円（利得）

　極めて当たり前の話ですが，街灯設置に協力した人の利得が小さくなり，非協力的であった人の利得が大きくなっています．これは，街灯設置に協力した人だけが費用負担をしているため，費用の分だけ利得が小さくなってしまうからです．
　最後に，山田さんも吉田さんも非協力的であった場合を考えてみましょう．どちらも街灯設置を行いませんので，街灯は完成しません．そのため2人の便益は0円になります．一方で，費用負担も発生しませんので，費用もそれぞれ0円となり，2人の利得は次のようになります．

　　（山田さん）　　0円（便益）－0円（費用）＝0円（利得）
　　（吉田さん）　　0円（便益）－0円（費用）＝0円（利得）

　それぞれの場合における利得を記入したのが，表2の山田さんと吉田さんの利得表になります．例えば，山田さん－協力，吉田さん－協力の場合には，山田さんの利得に4万円，吉田さんの利得に4万円が記入されていますし，山田さん－非協力，吉田さん－協力の場合には，山田さんの利得に10万円，吉田さんの利得に－2万円が記入されています．
　山田さんと吉田さんの利得表が完成しましたので，当初の問題に立ち返って，果たして街灯が供給されるのかどうかを考えてみましょう．初めて利得表を見た人は，表2の表示がわかりやすいと思いますが，慣れてくると「〇〇さんの利得」というのが，何度も出てきて見にくく感じるようになります．そこで表2を簡略化して，表3で考えていくことにします．表2と表3を見比べて，書かれている情報が全く同じであることを確認しておきましょう．
　表3を見ると，なんとなくお互いが協力し合って，街灯を設置した方が良さそうに思えます．ただ，相手が街灯を設置してくれるのであれば，自分は非協力的な態度を取って，より多くの利得を受け取った方が良いようにも思えます．一番悪そうに見えるのは，お互いが非協力的で街灯が設置されず，暗い夜道を

表 2 山田さんと吉田さんの利得表

		吉田さん			
		協力		非協力	
山田さん	協力	山田さんの利得	吉田さんの利得	山田さんの利得	吉田さんの利得
		4万円	4万円	－2万円	10万円
	非協力	山田さんの利得	吉田さんの利得	山田さんの利得	吉田さんの利得
		10万円	－2万円	0円	0円

表 3 利得表の簡略化（1）

		吉田さん	
		協力	非協力
山田さん	協力	4万円,　4万円	－2万円, 10万円
	非協力	10万円, －2万円	0円,　　0円

歩かねばならない状態です．一度に考えると，ごちゃごちゃして何が起きるのか分からなくなってしまいますので，順を追って考えていきます．

　まず，山田さんの行動（戦略）を考えてみましょう．山田さんは，戦略を立てるとき，吉田さんの行動を想像しながら自分の行動を決定します．「仮に，吉田さんの行動が『協力』だったら……自分はどうするか」「仮に，吉田さんの行動が『非協力』だったら……自分はどうするか」を考えて戦略を立てます．街灯を設置したいという気持ちはあるのですが，吉田さんの行動次第では，自分が損をしてしまう可能性があります．いろいろな場合に思いを巡らせて，山田さんは自分の得になるように，悪くとも損をしないように行動を決めます．その様子を示したのが表 4 です．

　表 4 の左表では，吉田さんの行動が「協力」であったとき，山田さんの行動と利得の関係を示しています．吉田さんが「協力」であったとき，山田さんが「協力」なら山田さんの利得は 4 万円，「非協力」なら利得は 10 万円になります（アンダーラインで示された利得です）．4 万円と 10 万円を比較した山田さんは，吉田さんが「協力」であったならば，自分は「非協力」とすることで，得をすると考えます．

　一方，表 4 の右表は，吉田さんが「非協力」であったときの山田さんの行動と利得の関係を示しています．吉田さんが「非協力」であったとき，山田さん

第5章 市場機構の限界

表4 山田さんによる戦略（協力，非協力）の決定

		吉田さん	
		協力	非協力
山田さん	協力	4万円，　4万円	−2万円，10万円
	非協力	10万円，−2万円	0円，　0円

		吉田さん	
		協力	非協力
山田さん	協力	4万円，　4万円	−2万円，10万円
	非協力	10万円，−2万円	0円，　0円

表5 吉田さんによる戦略（協力，非協力）の決定

		吉田さん	
		協力	非協力
山田さん	協力	4万円，　4万円	−2万円，10万円
	非協力	10万円，−2万円	0円，　0円

		吉田さん	
		協力	非協力
山田さん	協力	4万円，　4万円	−2万円，10万円
	非協力	10万円，−2万円	0円，　0円

は「協力」すれば利得はマイナス2万円，「非協力」であれば利得が0円となることを理解します．その結果，山田さんは少なくとも損をしたくありませんので，吉田さんが「非協力」であった場合には，「非協力」という行動を取ると決めます．

以上の考察の結果，吉田さんの行動が「協力」であっても，「非協力」であっても，山田さんは「非協力」とすることで，自分に利益がある（損をしない）ことになります．

吉田さんの場合はどうでしょうか．表5を使って吉田さんの行動を考えていきましょう．今度は吉田さんの立場です．山田さんの行動を想像しながら，吉田さんは行動を決めます．表5の左表は，山田さんが「協力」であったときの吉田さんの行動と利得の関係を示しています．吉田さんの利得ですので，表の各セルの右側の数字を見なければならないことに注意しましょう（アンダーラインで示されています）．山田さんが「協力」の場合，吉田さんは「協力」なら利得は4万円，「非協力」なら利得が10万円になります．吉田さんは得をしたいと考えますので，「非協力」を選択します．次に表5の右表は，山田さんが「非協力」であった場合の吉田さんの行動と利得を示しています．吉田さんは「協力」した場合，利得はマイナス2万円，「非協力」であった場合，利得は0円となります．山田さんが「非協力」であった場合でも，吉田さんは「非協力」を選択することで，少なくとも損をしないことがわかります．

以上をまとめると，表6のようになります．そろそろ利得表に書かれた「万円」という表記にも飽きてきたと思いますので，さらに簡略化した表を示して

表6 利得表の簡略化（2）

		吉田さん	
		協力	非協力
山田さん	協力	(4, 4)	(−2, ⑩)
	非協力	(⬜10⬜, −2)	(⬜0⬜, ⓪)

います．□が山田さんにとっての得をする（損をしない）行動，○が吉田さんにとって得をする（損をしない）行動になっています．2人ともが「非協力」の欄で，□と○が重なっていますね．つまり，お互いが相手の行動を想像しながら，得をする行動（少なくとも損をしない行動）を取り合った結果，両者ともが「非協力」を選択したことになります．結果として，両者ともに非協力となり，街灯は設置されませんでした．

本来，暗い夜道を解決するために，街灯が必要だったはずです．しかし，お互いが自分の利益を考えて行動した結果，街灯は設置されませんでした．これが公共財のもつ非競合性や排除不可能性によるフリーライダー問題です．お互いが，相手の費用負担にただ乗り（フリーライド）しようとして，結果としてどららも費用を負担することなく，必要な財が供給されなくなってしまいます．こうしたフリーライダー問題は，公共財の性質をもつ財やサービスであれば，どんな財・サービスであっても起きてしまうのです．つまり，公共財は市場では適切に供給されないことになります（市場の失敗）．

では，どうすればよいのでしょうか．一つの答えは，山田さんと吉田さんとは関係のない「第三者」が2人からお金を集めて，街灯を設置してあげることです．通常，この「第三者」の仕事を政府が行っています．政府は，市民から税金というかたちでお金を集めて，公共財を供給しています．みなさんは普段意識していないかも知れませんが，日常的に利用している道路や街灯などは，基本的にすべて政府が供給しています．また，冒頭で触れた安全（治安）も警察サービスというかたちで，政府が提供しています．前節で学んだ「外部性」や「規模の経済性（費用逓減産業）」への対応を政府が行っていましたが，「公共財」の場合も政府が対応をしているのです．

4.2 公共財の過小供給

4.1では，フリーライダーが出現してしまうことで「公共財」の供給がうま

図8　街灯の需要曲線

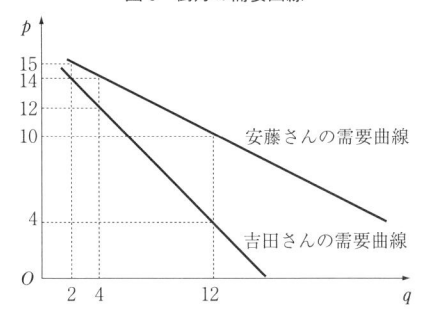

くいかないことを取り上げました．フリーライダーとは，費用負担をせずに公共財からの便益だけを受けようとする人のことでした．公共財は一度供給されてしまうと，費用負担をしていない人でも同時に消費することができます．市場の参加者は別の参加者が公共財を負担してくれれば，それにただ乗り（フリーライド）すれば良いと考えます．お互いがお互いにただ乗りしようとした結果，公共財は供給されませんでした．

4.1では，公共財の費用負担に「協力するか，協力しないか」という二者択一の問題についてゲーム理論の手法を用いて分析しましたが，ここでは需要曲線と供給曲線を用いて考えていくことにします．ここでは，公共財を「提供するか，しないか」の「0か1か」の選択ではなく，「公共財の量をどれだけにするか」という問題について考えていきます．この場合でも，公共財の非競合性と排除不可能性によって，市場の取引に委ねていると，公共財は過小にしか供給されず，社会的余剰を最大にすることができません．つまり，社会全体で望ましい量よりも少ない量しか公共財が提供されなくなってしまいます．

公共財の過小供給問題をより詳しく考えるために，次のような例を取り上げてみましょう．安藤さんと吉田さんはご近所同士です．夜道が暗くて不安なので，街灯（公共財）を作ることにしました．街灯の性質上，いったん設置されてしまえば，安藤さんと吉田さんの両方が便益を受けることになります（非競合性）．また，どちらかがお金を支払わなかったとしても，街灯は現に設置されていますので，街灯から得られる便益から排除することはできません（排除不可能性）．

安藤さんと吉田さんの街灯に対する需要曲線は，図8のように表されます．安藤さんは，街灯に対してたくさんのお金を支払っても良いと考えています．

例えば，2本目の街灯には15万円まで支払って良いと考えていますし，4本目には14万円，12本目には10万円まで支払う準備があります．一方，吉田さんは街灯に対してそれほどお金を支払うつもりはないようです．例えば，2本目の街灯に対しては14万円，4本目には12万円，10本目には4万円まで支払っても良いと考えているようです．吉田さんは暗い夜道も平気な人なのかもしれません．

さて，街灯（公共財）は，非排除性があるために，いったん設置されると設置者だけでなく，他の人も便益を受けることができます．この性質を考えると，例えば2本目の街灯の社会的な価値はどれだけになるでしょうか．安藤さんが支払っても良いと考えている15万円でしょうか，それとも吉田さんが支払っても良いと考えている14万円でしょうか．2本目の街灯が設置されたとすると，排除不可能性と非競合性から，安藤さんも吉田さんもこの2本目の街灯を利用できますから，安藤さんと吉田さんの両者が便益を受けます．従って2本目の街灯の社会的な価値は15万円＋14万円＝29万円となります．これは，2本目の街灯について，2人の需要曲線の高さを足し合わせた金額になっています．言い換えれば，価格が29万円であれば，2本の需要が社会的にはあるということです．同様に，4本目の街灯の社会的な価値は，安藤さんが支払っても良いと考える14万円と吉田さんが支払っても良いと考えている12万円を足し合わせた26万円になります．10本目については，安藤さんの10万円と吉田さんの4万円を足し合わせた14万円が社会的な価値として認められます．これをグラフに表すと図9のようになります．街灯に対する社会的な価値は，社会が街灯に対して最大限どれだけ払っても良いかを示していますので，社会的な需要曲線であるといえます．需要曲線の復習になりますが，例えば街灯の価格が29万円であったとすれば，社会としては2本の街灯を需要するし，14万円であれば，12本の街灯を需要していると考えられます．

では，街灯の設置を市場に委ねたときに，社会的に望ましい状況が達成できるのでしょうか．街灯の価格が，14万円であったとします．説明を簡単にするため，供給曲線が水平であると考えます．ここでは，街灯に対してより大きな需要をもっている安藤さんが設置することを考えてみましょう．安藤さんは自分自身の需要曲線にしたがって，4本の街灯を購入して設置します．安藤さん自身の需要は満たされていますし，安藤さんに比べて街灯に対する需要の小さな吉田さんは2本しか購入予定がありませんから，十分な量の街灯が設置され

第5章 市場機構の限界　　　　　　　　　　　　　　　141

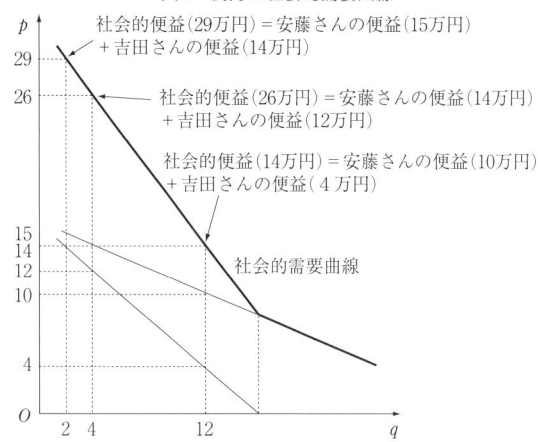

図9 街灯の社会的需要曲線

社会的便益(29万円)＝安藤さんの便益(15万円)
　　　　　　　　　＋吉田さんの便益(14万円)

社会的便益(26万円)＝安藤さんの便益(14万円)
　　　　　　　　　＋吉田さんの便益(12万円)

社会的便益(14万円)＝安藤さんの便益(10万円)
　　　　　　　　　＋吉田さんの便益(4万円)

社会的需要曲線

たように思われます．

　ここで思い出さなければならないことは，先に見た社会的な需要曲線です．街灯は公共財ですので，4本目の街灯は安藤さんだけでなく吉田さんも利用して便益を受けているのです．4本目の社会的な価値は26万円でしたので，価格の14万円よりも上回っています．社会的に見れば，まだまだ街灯を購入する余地があるのです．社会的な需要曲線をたどっていけば，街灯の価格が14万円であった場合，社会は12本の街灯を需要していることがわかります．

　安藤さんが私的に購入した場合には4本でしたが，社会的には12本の街灯を需要しています．では，余剰の側面から見ると，どちらの方が社会的に望ましいのでしょうか．図10を見てみましょう．社会的余剰は，需要曲線と供給曲線とで囲まれた部分でした．まず，4本の街灯があった場合，社会的余剰は台形①の面積になります．一方，12本の街灯が設置された場合には，社会的余剰は大きな三角形①＋②の面積になります．グラフから明らかなように，12本の街灯が設置された方が，②の面積の分だけ社会的余剰は大きくなっています．市場の取引では4本の街灯が購入・設置され，一見すると十分な数の街灯が提供されているように思われましたが，実は社会的余剰の損失が発生していました．

　このように社会的には12本の街灯が望ましいのにもかかわらず，市場における取引では4本しか提供されないことを公共財の過小供給問題と呼びます．市場での取引において，市場参加者は自分自身の最大支払額にしたがって公共財

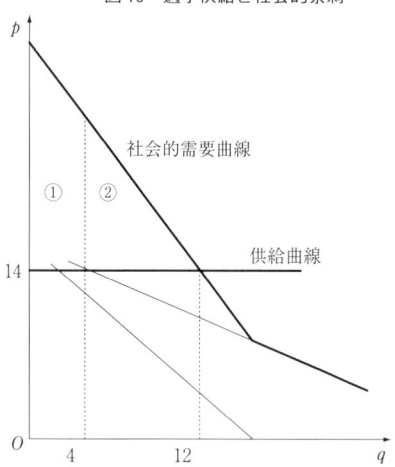

図10　過小供給と社会的余剰

を購入していきます．一方で，公共財には非排除性があるために，ほかの人もその公共財の便益を受けることができます．公共財を購入する人は，ほかの人が受ける便益まで考慮に入れて，公共財を購入することができれば良いのですが，ほかの人の便益を考慮しませんので，結果として社会的に過小な量の公共財しか購入することができません．言い換えれば，市場において公共財は過小にしか供給されないのです（市場の失敗）．

なお，本項では過小供給について焦点を当てて説明してきましたが，安藤さんによって私的に4本目の街灯が供給されたとき，吉田さんは便益を受けているにもかかわらず，費用負担をしていません．これは，吉田さんが安藤さんの公共財にフリーライドしていることにほかなりません．つまり，過小供給問題とともに，背後ではフリーライダー問題も発生していたのです．

4.1でも触れましたが，やはり「第三者」による公共財の提供が解決策として考えられます．個人の視点では，社会全体の余剰を最大にすることは困難ですので，個人よりも広い視点で公共財を提供できる主体があれば，公共財の過少供給問題は解決することができます．通常，政府にその役割が求められています．市場の失敗への対応が政府の仕事として期待されているのです．

練習問題
1. 次の財やサービスは，私的財なのか公共財なのか答えなさい．

(1)防衛サービス
(2)シャープペンシル
(3)渋滞していない一般道路
(4)ペットボトルのお茶
(5)隅田川花火大会
(6)アイスクリーム

2. 隣り合ったA市とB町の住民が花火大会を企画するとしよう．A市民とB町民が便益を受けるものとする．花火大会から住民が受ける便益を金銭換算すると，それぞれ600万円と予想される．花火大会実施にかかる費用は，総額800万円である．どちらかが単独で開催する場合には費用の全額を，共同で開催する場合にはそれぞれが費用の半額を負担する．A市とB町が協力，非協力の場合にそれぞれがどれだけ「利得」を得るか下の表に記入しなさい．また，表を利用して，A市民とB町民がそれぞれ花火大会に協力するか非協力かを分析し，説明を書きなさい．なお，「利得」とは，便益から費用を引き算したものであり，計算の結果マイナスの場合もある．

表 花火大会開催に関する利得表

		B町	
		協力	非協力
A市	協力		
	非協力		

(注意)「利得」＝便益－費用

3. 〔共有地の悲劇〕水産資源は，「乱獲」によって危機にさらされることが多い．日本の漁師と外国の漁師とがカニ漁をしている．現在のカニの個体数を60としよう．今月カニを獲らずに来月まで置いておけば，カニの個体数は90に増えるとする．今月漁をすると，カニはいなくなって，来月の漁獲量は0であるとする．今月の漁を実施しないで，来月まで我慢する約束を，日本の漁師と外国の漁師とが結ぼうとしている．果たして両者は約束を守れるであろうか？

(1)日本の漁師と外国の漁師が約束を守り，両者が来月にカニ漁を実施した場合のそれぞれの漁獲量を計算しなさい．カニの総数を分け合うものとする．
(2)日本の漁師は約束を守ったのに，外国の漁師が約束を破って，今月カニ漁を実施した場合の漁獲量を計算しなさい．約束を破った側は，その時点のカニの総数を全部獲ることができる．
(3)日本の漁師が約束を破って今月カニ漁を実施する一方，外国の漁師が約束を守ったときの漁獲量を計算しなさい．約束を破った側は，その時点のカニの総数を全部獲ることができる．
(4)日本の漁師も外国の漁師も約束を破って，両者が今月にカニ漁を実施したときの漁獲量を計算しなさい．カニの総数を分け合うものとする．
(5)上の(1)から(4)での結果を利用して，次の表を埋めなさい．また，漁師たちは約束を守るのか破るのかを答えなさい．

表 日本の漁師と外国の漁師の漁獲高

		外国の漁師	
		約束を守る	約束を破る
日本の漁師	約束を守る		
	約束を破る		

4. 街灯に対する需要が次の表に書かれている.
(1) 各人の需要曲線を描きなさい.
(2) 社会的需要曲線を描きなさい.
(3) 街灯の価格が14万円であったとき,安藤さんが設置する街灯の本数は何本か.
(4) 街灯の価格が14万円であったとき,社会的需要曲線で決まる街灯の本数は何本か.
(5) 上の(3)の場合と(4)の場合とで,社会的余剰が大きくなるのはどちらの場合か.図を用いて説明しなさい.

表 街灯に対する需要

価格 (万円)	安藤さんの 需要量(本)	吉田さんの 需要量(本)
0	30	21
2	27	18
4	24	15
6	21	12
8	18	9
10	15	6
12	12	3
14	9	0
16	6	0
18	3	0
20	0	0

5 情報の非対称性

　本節では,市場の失敗の一つである情報の非対称性の問題について考えます.すでに第3節で説明されたように,情報の非対称性とは,ある情報をある主体はもっているが,同じ情報を別の主体がもっていない状況を意味します.どのような経済取引を考えるかによって,そこでの経済主体も情報の中身も変わりますから,情報の非対称性という問題はさまざまなかたちで現れてきます.しかも構造によって,逆選択とモラル・ハザードの二種類の問題が生じてきます.

ここでは，できるだけ一般的なかたちで，これらの問題の特徴を整理し，そのうえで労働市場を例にして具体的に考えます．

5.1 逆選択

主体のタイプが分からない状況を考えてみましょう．議論を分かりやすくするためにタイプは 2 種類とし，「望ましいタイプ」と「望ましくないタイプ」があるとします（3.4 での議論では，望ましいタイプの主体は品質の良い中古車の売り手で，望ましくないタイプの主体は品質の悪い中古車の売り手となります）．当人は自分がどちらのタイプであるかを知っていますが，この主体と取引する人にはそれが分からないとしましょう．つまりタイプに関する情報が非対称的であるとします．主体のタイプに関する情報が非対称的である場合に，逆選択という問題が起きます．

例えば，労働市場での労働者の新規採用では，高い収益を生み出す高い能力の労働者なのか，低い収益を生み出す低い能力の労働者なのかが問題となります．また金融市場での資金貸し出しでは，資金返済の確率の高い健全な借り手なのか，資金返済の確率の低い不健全な借り手なのかが問題となります．金融市場でも，保険契約では，事故を起こしにくい性格の被保険者なのか，事故を起こしやすい性格の被保険者なのかが問題となります．

もし情報の非対称性がなくてタイプが分かるのであれば，「望ましいタイプ」の主体は有利な条件で取引できるでしょうし，「望ましくないタイプ」の主体は不利な条件で取引することになるでしょう．ところが，取引相手がタイプを識別できなければ，タイプに応じて条件を区別できませんから，平均的な一律の条件で取引することになります．その結果，本来なら有利な条件で取引できる「望ましいタイプ」の主体が，平均的な条件での取引に甘んじなければならない一方で，本来なら不利な条件での取引に甘んじなければならない「望ましくないタイプ」の主体は，平均的な条件で取引できます．そのため「望ましいタイプ」の方が不利になってしまい，均衡での経済活動の効率性が損なわれるでしょう．つまり市場の失敗が生じます．この状況を逆選択と呼びます．

5.2 モラル・ハザード

次に主体の行動を観察できない状況を考えましょう．行動として，「望ましい行動」と「望ましくない行動」があるとします（3.4 での議論では，望まし

行動は安全運転を心がける行動で，望ましくない行動は安全運転の心がけをゆるめる行動です）．当人は自分が選んだ行動を知っていますが，取引相手はそれが分からないとしましょう．つまり行動に関する情報が非対称的であるとします．経済主体の行動に関する情報が非対称的であるときに，モラル・ハザードという問題が起きます．

　労働市場では労働者が，資金市場では資金の借り手が，そして保険市場では被保険者が，契約をした後で努力をした場合が「望ましい行動」で，努力をしなかった場合が「望ましくない行動」となります．

　行動が観察できないのですから，行動に応じて評価を変えることができません．そこで常に同じ評価をするとしましょう．その場合，努力して「望ましい行動」を選んでも，「望ましくない行動」を選んだときと同じ評価しか得られません．その結果普通の人は努力して「望ましい行動」を選ぶことをしなくなってしまいます．各主体の行動が「望ましくない行動」に偏ってしまい，均衡での経済活動の効率性が損なわれるでしょう．つまり市場の失敗が生じます．この結果をモラル・ハザードと呼びます

5.3　労働市場での逆選択

　具体的な例として労働市場を考えましょう．労働者には高い能力の労働者と低い能力の労働者がいるとします．

　もしタイプの違いが分かるのであれば，高い能力の労働者には高い賃金が払われ，低い能力の労働者には低い賃金が払われるでしょう．例えば，高い能力の労働者を雇用することが企業に600万円の収益をもたらす一方で，低い能力の労働者の雇用が300万円の収益をもたらすとします．

　採用の際に労働者の能力を企業が識別できるとしましょう．その場合，高い能力の労働者を賃金600万円で採用しても企業は損失を出しません．一方で，低い能力の労働者の場合は，賃金300万円で採用するならば損失を出さずに済みます．ここで，高い能力の労働者の賃金は600万円で，低い能力の労働者の賃金は300万円となるとしましょう．

　ただし，労働者の能力に関する情報が非対称的だとします．この場合，労働者本人は自分の能力を認識していますが，企業はそれを識別できません．そのために，能力別の賃金を設定することは困難で，一律の賃金を設定するしかなくなります．

社会全体として，高い能力の労働者の割合が3分の1で，低い能力の労働者の割合が3分の2であるとします．この場合，企業が採用を考えている目の前の労働者が高い能力の持ち主である確率は3分の1，低い能力の持ち主である確率は3分の2となります．1人の労働者を雇用することによる企業の収益の期待値を計算してみましょう．収益の期待値は

$$(1/3) \times 600万円 + (2/3) \times 300万円 = 400万円$$

となります．そこで，企業は一律の賃金を400万円にするとします（400万円より高い場合，収益の期待値から賃金支払いを引くとマイナスとなりますから，能力を識別できない労働者を雇用する誘因を企業は失います）．

能力の高い労働者は，能力に関する情報を企業ももっているならば600万円の賃金で雇用されるのに対して，能力に関する情報が非対称的ならば400万円の賃金でしか雇用されません．一方で，能力の低い労働者は，もし能力に関する情報を企業ももっているならば300万円の賃金で雇用されるのに対して，能力に関する情報が非対称的ならば400万円の賃金で雇用されます．このように，本来は有利な条件で取引できるはずの能力の高い労働者が，情報の非対称性のために不利な条件での取引に甘んじなければならなくなります．これが逆選択と呼ばれる問題です．

高い能力をもつほど逆に不利になるわけですから，労働市場に出る前に高い能力を獲得しようとする主体は減少していくと考えられます．その場合，社会全体での高い能力の労働者の割合が3分の1から減少します．例えばその割合が4分の1に減少し，能力の低い労働者の割合が4分の3となったとしましょう．この場合，企業が労働者を雇用することによる収益の期待値は

$$(1/4) \times 600万円 + (3/4) \times 300万円 = 375万円$$

となります．そこで一律の賃金は375万円となるとしましょう．この場合，能力の高い労働者はさらに不利になります．その結果，社会全体での高い能力の労働者の割合はさらに減少していくでしょう．このように，高い能力の労働者の割合がどんどん減少していき，極端な場合には能力の低い労働者ばかりとなってしまいます．

5.4 労働市場でのシグナリング

以上のように，タイプに関する情報が非対称的であると，逆選択という問題が生じます．望ましいタイプの主体が不利になってしまい，極端な場合は望ましいタイプの主体が市場から駆逐されてしまいます．このような逆選択に対してはさまざまな対策が考えられますが，その代表的な対策がシグナリングです．次に労働市場でシグナリングの具体的なかたちを考えます．

そこで学歴を考えましょう．企業は，労働者の能力を識別することはできなくても，高い学歴を獲得しているか否かは確認できます．そこで企業が，高い学歴を獲得している労働者には，能力が高いであろうと考えて高い賃金を提示し，高い学歴を獲得していない労働者には，能力が低いであろうと考えて低い賃金を提示するとします．

学歴を獲得するためには，そのための負担を当然として必要とします．そこで，高い能力の主体は学歴を獲得することが比較的容易であるが，低い能力の主体は学歴を獲得することが困難であるとします．例えば，学歴を獲得するための精神的負担を含めたさまざまな費用を金銭で換算すると，高い能力の主体は100万円で，低い能力の主体は350万円であるとします．

高い能力の主体は，学歴を獲得すれば高い能力の労働者とみなされ，高い賃金で雇用されます．賃金所得から学歴獲得費用を差し引いたものを純便益とすると，純便益は600万円－100万円＝500万円となります．もし学歴を獲得しなければ，そのための費用は負担しなくて済みますが，労働市場では低い能力の主体と同じ扱いを受けますから，賃金は300万円です．この場合の純便益は300万円－0円＝300万円となります．500万円＞300万円ですから，学歴を獲得した方が得をします．その結果，高い能力の主体は学歴を獲得するでしょう．

低い能力の主体の意思決定についても考えましょう．低い能力の主体が学歴を獲得すれば，労働市場では高い能力の主体と同じように扱われますから，賃金は600万円となります．ただし，学歴獲得費用が350万円ですから，純便益は600万円－350万円＝250万円となります．学歴を獲得しなければ低い能力の労働者とみなされ，賃金は300万円となり，純便益は300万円－0円＝300万円となります．250万円＜300万円ですから，学歴を獲得しない方が得をします．その結果，低い能力の主体は学歴を獲得しないでしょう．

以上の結果より，学歴を獲得するのは高い能力の主体だけですから，企業は学歴を獲得している労働者を高い賃金で雇用しても損失は出ません．高い能力

の労働者は高い賃金で雇用されますから，逆選択の問題は解決しています．つまりここで考えている具体例では，学歴が能力に関するシグナルとして機能しています．

　もちろん，学歴ですべての問題が解決できるわけではありません．能力の高い主体でも，学歴を獲得する機会に恵まれない場合があり得ます．その場合には，能力の高い労働者であっても学歴を獲得できずに，能力の低い労働者と同じ扱いを受けてしまいます．教育の機会を平等に与えるということは，社会全体の公平性の観点だけでなく，効率性の観点からも極めて重要な意味をもちます．

　また，前述の議論では，学歴はシグナルとして機能しているだけですから，低い能力の主体にとって獲得することが困難なものであれば，何でもよくなります．例えば電話帳の電話番号をすべて暗記するという課題を卒業試験としても，それに合格することが，高い能力の主体にとっては比較的容易で，低い能力の主体にとっては困難であるのならば，シグナルとしては十分機能します．とはいっても，高い能力の主体がみんな電話帳の電話番号を一生懸命に暗記しようとしているというのは，社会的には人間の能力の浪費といえるでしょう．学校で教えられていることが社会にとって意味のある知識であり，学生の将来につながるものであってほしいものです．

　さらに，学歴を獲得することが容易であれば，低い能力の主体も学歴を獲得できてしまいます．この場合，高い能力の主体も低い能力の主体も学歴を獲得していますから，学歴を見ても，企業は労働者の能力を識別できません．そのため学歴がシグナルとして機能しなくなります．簡単に入学できて勉強もせずに卒業できる学校の卒業証書を示しても，企業はそれを高い能力のシグナルとは考えないでしょう．その場合，このような学校を能力の高い学生が卒業しても，企業にはその学生の能力の高さが分かりませんから，高い賃金を提示はしません．

5.5　労働市場でのモラル・ハザード

　今までは能力の問題を考えてきました．もし労働者の能力が同じだとしても，もしくはシグナリングが機能するなどの結果として能力に関する情報の非対称性が解決できたとしても，労働者が努力するかしないかは別問題です．しかもこの労働者の行動を企業は必ずしも観察することができません．この場合，努

力をしているか否かという労働者の行動に関する情報が非対称的となります.

労働者が努力をすれば,成果が出る可能性が高いが,成果が出ない可能性もあり,努力をしなければ成果は出ないとしましょう(実際には努力をしなくても成果が出る可能性も有りますが,ここでは計算を簡単にするために,その可能性をゼロとします).ここで,努力をした場合に必ず成果が出るのであれば,労働者の行動を観察できなくても,成果を見れば努力しているか否かを知ることができます.つまり,成果が出たならば努力をしていることが,成果が出なければ努力をしていないことが分かります.しかし実際には,努力をしたからといって必ず成果が出るとは限りません.このために,成果が出なくても,労働者は努力をしている可能性があります.このことは,結果を見ても,その背景の行動を確実に推測はできないことを意味します.

学歴のシグナリング効果を生かして,高い能力の労働者を企業は採用したとします.その企業では,その労働者が,努力するか否かで成果が変わるような仕事に従事するとします.労働者が努力をすれば,80％の確率で成果が出てその収益は900万円であるとします.ただし努力をしても20％の確率で成果は出ません.その時の収益は500万円であるとしましょう.一方で労働者が努力をしなければ,成果が出ないため収益は常に500万円となります.労働者が努力をすることの精神的負担を含めた費用を金銭で換算すると100万円であるとします.

ここで,成果が出なかったとしても,労働者は努力をしている可能性があります.努力をしているか否かを企業は観察できないので,成果が出なかったからといって,労働者が努力をしなかったと見なすことはできません.そこで,成果にかかわらず賃金を一定とするとしましょう.例えば前項の議論での高い能力の労働者の賃金600万円をその一定の賃金とします.

この場合,労働者は,努力をしてもしなくても受け取る賃金は600万円です.ただ努力をするとその費用が100万円です.賃金所得から努力費用を差し引いたものを純便益とすると,純便益は,努力をした場合は600万円－100万円＝500万円です.努力をしなかった場合は,努力の費用はゼロですから,純便益は600万円－0円＝600万円です.500万円＜600万円ですから,労働者は努力をしません.これがモラル・ハザードという問題です.評価体系(ここでは賃金の設定)を工夫しないと,望ましくない行動をとる可能性が出てくるわけです.

5.6 固定給とボーナス

先の例では労働者は努力をしません．モラル・ハザードを放置すると，結局企業は労働者の努力を引き出せないので，当然何らかの工夫をします．その一例として，成果に応じたボーナスの意義を考えてみます．

先の例では常に一定の賃金が払われるかたちの労働契約でした．その代りに，成果に応じてボーナスを支払う労働契約を考えてみます．前項での議論にしたがって，高い能力の労働者は普通に働けば600万円の賃金を受け取れますから，固定給を600万円としましょう．そのうえで成果が出た場合のボーナスを125万円とします．

労働者は，努力をした場合に80％の確率で成果が出ますから，その場合は固定給とボーナスで725万円の賃金を受け取ります．ただし20％の確率で成果が出ませんから，その場合には固定給のみの受け取りで賃金は600万円です．賃金所得の期待値は

$$0.8 \times 725万円 + 0.2 \times 600万円 = 700万円$$

となります．ただし努力をすることの費用が100万円ですから，その費用を差し引くと純便益の期待値は700万円－100万円＝600万円です．一方で努力をしなければ，成果は出ませんから常に固定給しか受け取れません．この場合，純便益は600万円－0円＝600万円です．努力をしたときの純便益の期待値は努力をしなかった時の純便益を下回りませんから，労働者は努力をすることで損をしません．つまり，成果に応じたボーナスを固定給に組み合わせることによって，労働者の努力が引き出され，モラル・ハザードを解消することができます．

以上のように，情報の非対称性が存在する場合，市場の失敗が起きること，そして，それへの対処もさまざまなかたちであり得ることが分かったかと思います．

5.7 市場機構の機能

第3章では，完全競争市場の均衡において社会的余剰が最大となることを確認しました．第3章で述べたことの繰り返しとなりますが，このことの意義はとても大きいと思います．効率性の観点から経済活動を考えるのであれば，経済活動を原則は自由な競争に任せることが，社会にとってもっとも望ましくなります．ところが，これが経済学の唯一の結論であれば，経済問題に対する

我々の判断も極めて簡単になります．ただ，自由とすればよいわけです．

本章では，市場機構の限界について考えてきました．完全競争市場は，効率的な経済活動を実現していても，公平な経済活動を実現しているとは限りません．また，自由な競争の結果，企業が独占力を有してしまえば，完全競争市場の働きを阻害してしまいます．加えて，完全競争市場であったとしても，効率的な経済活動を実現していないかもしれません．外部性，公共財，規模の経済性，情報の非対称性が存在する場合，完全競争市場の均衡でも，効率的な経済活動が実現しません．

ミクロ経済学は我々に何を教えてくれるのでしょう．その内容は，市場機構の重要性とその限界についての，正確な理解ではないかと思います．一見社会にとって望ましいと思われるかもしれない規制が，社会的余剰を少なくしてしまうことを確認しました．その一方で，自由な競争の下で，公共財のように社会にとって必要な財の供給が不十分になることも確認しました．一見経済活動と関係がなさそうな学歴が，それがなければうまく処理できない経済問題に対する一つの対処となっていることも見ました．市場機構の利点をどう生かして，その欠点をどう補うかという問題が，今までも，そしてこれからも経済問題を考える際の一つの最重要な視点となる，という意識をもって，ここまでの内容を自分の頭のなかで整理してください．

演習問題

1. 資金貸出契約における，逆選択とモラル・ハザードがどのようなものとなるか，本章の労働市場での説明を参考に考えよ．
2. 高い能力の労働者と低い能力の労働者が存在し，前者の割合が20％で後者の割合が80％であるとする．高い能力の労働者を雇用することの企業にとっての収益は，1,000万円で，低い能力の労働者を雇用することの収益は400万円であるとする．
(1)企業が能力を識別できるとするならば，高い能力の労働者に対して最大いくらの賃金を支払うか．また低い能力の労働者に対しては最大いくらの賃金を支払うか．
(2)企業が能力を識別できないとする．1人の労働者を雇用することの収益の期待値はいくらか．企業が能力を識別できないとすると，1人の労働者に対して最大いくらの賃金を支払うか．
(3)(2)の結果において，企業が能力を識別できる場合に比べて不利となるのは高い能力の労働者か低い能力の労働者か．また，高い能力の労働者の割合は上昇していくと考えられるか減少していくと考えられるか．
(4)ある学歴を獲得する費用が，高い能力の労働者にとっては300万円で，低い能力の人に

とっては700万円であるとする．企業が，学歴を獲得している労働者は高い能力の持ち主であり，学歴を獲得していない労働者は低い能力の持ち主であると考え，最大限払える賃金を払うとする．(a)高い能力の労働者が学歴を獲得したときの純便益（＝賃金所得－学歴獲得費用）はいくらか．また学歴を獲得しなかったときの純便益はいくらか．(b)低い能力の労働者が学歴を獲得したときの純便益（＝賃金所得－学歴獲得費用）はいくらか．また学歴を獲得しなかったときの純便益はいくらか．(c)学歴を獲得した労働者が高い能力の持ち主である確率はいくらか．

3. ある労働者が努力をすると70％の確率で成功し，企業にとってのその際の収益は1,500万円である．ただし30％の確率で失敗をし，その際の収益は500万円です．また労働者が努力をしなければ常に失敗をするとする．労働者にとって努力をすることの費用は140万円であるとする．企業はこの労働者に固定給400万円と成功した際のボーナスを支給する．ボーナスがいくら以上であればこの労働者は努力をするか（ヒント：ボーナスをx万円とすると，努力をした場合，70％の確率で成功して，受け取る賃金所得は$400+x$万円となり，30％の確率で失敗をして，受け取る賃金所得は400万円となります．ただし努力をする費用が140万円です．一方努力しなければ常に失敗しますから，受け取る賃金所得は400万円です）．

補論　ゲーム理論

　第4節では公共財（街灯）の設置を考えました．特に4.1では利得表を用いて公共財供給の問題を考えましたが，このような分析手法はゲーム理論と呼ばれています．山田さんと吉田さんがお互いに非協力を選んでいる状況では，お互いが相手の行動に対して得をする行動をとっていましたが，ゲーム理論ではこのような状況をナッシュ均衡と呼んでいます．ここでは，ゲーム理論の入門を学びます．

(1) ゲーム理論とは

　ゲーム理論とは，各主体が，ほかの主体の行動を考慮して，自分の行動を決める必要がある状況を分析する理論です．例えば，寡占市場において（二つの企業が財・サービスを供給する場合を，複占といいます．練習問題では，この複占の場合が扱われています），企業が自社の製品の価格をいくらにしようか決める際には，同じ製品を生産しているライバル企業が価格をいくらに設定するのかを考慮しなければなりません．もしも，ライバル企業より高い価格をつけてしまうと，みんなライバル企業の製品を購入するため利益を上げることができません．一方で高い価格で製品を売るほど利潤は多くなるので，企業としてはで

きるだけ高い価格で売りたいはずです．このような状況において企業は自社製品をいくらで売るでしょうか．ゲーム理論はこのような状況を分析します．

(2)囚人のジレンマ

ゲーム理論がどのようなものかを説明するために，ここでは有名な囚人のジレンマという例を用いて説明します．以下では，2人の囚人が罪を自白するかしないかを選択する状況を考えますが，実は4.1で学んだ公共財供給の問題はこの囚人のジレンマの問題と同じ構造になっています．その他にも，囚人のジレンマは寡占企業の価格カルテルや環境問題など様々な問題に応用することができます．

2人の囚人，囚人Aと囚人Bがいます．彼らはある強盗事件の共犯者で，別件の軽犯罪で逮捕され，別々の取調室で取り調べを受けています．検察は2人を強盗事件で起訴したいが，強盗事件については証拠が不十分で自白をとらなければ起訴できないとします．そこで，検察は2人に以下のような司法取引をもちかけます（なお，日本では司法取引はできません）．

1. もしも，相棒が黙秘しているときに自白すれば，捜査に協力した見返りに罪を取り消し釈放．
2. 自分が黙秘しているときに，相棒が自白し罪が明らかになった際には捜査に協力しなかった罰として刑期が増加．

このような状況において，2人の囚人は強盗の罪を自白するでしょうか，それとも黙秘するでしょうか．この問題を考えるために，前述の状況を以下の利得表と呼ばれる表にまとめてみましょう．

表7において，左の数字が囚人Aの利得，右の数字が囚人Bの利得を表しています．ここでは各囚人の利得は刑期にマイナス1をかけたものと解釈します．つまり，どちらの囚人も刑務所に入る期間が短いほど利得が高くなります．表7において，左上のマスは囚人Aと囚人Bがともに黙秘した際の2人の利得を表しています．この場合，自白をとれなかった検察は2人を強盗の罪で起訴できず，軽犯罪の罪のみ問われ，2人は3年だけ刑務所に入り，2人の利得は－3となります．左下のマスは囚人Aが自白，囚人Bが黙秘した際の2人の利得で，この場合は上述の司法取引が適用され，自白した囚人Aは釈放，黙秘した囚人Bは刑期が増加して20年刑務所に入り，利得は囚人Aの利得が0，囚人Bの利得が－20です．右上のマスは囚人Aが黙秘，囚人Bが自白した際の2人

第5章　市場機構の限界

表7　囚人のジレンマ

		囚人B	
		黙秘	自白
囚人A	黙秘	－3，－3	－20，　0
	自白	0，－20	－15，－15

の利得で，先ほどと同様に1人だけが自白しているので，司法取引により囚人Aの利得が－20，囚人Bの利得が0です．最後に右下のマスは2人とも自白した際の2人の利得を表しており，この場合，2人は強盗の罪で起訴されともに15年刑務所に入り，利得は－15です．

　以上が囚人のジレンマゲームの設定ですが，このゲームを解く前にこの囚人のジレンマゲームを用いて，ゲーム理論の基本的な用語を説明します．まず，囚人Aや囚人Bのようなゲームのなかで意思決定を行う主体をプレイヤーといいます．また，各プレイヤーが選択する自白や黙秘といった行動を戦略といいます．ほかのプレイヤーの戦略に対して，自分に最も高い利得をもたらす戦略をとることを最適反応といいます．例えば，囚人Bの黙秘という戦略に対する囚人Aの最適反応は何でしょうか？　囚人Bが黙秘しているときに，囚人Aが自白すれば囚人Aの利得は0，黙秘すれば－3ですから，囚人Aの最適反応は自白となります．

　この囚人のジレンマゲームを解くためには，何をもって答え（解）とするのかを決めなければなりません．各囚人がどのように行動するかを予測するには，その予測が満たすべき性質を決める必要があります．ゲーム理論において，もっとも広く使われている解概念がナッシュ均衡です．どのプレイヤーの戦略も，ほかのプレイヤーの戦略に対して最適反応であるとき，その戦略の組み合わせをナッシュ均衡といいます．したがって，ナッシュ均衡でない状況では，いずれかのプレイヤーの戦略がほかのプレイヤーの戦略に対して最適反応ではありません．そのような状況において，そのプレイヤーは自分の戦略を変えることでより高い利得を得ることができます．ナッシュ均衡では，どのプレイヤーもほかのプレイヤーの戦略に対してもっとも望ましい戦略をとっているので，自分の戦略を変えたいと思うプレイヤーは存在しません．

　それでは，囚人のジレンマゲームのナッシュ均衡を求めてみましょう．ナッシュ均衡を求めるために，各囚人にとって，相手のそれぞれの戦略に対する最

表8　囚人Aの最適反応

		囚人B	
		黙秘	自白
囚人A	黙秘	−3, −3	−20, 0
	自白	⬚0⬚, −20	⬚−15⬚, −15

適反応が何なのかを考えてみましょう．

　まず，囚人Aの立場に立って，囚人Bの各戦略に対する囚人Aの最適反応が何なのかを考えます．囚人Bの黙秘という戦略に対する囚人Aの最適反応は何でしょうか？　囚人Bが黙秘する際に，囚人Aが黙秘すれば利得は−3，自白すれば利得は0です．したがって，囚人Bが黙秘するなら，囚人Aにとってもっとも望ましい戦略は自白することです．同様に，囚人Bの自白という戦略に対する囚人Aの最適反応も自白です．以上の結果を，利得表に記したのが表8です．囚人Aが囚人Bの戦略に対して最適な戦略をとっているときの囚人Aの利得の数字を四角で囲って，囚人Aの最適反応を利得表に記してあります．

　同じように今度は囚人Bの立場に立って，囚人Aの各戦略に対する囚人Bの最適反応が何なのかを考えます．囚人Aの黙秘という戦略に対する囚人Bの最適反応は何でしょうか．囚人Aが黙秘する際に，囚人Bが黙秘すれば利得は−3，自白すれば利得は0です．したがって，囚人Aが黙秘するなら，囚人Bにとってもっとも望ましい戦略は自白することです．同様に，囚人Aの自白という戦略に対する囚人Bの最適反応も自白となります．表9の利得表には，囚人Bが囚人Aの戦略に対して最適な戦略をとっているときの囚人Bの利得の数字を丸で囲って，囚人Bの最適反応を利得表に記してあります．

　表10は表8と表9に記されている囚人Aと囚人Bの最適反応を一つにまとめたものです．表10を見ると，囚人Aと囚人Bがともに自白しているマスでは，どちらのプレイヤーの戦略も相手の戦略に対して最適反応になっていることが分かります．したがって，(囚人Aの戦略，囚人Bの戦略) = (自白，自白)はこのゲームのナッシュ均衡です．そのほかのマスでは，自分の戦略が最適反応になっていないプレイヤーが存在します．例えば，囚人Aが黙秘，囚人Bが自白を選んでいるマスを見てみると，囚人Aの戦略が最適反応になっていません（囚人Aの利得−20が四角で囲まれていません）．したがって，2人の囚人がともに自白を選択する状況がこのゲームの唯一のナッシュ均衡となります．

第5章　市場機構の限界

表9　囚人Bの最適反応

		囚人B	
		黙秘	自白
囚人A	黙秘	−3, −3	−20, ⓪
	自白	0, −20	−15, ⟨−15⟩

表10　ナッシュ均衡

		囚人B	
		黙秘	自白
囚人A	黙秘	−3, −3	−20, ⓪
	自白	⟦0⟧, −20	⟦−15⟧, ⟨−15⟩

　囚人のジレンマゲームでは，相手の戦略が黙秘であろうと，自白であろうと，自分の最適反応は自白となることが大きな特徴です．その結果，互いに最適反応となる2人の戦略の組み合わせは1つだけになります．もしも2人がともに黙秘していれば，刑期は3年であるにもかかわらず，ナッシュ均衡では2人とも自白し，その結果，2人とも15年刑務所に入ることになります．2人とも黙秘していれば，2人ともナッシュ均衡における利得よりも大きな利得を得ることができるにもかかわらず，そのような状況は実現しません．それは，相手が黙秘していても，自分は自白するのが最適であるからです．

(3) 協調ゲーム

　囚人のジレンマゲームでは，ナッシュ均衡が唯一つでしたが，ナッシュ均衡が複数ある場合もあります．複数のナッシュ均衡をもつゲームの例として，協調ゲームと呼ばれるタイプのゲームを見てみましょう．

　1本の道路上を反対方向に向かう2台の車が走行する状況を考えてみましょう．このとき，それぞれの車は，道路の右側と左側，どちらの側を走行するでしょうか．この状況を利得表で書き表し，ナッシュ均衡を求めてそれぞれの車のドライバーの行動を予測してみましょう．

　この問題において，プレイヤーは2台の車のドライバーで，それぞれの車のドライバーをドライバーA，ドライバーBと呼びましょう．プレイヤーの戦略は自分から見て道路の右側を通行するか左側を通行するかです．それぞれのプ

表11 協調ゲーム

	右側	左側
右側	1, 1	0, 0
左側	0, 0	1, 1

レイヤーが得る利得は次のようになるものとします．もしも各ドライバーがともに自分から見て道路の右側を走行していると，2台の車はすれ違って衝突することはありません．このとき，各車のドライバーが得る利得を1としましょう．各ドライバーがともに道路の左側を走行している場合も，同様に各プレイヤーの利得は1です．一方，各ドライバーがそれぞれ異なる側を走行していると，2台の車は正面衝突してしまいます．このとき，各車のドライバーが得る利得を0としましょう．相手の車と衝突する際の利得が衝突しない際の利得よりも小さければ，利得の数字は何でも構いません．このとき，このゲームの利得表は表11となります．各プレイヤーは相手と異なる戦略をとるよりも，相手の戦略に合わせて同じ戦略をとる方が高い利得を得る点に注目してください．これが協調ゲームの特徴です．

囚人のジレンマゲームを解いたときと同様に，ナッシュ均衡を求めると（右側，右側）と（左側，左側）の二つの戦略の組み合わせがナッシュ均衡になっていることがわかります．したがって，ナッシュ均衡では，2台の車がそれぞれ同じ側を走行することになります．日本ではすべての車が道路の左側を走行し，アメリカではすべての車が道路の右側を走行しています．各ドライバーが左側を走行するナッシュ均衡が日本の状況を表し，各ドライバーが右側を走行するナッシュ均衡がアメリカの状況を表していると解釈できます．

練習問題

1. 映画を製作しているA社と映像再生機器を製造しているB社が自社の製品を技術Xと技術Yのどちらの技術を用いて生産するかを考えてみましょう．技術Xと技術Yは互換性のない技術で，技術Xで収録された映画は技術Yで製作された再生機器では再生できません．同様に，技術Yで収録された映画は技術Xで製作された再生機器では再生できません．もしもA社とB社が別々の技術で生産すると，A社の映画をB社の再生機器で再生することはできないので，両社とも十分な売上を達成できず利益は低くなります．A社とB社がともに同じ技術で生産すると，両社とも高い売上を達成できますが，技術Xが採用された場合はA社，技術Yが採用された場合はB社の方がより高い利益を上げることができるとします．具体的

な利得は次の利得表で表されています．このゲームのナッシュ均衡を求めてみましょう．

		B社	
		技術X	技術Y
A社	技術X	6, 4	1, 1
	技術Y	1, 1	4, 6

2. A社とB社が共同事業を行った際に得られる利益4の配分に関して交渉しています．各社の戦略は自社の利益配分を多くするように強硬な態度で交渉に臨むか，相手の主張を受け入れる譲歩の姿勢で交渉に臨むかです．もしも，2社がともに強硬姿勢で交渉に臨むと交渉が決裂し，共同事業自体が中止となり両社の利得はともに0となります．一方が強硬に利益を多くするように主張し，他方が譲歩すれば，強硬姿勢で臨んだ方が利益4のうち3を，譲歩した方が1を得ます．両社が譲歩すれば，利益は均等に分けられ両社の利得は2となります．以上の状況を表したのが次の利得表です．このゲームのナッシュ均衡を求めてみましょう．

		B社	
		強硬	譲歩
A社	強硬	0, 0	3, 1
	譲歩	1, 3	2, 2

3. ある製品の市場を独占しているA社とB社が共謀して製品価格を高くしようと約束しました（このような協定をカルテルといいます）．A社とB社の戦略はこの協定を守るか，抜け駆けして自社だけ製品を安く売るかです．もしも相手が価格を高く設定しているときに自社だけが価格を安くすれば，市場の需要を独占できるのでカルテルを守るよりも高い利益を得ることができます．逆に，自分が協定通り高価格をつけているときに相手が抜け駆けして低価格を設定すると，自社の製品を買う人はいないので利益を上げることはできません．両社が同じ価格をつけているときは，高価格をつけているときの方が低価格をつけているときよりも利益は高くなります．以上の状況を表したのが次の利得表です．このゲームのナッシュ均衡を求めてみましょう．

		B社	
		高価格	低価格
A社	高価格	3, 3	0, 4
	低価格	4, 0	2, 2

第Ⅱ部　マクロ経済学

第6章

マクロ経済の活動

　マクロ経済学では，各経済主体や各市場での経済活動のようなミクロの問題よりも，経済全体での集計された経済活動に焦点を当てます．主に一国経済全体の生産量，所得，物価水準や失業率といった問題が取り上げられます．

　実際の経済活動のなかにはさまざまな取引があります．ミクロ経済学では，それぞれの取引を解明しようとしました．ミクロ経済学の基礎的な考え方はすでに解説されているので，各取引は，各経済主体の需要と供給，およびその需要・供給を調整する市場機構を通じて決まってくる点を改めて強調しておきます．

　そこで一国経済全体の活動に目を向けましょう．よくGDP（国内総生産）という言葉を目にすると思います．GDPは，簡単にいえば，一国経済における生産量を合計したものになります．ただし，一国の経済活動を表す概念として，国民総所得や国民所得などがほかにもあります．これら概念の体系は国民経済計算と呼ばれる議論で，経済活動の理解を必要とするだけではなく，統計や会計的な発想も必要となります．国民経済計算については第3節で簡単なかたちで整理してあります．まずは国民経済計算の細かい論点よりもマクロ経済の分析の方に焦点を当てたいので，一国の経済活動の集計量としてGDPや国民所得があることだけを確認しておきます．

1　マクロ経済の均衡

　まず，マクロ経済の経済活動がどのように決まってくるのかの簡単なイメージをもつことを本節では目指します．詳細は第7章で分析され，そこでの分析がさらに第8章以降につながっていきます．

　経済活動を問題としますから，この場合も需要と供給が重要な意味をもちま

す．まず，マクロ経済全体としての需要と供給について整理します．そのうえで，その経済活動を，貯蓄と投資から改めて整理し直します．そこでの整理が第 7 章以降の分析の基礎となります．

1.1 総需要と総供給

ここでマクロ経済の経済活動がどのように決定されるかを考えましょう．やはり需要と供給が重要です．ただしミクロ経済の分析と異なり一国経済全体を問題としますから，一国内の供給をすべて集計して考えます．この集計された供給を総供給と呼びます．この総供給に対応する需要を総需要と呼びます．そして，マクロ経済の均衡は総供給と総需要の一致によって表現される，というのがマクロ経済学の基本となります．

次に総供給・総需要の内訳を見ていきます（今まで，需要と供給を並べて述べる際には，需要・供給の順番でした．日本語では，慣習的に需要を先に述べます．ところが，英語で表記する場合は，慣習的に Supply and Demand の順番となり，日本語と逆になります．英語での表現を背景として，表記の順番が供給・需要となる場合がここから多くなると思います）．まず総供給です．総供給は一国経済の供給の合計ですから，それを国内の生産の合計として捉えれば GDP（国内総生産）で表現できます．生産し供給することによって所得が生み出されますから，一国の国民の供給活動から生み出された所得の合計と捉えれば国民所得となります．ここでは，マクロ経済全体の生産という意味で，単に総生産と呼んでおくことにしましょう．国内で全体として400兆円の財やサービスを生産し，400兆円の財やサービスを供給し，400兆円の所得を稼ぎ出せば，一国全体の経済活動の大きさである総生産（例えば GDP）が400兆円となるわけです．もし，経済活動がより活発で，全体として450兆円の財やサービスを生産し，供給し，所得を稼ぎ出せば，総生産が450兆円となりますし，逆に経済活動が低迷し，全体として350兆円の財やサービスを生産し，供給し，所得を稼ぎ出せば，総生産が350兆円となります．

総需要としては以下のものが考えられます．一つめとして民間消費があります．消費する分だけ財・サービスを需要することになります．二つめに住宅投資や設備投資といった民間投資があります．投資の分だけ財（この場合，投資財と呼ぶことがあります）を需要します．なお，投資というと，株式投資といった金融投資が頭に浮かぶかもしれませんが，ここでは，財・サービスの取

引における投資ですから，住宅投資や設備投資といった実物投資だけを考えます．三つめには政府支出があります．政府も経済主体として消費や投資をしますし，その分だけ財・サービスを需要します．ここで政府支出は政府消費と政府投資（公共投資）の合計となっています．最後に海外との取引としての輸出と輸入です．輸出は国内で生産された財・サービスに対する海外からの需要となります．つまり，国内で生産し供給された財・サービスが輸出されることによって，海外の経済主体によって需要されるわけです．よって輸出は総需要の重要な項目となります．一方で輸入は，海外で生産されたものに対する国内での需要です．海外で生産されたものに対する需要ですから，ここで考えている，国内の生産活動としての総供給に対応する需要となりません．ところが国内での需要ですから，輸入された財・サービスは民間消費，民間投資，政府支出に必ず入っています．そのため輸入を除きます．

以上からマクロ経済の均衡式である

　　総供給＝総需要

は

　　総生産＝民間消費＋民間投資＋政府支出＋輸出－輸入

となります．この段階では，経済活動をただ整理しただけです．例えば，自動車会社が生産して供給した車は総生産の一部となり，その車を，家計が自家用車として購入すれば民間消費となり，企業が営業車として購入すれば民間投資となり，政府が公用車として購入すれば政府支出となり，外国の主体が購入すれば輸出となるわけです．ただ，海外で生産された車を購入した場合，その分は国内の総供給に対応していませんから差し引く必要があり，輸入を除くわけです．ここでは経済活動を整理しただけで，問題は，第7章以降で見ていく，これら経済活動に対する解釈です．

2010年度の日本経済について見てみると，総生産であるGDPが479兆円ほどで，総需要に関しては，民間消費が284兆円，民間投資が74兆円，政府支出が117兆円，輸出が74兆円，輸入が70兆円ほどとなっています．総供給＝総需要が

　　479兆円＝284兆円＋74兆円＋117兆円＋74兆円－70兆円

となっていることが確認できます．その前の年度の2009年度を見てみると，総生産であるGDPが474兆円ほどで，総需要に関しては，民間消費が284兆円，民間投資が68兆円，政府支出が117兆円，輸出が65兆円，輸入が60兆円ほどとなっています．総供給＝総需要が

$$474兆円＝284兆円＋68兆円＋117兆円＋65兆円－60兆円$$

となっています．民間投資や輸出と輸入の大きさに違いが見られ，マクロ経済全体としての活動も少し異なっています．少し昔の日本経済の姿をイメージするために，1980年度について見てみると，総生産であるGDPが246兆円ほどで，総需要に関しては，民間消費が134兆円，民間投資が57兆円，政府支出が56兆円，輸出が33兆円，輸入が34兆円ほどとなっています．総供給＝総需要が

$$246兆円＝134兆円＋57兆円＋56兆円＋33兆円－34兆円$$

となっています．このように，生産活動が大きいのか否か，その際の需要として民間消費や民間投資などが大きいのか否かで，マクロ経済の活動が決まっています．このような個々の活動の背景について考えながら，マクロ経済の均衡について次の章以降で議論を展開していきます．

1.2　貯蓄・投資バランス

　マクロ経済の均衡を解釈する前に，マクロ経済の均衡を別の視点から解釈しましょう．そのために所得の処分の問題を考えます．

　生産活動の結果として稼ぎだされたお金は，誰かの所得となります．つまり総生産の大きさだけ誰かの所得が生み出されます．そこで，経済活動の結果として獲得した国民全体としての所得を考えることを強調するために，今まで総生産と呼んできたものを総所得と呼んでおきます．本章の最後で説明されますが，総生産と総所得は，三面等価の原則から，同じ概念で集計していれば同じ大きさとなります．生産活動を強調する際には総生産と呼び，所得の処分を強調する際には総所得と呼んでおくわけです．

　例えば総所得が470兆円であるとして，民間と政府をまとめて，さらに外国との取引は無視して考えることにしましょう．総所得が470兆円であることは，470兆円の財・サービスを生産し供給して総生産が470兆円となり，その結果470兆円の所得を経済全体で稼ぎ出していることを意味します．そのときの経

済全体の消費，つまり民間消費と政府消費の合計が375兆円であるとします．
　そこで所得の処分を考えましょう．470兆円の所得のうちで375兆円の消費をしているわけですから，95兆円（＝470－375）だけ，所得のうちで消費をせずに残した所得があります．経済学では，所得の内で消費のために使った後の残りを，すべて貯蓄と定義します．その残った所得が銀行預金となる場合や，その残った所得で債券や株を購入する場合等が考えられますが，その内訳は問わずにすべて貯蓄と呼んでいます．所得が470兆円で消費が375兆円ですから，この場合は貯蓄が95兆円となっています．
　そこで総供給と総需要を考えましょう．総供給＝総需要は

　　総生産＝民間消費＋民間投資＋政府支出＋輸出－輸入

でした．総供給を先ほどは総生産としましたが，今は所得の処分に焦点を当てることから総所得と書き換えることにします（総生産＝総所得）．外国との取引を今は考えていません（輸出＝輸入＝ゼロ）から，

　　総所得＝民間消費＋民間投資＋政府支出

となることが分かります．ここで政府支出は政府消費と政府投資の合計ですから，

　　総所得＝民間消費＋民間投資＋政府消費＋政府投資
　　　　　＝民間消費＋政府消費＋民間投資＋政府投資

となります．470兆円の総所得，つまり470兆円の総供給があるときに，民間消費と政府消費が合わせて375兆円ですから，民間投資と政府投資が合わせて95兆円あると，総供給（470兆円）と総需要（消費＋投資＝375兆円＋95兆円）が等しくなり，マクロ経済は均衡します．
　投資が95兆円のときに総供給と総需要が等しくなるわけですが，先ほど確認したように，総所得が470兆円で消費が375兆円のときには，貯蓄が95兆円でした．このことから，貯蓄と同額の投資が実現していれば，総供給と総需要が等しくなります．
　では，投資と貯蓄が等しくなければ，何が起きているのでしょう．投資が80兆円しかないとしましょう．もし，総所得470兆円のうちの消費が375兆円で貯蓄が95兆円の時に，投資が80兆円しかなければ，470兆円の総供給があるのに

対して，総需要（＝消費＋投資）が455兆円（＝375＋80）しかありません．この場合，総供給＞総需要となりマクロ経済は均衡していません．貯蓄が大きすぎるか，投資が小さすぎます．貯蓄が大きすぎるということは消費が小さすぎることを意味しますから，消費や投資が，マクロ経済が均衡するには小さすぎます．

次に投資が110兆円であるとします．総所得470兆円のうちの消費が375兆円で貯蓄が95兆円のときに，投資が110兆円あれば，470兆円の総供給があるのに対して，総需要（＝消費＋投資）が485兆円もあります．この場合，総供給＜総需要となり，やはりマクロ経済は均衡していません．貯蓄が小さすぎるか，投資が大きすぎます．つまり消費や投資が，マクロ経済が均衡するには大きすぎます．

以上のように，総供給と総需要が一致しているときには貯蓄と投資が等しくなっていなくてはいけないし，貯蓄と投資が等しくなっていれば総供給と総需要が一致します．

改めて外国との取引を考慮し，民間と政府の区別も明示しながら所得の処分を考えて，前述の結果を詳しく見ていきましょう．民間は稼ぎ出した所得から税金を払わなくてはいけません（この税金が政府の税収となります）．税金を払った結果として残った所得が，民間が自ら使える所得となります．この自ら使える所得を可処分所得と呼びます．総所得マイナス税収が民間にとっての可処分所得となります．この可処分所得を使って民間は消費をするわけです．

ただし，民間は使える所得をすべて消費で使い切るとは限りません．前述したように経済学では，所得のうちで消費のために使った後の残りをすべて貯蓄と定義します．総所得から政府の税収，つまり民間が払う税金を引いた分が可処分所得となり，そこから消費を引いた残りが貯蓄となるわけです．

この貯蓄の定義を使うと，総所得は消費と貯蓄と税収に分かれます．式で書くと

　　総所得＝民間消費＋民間貯蓄＋税収

とまります．これが所得の処分を表す式となります．

総所得＝総生産であることに注意して，マクロ経済の均衡式である総供給＝総需要，つまり総生産＝民間消費＋民間投資＋政府支出＋輸出－輸入に上の所得の処分式を代入すると，

第6章 マクロ経済の活動

民間消費＋民間貯蓄＋税収＝民間消費＋民間投資＋政府支出＋輸出－輸入

となります．両辺で民間消費が共通ですから削除できます．その結果

民間貯蓄＋税収＝民間投資＋政府支出＋輸出－輸入

となります．この式はマクロ経済の均衡式を，貯蓄の定義を使って書き換えただけですから，マクロ経済の均衡では必ず成立しています．

　この式をもう少し解釈しましょう．まず議論を単純化させるために，外国との取引を無視して解釈しましょう（外国を含めた場合の解釈は，第10章の3.2で説明します）．外国との取引を無視しますから，輸出と輸入はゼロとします．そうすると，前述の式は

民間貯蓄＋税収＝民間投資＋政府支出

となります．右辺の政府支出は政府消費と政府投資の合計ですから，政府支出を政府消費と政府投資に書き換えましょう．

民間貯蓄＋税収＝民間投資＋政府消費＋政府投資

となります．ここで右辺の政府消費を左辺に移しましょう．

民間貯蓄＋税収－政府消費＝民間投資＋政府投資

となります．ここで税収－政府消費は，政府の収入から消費を引いた残りですから，政府の貯蓄と解釈できます．それより，

民間貯蓄＋政府貯蓄＝民間投資＋政府投資

となり，一国経済全体の貯蓄と一国経済全体の投資の一致が導き出されます．

　繰り返しますが，前述の式はマクロ経済の均衡式を貯蓄の定義を使って書き換えただけですから，マクロ経済の均衡では必ず成り立ちます．言い換えれば，マクロ経済の均衡においては，一国経済全体の貯蓄と一国経済全体の投資が一致しているわけです．逆にいうと，貯蓄と投資が一致していればマクロ経済は均衡しているわけです．マクロ経済の均衡と貯蓄と投資の均衡はまったく同じことをいっているということを，最初の数値例を自分で見直しながらも，ここで確認しておいて下さい．

練習問題

1. 均衡において，民間消費が 300，民間投資が 50，政府支出が 40，輸出が 30，輸入が 25 となっている．この場合の総生産はいくらになるのか計算しなさい．
2. 均衡において総生産が 500 で，民間消費と政府消費が 380 であるとする．海外との貿易がないとするならば，この国の民間と政府の貯蓄は合計するといくらになるのか計算しなさい．

2 物価と経済活動

1.1 で，日本経済の総需要と総供給の大きさの具体例を示しました．そこでは，各経済活動が金額で評価されています．本節で詳しく見ますが，金額で評価された場合，物価水準との関係が問題となります．そこで，物価と経済活動の関係を整理します．

2.1 名目と実質

マクロ経済学では多くの経済変数が金額で表されます．その時点での金額で評価した値のことを名目値と呼びます．つまり多くの変数が名目値で表されるわけです．ところが，金額で評価してしまうと，その額は物価水準の変化の影響を受けてしまいます．

例えば，所得の金額が，30年前は200万円で現在は400万円だとしましょう．金額で評価した所得，つまり名目所得が2倍になったとするわけです．さて，名目所得が2倍になったからといって，本当に所得の大きさが2倍になったといえるでしょうか．30年前と現在とでは物価水準が異なりますから，単純な比較はできません．そこで物価水準も2倍になっていたとします．この場合，30年前と同じものを購入するのに，その財の価格も平均的に2倍になっています．そのため，名目所得が2倍になっても30年前と同じ水準の購入しかできません．名目所得が2倍になっても，物価水準が2倍になっていると，実際には従来と同じ水準の購入しかできないわけです．このように，名目値を見たのでは本当の価値が分かりません．

そこで，物価水準の影響を除去した値として実質値と呼ばれるものを考えます．一般に実質値は名目値を物価水準で割ったものとなります．つまり

　　　実質値＝名目値/物価水準

と実質値を定義します．

　この名目値と実質値の関係は重要な意味を持ちます．名目値が変わらない状況を考えてみましょう．例えば債権・債務関係などは名目値で契約されています（今時，種籾を借りたから，来年はそれに利子をつけてお米で返すという契約はしないでしょう）．そして，状況が変わっても金額の変更は普通なされません．そうすると，状況にかかわらず名目値は一定値となります．そこで物価水準が下落すると，名目債権と名目債務が一定であれば，実質債権と実質債務が大きくなってしまいます．債権をもっている主体は受け取りが実質的に増えて，債務をもっている主体は負担が実質的に増えるわけです．逆の場合も考えましょう．物価水準が上昇すると，名目債権と名目債務が一定であれば，実質債権と実質債務が小さくなり，債権をもっている主体は受け取りが実質的に減って，債務を持っている主体は負担が実質的に減ります．このような債権者と債務者の受け取りや負担の変化が実際の経済活動に影響を与えることも考えられます．

　また賃金も一般にはお金で払われますから，金額で大きさが定められ名目値となっています（今時，賃金をお米などで受け取っている人は皆無でしょう）．そこで名目賃金率がなかなか変わらない状況を考えましょう．この場合，もし物価水準が下落すると実質賃金率が上がってしまい，その結果，高い実質賃金率を嫌って企業が雇用を減らしてしまい，雇用量が減ってしまうという状況も考えられます．逆に，物価水準が上昇すると，実質賃金率が下がり，低い実質賃金率のおかげで企業が雇用を増やして，その結果として雇用量が増えるという状況も考えられます．実質賃金率と雇用の関係については，労働市場の分析として後に考えます．

　以下での議論では，経済活動の大きさが最も重要な問題となりますから，経済変数は基本的には実質値とします．特に名目値と実質値の違いを区別する必要があるときは，名目値と実質値を明記します．ただし，特に明記しないときには，基本的には実質値となっています．

　なお一般に，物価水準の持続的な上昇をインフレーション，持続的な下落をデフレーションと呼びます．インフレーションをインフレ，デフレーションをデフレと略して呼ぶことが多いと思います．

2.2　名目利子率と実質利子率

　名目値を物価水準で割ったものが実質値であることを説明しました．ただ，

利子率に関しては，名目利子率と実質利子率の関係がもう少し複雑になります．

例えば，実質的には利子率ゼロで10万円を貸し借りする状況を考えてみましょう．実質的に利子率ゼロですから利子のやり取りは無いはずです．ところが，時間の経過とともに物価水準が変動してしまいます．1年間で物価水準が10％上昇すると予想しているとしましょう．

利子のやり取りをゼロとしていますから，10万円を借りた人が，1年後に10万円返したとします．この場合，本当に実質の利子率はゼロでしょうか．貸した人から見れば，本来は10万円の財を購入できるにもかかわらず，それを断念してお金を貸し，1年後に10万円返ってきたわけです．そこで，返ってきたお金でもともと購入するつもりだった財を買おうとしたとします．1年前に購入する予定のものがそのまま購入できれば，1年間の実質利子率はゼロとなります．ところが，1年間で10％物価水準が上昇していますから，買おうと思っていた財の価格は11万円になっています．つまり，返ってきた10万円では，もともと買えたはずの財が買えなくなっているわけです．ですから，実質的には利子率がマイナスになっています．

本来購入するつもりの財を1年後にも買えるようにするためには，10万円を貸した後で1年後に11万円返してもらわなければなりません．つまり，実質的に利子率をゼロとする場合にも，物価水準が10％上昇すると予想しているならば，名目的には利子率を10％としなくてはいけないわけです．

物価上昇率をよくインフレ率と呼びます．ここでの物価水準の上昇の10％といった予想は，インフレ率の期待値ですから，期待インフレ率と呼ぶことにします．そこで以上の関係を一般化すると，近似値として

　　　名目利子率＝実質利子率＋期待インフレ率

もしくは

　　　実質利子率＝名目利子率－期待インフレ率

が成り立ちます．これをフィッシャー方程式と呼び，これが実質利子率と名目利子率の関係を表します．

練習問題
1. 名目所得が300で物価水準が1のときと名目所得が360で物価水準が1.3のときで，どち

らの実質所得が大きいか確認しなさい．
2. 20年前の物価水準を1で現在の物価水準が1.7とする．ある人の20年前の名目所得が500万円で現在の名目所得が830万円ならば，この人の実質所得は増えているか否か．実質所得を計算して確認せよ．また別の人の20年前の名目所得が450万円で現在の名目所得が800万円ならば，この人の実質所得は増えているか否か．実質所得を計算して確認せよ．
3. 名目利子率が1％で物価上昇率がマイナス2％の時，実質利子率はいくらになるか計算しなさい．

3 国民経済計算

本節では，マクロの経済活動の大きさを表す経済変数の定義や意味を紹介しましょう．今までの議論では，総生産や総所得という言葉を使ってきましたが，実際には GDP や国民所得といった概念でそれらは把握されます．ここでは，GDP や国民所得の定義について説明をしていきます．これらの概念は，国民経済計算（SNA）と呼ばれる規則にしたがって定義されています．この SNA の規則を理解することがこの節の目標となります．ここで SNA とは System of National Accounts の頭文字です．Account は計算とか会計と訳されますから，国民経済計算は文字通り計算・会計の体系となっているといえるでしょう．マクロ経済の活動を会計の観点から整理していくことになります．ただし，SNA は細かな規則が多数ありますから，ここでは簡単な紹介だけにとどめ，マクロの経済活動と会計的な値との関係のイメージを伝えることを主眼とします．

3.1 総生産・総所得の諸概念

まず一国の経済活動を表す経済変数の代表として，国内総生産（GDP）を取り上げます．ここで生産物が問題となるわけですが，細かい論点を無視すると，生産物のうちで，生産の段階で利用される原材料などは中間生産物と呼ばれ，我々が最終的に利用する財・サービスは最終生産物と呼ばれます．国内総生産では，生産物のうちの最終生産物の大きさを問題とします．つまり，国内総生産は，一定期間に市場で取り引きされた最終生産物の生産額の合計として定義されます．ここで GDP が何を表しているのかを確認した方が，記憶しやすいと思います．GDP は Gross Domestic Product の頭文字で，Gross が「総」，Domestic が「国内」，Product が「生産」に対応しています．

なぜ国内総生産は最終生産物だけを合計し，中間生産物の生産額を含まないのでしょうか．この点を簡単な具体例で見ていきましょう．リンゴジュースを缶ジュースとして生産している企業が存在するとします．この企業が，1年間で1,000万円の生産額を実現したとしましょう．ただし，リンゴジュースを作るには，原材料つまり中間生産物としてリンゴが必要です．そこで1,000万円のリンゴジュースを作るためには400万円分のリンゴが必要で，このリンゴは農家が生産しているとします．企業は，リンゴ以外にもほかの経済主体が生産した中間生産物が必要かもしれませんし，農家もリンゴの生産のために，ほかの経済主体が生産した中間生産物が必要かもしれませんが，ここでは議論を単純化するために，企業はリンゴ以外すべて自分で生産するとし，農家もほかの経済主体の生産物は用いずに，自分の力だけでリンゴを生産しているとしましょう．

　以上のことを整理すると，この経済では農家と企業が存在し，農家はすでに所有しているリンゴの木などを用いて400万円のリンゴを生産し，そのリンゴを中間生産物として企業が購入し，そのリンゴと手持ちの設備や原材料などを用いて，1,000万円のリンゴジュースを企業は生産しています．

　これらの経済活動を単純に合計すると，企業の生産額が1,000万円で農家の生産額が400万円ですから1,400万円となります．ところが農家が生産した400万円分のリンゴは，ジュースにかたちを変えて，企業が生産した缶ジュースのなかに入っています．だからこのジュースをリンゴジュースと呼んでいるのでしょう．言い換えれば，400万円分のリンゴは，1,000万円分の缶ジュースのなかに，ジュースとして入っているわけです．もし企業の生産額1,000万円と農家の生産額400万円を合計してしまうと，農家の生産したリンゴ400万円が，農家の生産額のなかと企業の生産額のなかにそれぞれ入ってしまいます．この結果リンゴの分が二重計算となり，その分だけ合計額が膨れ上がってしまいます．このような二重計算を避けるために，最終生産物の生産額だけを集計することによって国内総生産を求めます．先の具体例では，最終生産物の生産額は1,000万円となりますから，国内総生産を求める際には1,000万円が経済活動の大きさとなります．

　ただし，実際にどの生産物が最終生産物でどの生産物が中間生産物かを判断するのは容易ではありません．ジュースはカクテルを作るための中間生産物となるかもしれませんし，リンゴはそのまま消費されて最終生産物となるかもし

第6章 マクロ経済の活動

表1 付加価値とGDP

		リンゴ
400万円		
400万円	600万円	リンゴジュース

合計 1,000万円

れません．そこで実際には，各生産活動の付加価値を合計することによって国内総生産を計算します．ここで付加価値という概念が出てきました．付加価値とは，財・サービスの生産によって新たに付け加えられた価値を意味します．前述の具体例においては，企業は，400万円のリンゴを使って1,000万円の缶ジュースを作り出しました．その場合，缶ジュースの生産によって新たに付け加えた価値は600万円（＝1000－400）となります．農家は，すべて自分の力で400万円のリンゴを生産していますから，新たに付け加えた価値は400万円（＝400－0）となります．この付加価値を合計すると600万円＋400万円で，1000万円となります．表1は，この計算のイメージ図となっています．以上のことを改めて確認すると

　　　国内総生産＝最終生産物の生産額の合計
　　　　　　　　＝各生産活動の付加価値の合計

となっています．

　経済活動によって付加価値が作り出され，その合計が国内総生産となりますが，経済活動は建物や機械等の設備を必要とし，その設備は経済活動によって故障したり破損したりして価値が下がります．例えば，ジュースを生産している企業は，工場の建物やそこに設置されている機械を生産で利用しているでしょうし，農家も，トラクターなどの機械や倉庫などの建物を利用しているでしょう．そして，企業や農家の機械が故障し，その修理代や買換え費用が50万円であれば，その分だけ設備の価値が下がっているわけです．そこでこの設備の価値の減価を固定資本減耗と呼び，これを引いて計算された付加価値を純付加価値と呼びます．前述の具体例では経済全体で1,000万円の付加価値を生み出したのですが，その際に設備等の価値が50万円下がっているのであれば，その額を差し引いて計算し，その結果を純付加価値と呼ぶわけです．そのために，

付加価値の合計は1,000万円でも純付加価値の合計は950万円（＝1000－50）となります．SNA においては，国内総生産を純付加価値に直したものが国内純生産（NDP）となります．整理すると

　　　国内純生産（NDP）＝国内総生産－固定資本減耗

となっています．ちなみにNDP は Net Domestic Product の頭文字で，Net が「純」に対応します．一般に Net は「正味の」といった意味を持ちます．生産額を正味の値にする際には，固定資本減耗を差し引いて計算するわけです．言い換えれば，生産額における総（Gross）と純（Net）の違いが，固定資本減耗を含めるか含めないかにあるとも言えます．

　前述の具体例では，国内の生産活動を通じて，企業が600万，農家が400万円の付加価値を稼ぎ出しています．ただし，これは総額であるために固定資本減耗を含んでいます．固定資本減耗の分は将来の設備の修理や買い替えの際に必要となりますから，付加価値から除くことによって純額が求まります（会計上は減価償却費として処理します）．50万円の固定資本減耗のうちの，20万円が農家の固定資本減耗で30万円が企業の固定資本減耗であるとしましょう．農家は，付加価値として400万円稼ぎ出し，固定資本減耗20万円を引くことによって，純額として380万円を稼ぎ出しています．企業は，1,000万円分の缶ジュースを作り出し，農家から購入したリンゴの代金400万円を払う結果として付加価値600万円を稼ぎ出し，そこから固定資本減耗30万円を引くことによって，純額として570万円を稼ぎ出しています．

　今までの経済活動は国内におけるものでしたが，国内の経済活動以外に，海外で国民が経済活動をしている場合もあります．そのため国内概念と国民概念の違いを考える必要が出てきます．なお，ここでの国民は，国籍とは異なり，当該国に1年以上居住している人を指しています．

　そこで，国民の総概念での経済活動を表すものとして，国民総所得（GNI）を考えましょう．ちなみに GNI は Gross National Income の頭文字で，National が「国民」，Income が「所得」に対応します（国内では「生産」なのに国民では「所得」となりますが，このように名前が付けられているのでこのまま覚えてください．なお，かつては国民総生産（GNP）という概念も一般的に使われていました）．国民が海外で経済活動をしていれば，その分だけ国民全体の経済活動は国内の経済活動よりも大きくなります．例えば，企業の従業員が短期

間外国へ行ってコンサルタント活動をしてきたとすれば，その分だけ所得を受け取って帰国します．この経済活動によって得た付加価値は，海外からの要素所得と呼ばれます．この企業の従業員が海外でコンサルタント活動をして得た所得が70万円であれば，この70万円の分だけ国民の経済活動は国内の経済活動よりも大きくなるわけです．一方で国民以外の経済主体が国内で経済活動をしていれば，その分だけ国民の経済活動は国内の経済活動よりも小さくなります．例えば，企業が外国の技術者の指導を短期間要請し，その技術者に報酬を払えば，その分だけ所得が海外に出ていきます．この経済活動によって生み出された付加価値は，海外への要素所得と呼ばれます．外国の技術者の指導の報酬が70万円であるとすると，その額は国内の経済活動のなかに含まれていますが，国民の経済活動とはならないわけです（国民でないこの技術者が指導員として働いて，国内のこの企業でリンゴジュースを作ったことになります）．

そこで，海外からの要素所得を足して海外への要素所得を引くと，つまり「海外からの要素所得マイナス海外への要素所得」を国内概念に足すと国民概念となります．そこで国民総所得（GNI）を定義します．国内の総額が国内総生産であったことと，上で確認した関係を用いると，

　　国民総所得＝国内総生産＋海外からの要素所得－海外への要素所得

となっています．今考えている具体例では，国内総生産が1,000万円で，海外からの要素所得が70万円，海外への要素所得が70万でしたから，国民総所得は1000＋70－70＝1000万円となります．

すでに述べたように，固定資本減耗を差し引くことによって総額は純額となります．そこで総額である国民総所得を純額に直す作業も考えましょう．国民総所得から固定資本減耗を差し引いたものを，SNAでは市場価格表示の国民所得と呼びます．つまり

　　市場価格表示の国民所得＝国民総所得－固定資本減耗

となっています．

先ほどの具体例では，農家がリンゴの生産で400万円の付加価値，企業がリンゴジュースの生産で600万円の付加価値を国内で稼ぎ出しています．この国内の経済活動に加えて，企業の従業員がさらに海外で70万円を稼ぎ出しています．ただし，この企業の国内の付加価値600万円のうちで70万円分は，海外の

技術者の経済活動となっています．国民概念で集計するためには，海外からの70万円を足して海外への70万円を引きます．その結果，農家で働いた国民が400万円の付加価値を稼ぎ出し，企業で働いた国民が600万円＋70万円－70万円＝600万円の付加価値を稼ぎ出しています．ここまでは総額で固定資本減耗を含んでいるために，農家の20万円と企業の30万円の固定資本減耗を引くと，農家で働いた国民は純額として380万円を稼ぎ出し，企業で働いた国民は純額として570万円を稼ぎ出しています．この380万円と570万円を合計したものが市場価格表示の国民所得となっているわけです．国民総所得が1,000万円で固定資本減耗が50万円ですから，1000万円－50万円＝950万円としても当然求められます．

　ここまでの経済活動の額は，特に断ってきませんでしたが，市場での価格を使って計算されています．市場価格で表すことを市場価格表示と呼び，そのために，先ほど求めた国民の純額を市場価格表示の国民所得と呼んでいます．ところが，生産物には物品税等の税が課されたり補助金が出されているため，市場価格は，次に説明するように，生産に従事した人々の貢献分よりも，「税マイナス補助金」の分だけ高くなります．

　例えば，企業が生産した缶ジュースが1本100円で市場で販売されている際に，そのなかには物品税が含まれていることがあり得ます．そこで，市場価格100円でもそのなかに物品税5円が含まれているとしましょう．100円のリンゴジュースを10万本生産することによって生産額が1,000万円となっていても，生産額1000万円の中に50万円（＝5円×10万本）の物品税が含まれていることになります．物品税の50万円は政府の手元に行きますから，生産に直接従事した主体が生産額として受け取る額は，市場価格での生産額1,000万円より税50万円の分だけ小さくなり，950万円（＝1,000万円－50万円）となります．一方で，農家の生産活動に対して政府から補助金が出ていたとすると，農家が受け取る額は，市場での取引額に補助金が加わっていることになります（リンゴには物品税はないとしましょう）．生産したリンゴが，市場で総額400万円で取り引きされ，市場価格での評価が400万円であっても，その額は農家の受け取り額と比べて補助金の分だけ小さくなっています．リンゴの生産活動に対して補助金が30万円払われていれば，農家がリンゴを生産することによって受け取る額は430万円（＝400万円＋30万円）となります．市場価格400万円は，農家が受け取る額よりも補助金の分だけ小さくなります．つまり，税が存在すればその分

だけ市場価格での評価額は高くなり，補助金が存在すればその分だけ市場価格での評価額は安くなるわけです．市場価格表示は「生産・輸入品に課される税マイナス補助金」の分だけ，生産に従事した主体が受け取る額よりも大きくなっています．

そこで，市場価格表示から「生産・輸入品に課される税マイナス補助金」を差し引いたかたちで表すことを要素費用表示と呼びます．この関係を使って要素費用表示の国民所得を求めると，

　　要素費用表示の国民所得
　　＝市場価格表示の国民所得－[生産・輸入品に課される税－補助金]

となります．「生産・輸入品に課される税マイナス補助金」は市場価格表示と要素費用表示の違いを示しています．通常は，この要素費用表示の国民所得が国民所得と呼ばれます．

先ほどの例では，農家で働いた国民は付加価値400万円を稼ぎ出し，固定資本減耗20万円を差し引くと純額として380万円を稼ぎ出して，さらに補助金を30万円受取っています．つまり，農家で働いた国民が手にする純額が380万円＋30万円となっています．企業は付加価値を600万円稼ぎだし，海外からの所得70万円と海外に対する所得70万円を調整すると，企業で働いた国民は付加価値を600万円（＝600＋70－70）だけ稼ぎ出し，固定資本減耗30万円を差し引くと純額として570万円を稼ぎ出し，そのなかから物品税50万円を政府に渡します．つまり企業で働いた国民が手にする純額が570万円－50万となっています．その結果として，国民所得は930万円（＝380万＋30万円＋570万円－50万円＝380万＋570万円－[50万円－30万円]）となります．市場価格表示の国民所得が950万でしたから，950－[50－30]＝930万円としても当然求められます．

なお第1節のマクロ経済の活動を分析している際には，総供給，総生産，総所得という言葉を用いてきました．マクロ経済の経済活動を表す総供給などにおける「総」は「集計された」という意味となっていますが，すでに説明したように国内総生産や国民総所得における「総」は「固定資本減耗を差し引く前の値」という意味となっています．同じ漢字を当てはめることがそもそも不適切なのかもしれませんが，同じ漢字でも意味が異なっていることに注意して下さい．

3.2 三面等価の原則

経済活動の諸概念を今までは生産面から見てきましたが，全体の経済活動を分配・支出面から見ることもできます．生産によって生み出された価値は，何らかの形で分配されて，総て誰かの手元に渡り誰かの所得となります．つまり生産面での合計額と分配面での合計額とは等しくなります．また生産された財・サービスは誰かの支出というかたちで誰かの手元に行きます．つまり生産面での合計額と支出面での合計額とは等しくなります．これらの関係を反映して，全体の経済活動を，同じ概念の下で，生産・分配・支出のどの面から見ても，統計的に見た場合には恒等的に等しくなります．これを三面等価の原則と呼びます．

国内の総額を支出面で把握したものを国内総支出（GDE）と呼び，

$$GDE＝民間最終消費支出＋政府最終消費支出＋国内総固定資本形成$$
$$＋在庫品増加＋輸出－輸入$$

となります．ちなみに GDE は Gross Domestic Expenditure の頭文字で，Expenditure が「支出」に対応します．ここで，民間最終消費支出は最終財に対する民間の消費的な支出，政府最終消費支出は最終財に対する政府の消費的な支出，在庫品増加は在庫の形での支出，国内総固定資本形成は民間企業による設備投資と民間による住宅投資と政府による政府投資（公共投資）のかたちでの支出，輸出は海外からの支出で，マイナス輸入は海外の生産物に対する支出の分の調整です．この国内総支出は三面等価の原則から国内総生産と等しくなります．

第 1 節での総供給と総需要の関係と似通っていますが，マクロ経済の均衡における総供給と総需要の一致と，三面等価における生産と支出の一致は意味が違いますから注意して下さい．総供給＝総需要は均衡条件ですから，均衡においてのみ成り立ちます．一方で総生産＝総支出は，経済が均衡にないとしても，計算上の原則ですから常に成り立ちます．例えば，もし総供給が総需要を上回れば，その分だけ売れ残りが生じます．そのときには総需要と総供給は一致していませんが，その売れ残りを，国民経済計算では，在庫品増加として支出に含めるため，生産と支出は一致します．

総支出の内訳と総需要の内訳の関係も整理しておきましょう．総需要は民間消費＋民間投資＋政府支出＋輸出－輸入と整理されました．国内総固定資本形

成における政府投資と，在庫品増加のなかの政府の在庫投資と，政府最終消費支出の合計が，総需要のなかの政府支出に対応します．国内総固定資本形成における設備投資と住宅投資に，在庫品増加のなかの民間の在庫投資を加えれば，総需要のなかの民間投資となります．民間と政府とで意思決定の主体が異なること，民間消費と民間投資とでも意思決定の背景が異なることから，総需要の内訳を考える時は，項目を少し変えて，民間消費＋民間投資＋政府支出＋輸出－輸入と経済活動を整理しています．

次に分配面を考えましょう．国内総生産を分配面で見るならば，

$$国内総生産＝雇用者報酬＋営業余剰・混合所得＋固定資本減耗$$
$$＋[生産・輸入品に課される税－補助金]$$

となります．雇用者報酬が労働者への分配，営業余剰・混合所得が企業への分配，固定資本減耗は減価償却費として企業の手元に残る分，税マイナス補助金は政府への分配を大体意味しています．生産活動を通じて生み出した付加価値は，そこで働いた人，企業の手元，政府のどこかに分配されますから，雇用者報酬等を合計すると，その合計額は，生産活動から生み出される付加価値を合計した国内総生産と等しくなります．

3.3 物価指数

経済活動の集計方法について考えてきましたが，物価の計算方法についても見ていきましょう．物価水準を測るためにいくつかの物価指数があります．物価指数の計算の仕方の基本的な考え方としては，以下で説明するパーシェ指数とラスパイレス指数の二つがあります．

3年前から現在への物価水準の変動を計算するとします．ここで3年前が基準年，現在が当該年となります．簡単化のために財の数は二つとしましょう．3年前は，1番目の財が120円で数量が5個，2番目の財が80円で数量が5個だとします．現在は，1番目の財が100円で数量が7個，2番目の財が100円で2個だとします．1番目の財は20円価格が下がっていますが，2番目の財は20円価格が上がっています．この場合，物価水準が上がっているのか下がっているのかが問題となるわけです．

パーシェ指数では，当該年である現在の数量を基準として価格の変動を測ります．現在の数量は，1番目の財は7個，2番目の財は2個です．そこで，こ

の数量の金額を3年前の価格で計算すると，

$$120 \times 7 + 80 \times 2 = 1000$$

となり，現在の価格で計算すると

$$100 \times 7 + 100 \times 2 = 900$$

となります．3年前に比べて現在の金額は減っていますから，物価水準は下がっていると判断できます．パーシェ指数は両者の比をとって

$$900/1000 = 0.9$$

となります．基準年の0.9となっていますから，物価水準は10％下がったことになります．

　ラスパイレス指数では，基準年である3年前の数量を基準として価格の変動を測ります．3年前の数量は，1番目の財は5個，2番目の財は5個です．そこで，この数量の金額を3年前の価格で計算すると，

$$120 \times 5 + 80 \times 5 = 1000$$

となり，現在の価格で計算すると

$$100 \times 5 + 100 \times 5 = 1000$$

となります．3年前と現在の金額は同じですから，物価水準は変わっていないと判断できます．ラスパイレス指数は両者の比をとって

$$1000/1000 = 1$$

となります．このように，どちらの指数を用いるかで計算結果は変わってきます．

　簡略化して表記すると，パーシェ指数は

$$パーシェ指数 = \frac{[当該年の価格 \times 当該年の数量]の集計}{[基準年の価格 \times 当該年の数量]の集計}$$

と書けますし，ラスパイレス指数は

$$ラスパイレス指数 = \frac{[当該年の価格 \times 基準年の数量]の集計}{[基準年の価格 \times 基準年の数量]の集計}$$

と書けます．なおパーシェ指数とラスパイレス指数ともに，先の式を100倍して表示する場合もあります．

名目GDPと実質GDPを計算するときに用いる物価指数をGDPデフレーターと呼びますが，これはパーシェ指数に従って計算されます（ただしGDPデフレーターの計算方法は少し厄介ですが）．一方で消費者物価指数と国内企業物価指数という物価指数もありますが，こちらはラスパイレス指数にしたがって計算されます．

練習問題

1. 国内総生産が500兆円，海外からの要素所得が10兆円，海外への要素所得が5兆円，固定資本減耗が90兆円，生産・輸入品に課される税が40兆円，補助金が5兆円とする．国内純生産，国民総所得，国民所得はいくらになるか．
2. 国内総生産が460兆円で，営業余剰・混合所得が75兆円，固定資本減耗が100兆円，生産・輸入品に課される税と補助金がそれぞれ38兆円と3兆円であるときの雇用者報酬がいくらになるか．
3. 国内総生産が470兆円で，民間最終消費支出が280兆円，政府最終消費支出が90兆円，在庫品増加が2兆円，輸出が64兆円で輸入が60兆円であるときの国内総固定資本形成はいくらになるか．
4. 2年前が基準年で現在が当該年とし，二つの財の価格と数量が以下の値であるとします．パーシェ指数とラスパイレス指数はいくらになるか．

	2年前	現在
財1	価格 80円・数量10個	価格101円・数量5個
財2	価格150円・数量8個	価格130円・数量10個

第 7 章
マクロ経済の均衡と市場機構

　第6章で，マクロ経済の活動がどのように整理できるのかを学びました．改めて整理すると，マクロ経済の均衡式である総供給＝総需要は

　　総生産＝民間消費＋民間投資＋政府支出＋輸出－輸入

となります．その際にも述べましたが，重要なのは，そこでの経済活動の解釈です．本章では，マクロ経済の活動がどのように決まってくるのかを考えます．その際に，労働市場や資金市場についてまず考え，市場機構とのつながりを考えながら，マクロ経済の均衡を分析していきます．そのうえで，古典派経済学（正しくは新古典派経済学と呼ばれるべきですが，こちらの言葉の方が一般には使われていると思います）とケインズ派経済学の解釈を説明しながら，マクロ経済の均衡を分析していきます．

1　労働市場

　すでに述べたように，経済学にはマクロ経済学とミクロ経済学が存在します．ミクロ経済学のもっとも基本的な考え方は，市場での経済活動は需要と供給から決まるというものであり，もっとも単純なかたちでは需要曲線と供給曲線を用いて表現されます．マクロ経済学でもこの考え方は重要です．マクロ経済と密接な関係があるミクロの市場として，労働市場を考えてみます．一国全体の経済活動の大小は失業率に影響を与えますし，失業率は労働市場というミクロの市場での経済活動から決まってくるからです．

1.1　古典派経済学と労働市場の均衡
　労働市場における価格は一般に賃金率ですが，普通の場合この賃金率は金額

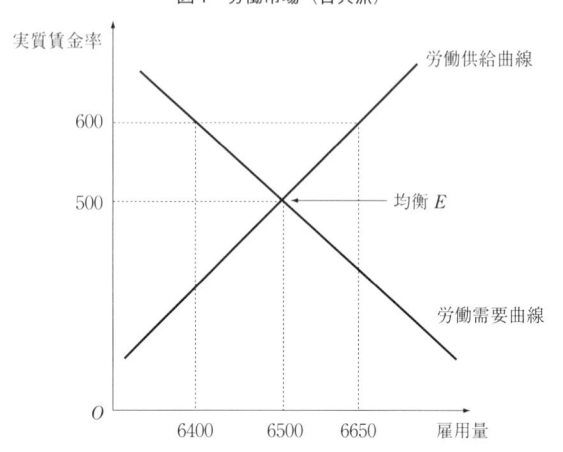

図1 労働市場（古典派）

で表示されますから，普段我々が目にする賃金率は名目賃金率となります．ただし，実際に経済活動において問題となるのは実質の値ですから，名目賃金率を物価水準で割った実質賃金率を考える必要があります．

図1を見てください．横軸は雇用量，縦軸は労働の価格である実質賃金率（＝名目賃金率/物価水準）を表しています．財・サービスの市場と異なり，労働市場では企業が需要し家計が供給することに改めて注意しておいて下さい．

労働需要は企業の行動から導き出されます．企業の行動から決まる労働需要は，労働の価格である実質賃金率に依存するでしょう．企業が労働需要をすれば，それに賃金率をかけた分だけ費用が掛かりますが，労働者を生産に投入することによって生産物を増やすことができて，その分だけ生産物を供給した際の収入が増えます．そこで実質賃金率が高いとしましょう．この場合，企業にとっては，労働者を雇うことで負担しなければいけない費用が相対的に高くつきます．費用と収入を考慮すれば，費用が相対的に高くなる分だけ労働需要を小さくするでしょう．逆に，実質賃金率が低いとします．この場合，企業にとっては，労働者を雇うことで負担しなければいけない費用が相対的に低くなります．費用と収入を考慮すれば，費用が相対的に低くなる分だけ労働需要を大きくするでしょう．図1では，実質賃金率が600万円のときには，労働需要が小さく6,400万人なのに対して，実質賃金率が500万円のときには，労働需要が大きくなり6,500万人となることが，需要曲線から読み取れます．

労働供給は家計の行動から導き出されます．まず，伝統的な経済学の考え方

から見ていきましょう．家計が労働供給するためには，自分の自由な時間を犠牲にしなくてはいけません．その代わりに，労働供給すれば，それに賃金率をかけた分だけ賃金所得が手に入り，消費を増やすことができます．そこで実質賃金率が高いとしましょう．この場合，家計にとっては，働くことによってより多くの賃金所得が手に入り消費を増やせるわけです．そこで，普通の家計は積極的に働くことが一般的だと思われます．人によっては，残業を引き受けるなどして1.5人分働く人もいるかもしれません．このように労働供給は大きくなるでしょう．逆に，実質賃金率が低いとします．この場合，自由な時間を犠牲にして働いてもあまり賃金所得が手に入りません．そこで普通の家計は働く意欲を失うことが一般的だと思われます．残業を断ったり，仕事そのものを辞めてしまう家計もいるかもしれません．このように労働供給は小さくなるでしょう．図1では，実質賃金率が600万円のときには，労働供給が6,650万人なのに対して，実質賃金率が500万円のときには，労働供給が小さくなって6,500万人となることが分かります．

　以上の説明のように，一般的には右下がりの労働需要曲線と右上がりの労働供給曲線が描かれます．すでに学んできたように，市場機構が機能するならば，需要量と供給量が一致した状態に経済取引が落ち着くはずです．その状態を市場均衡と呼んだわけですが，今考えている労働市場の場合，図のなかの点 E が市場均衡となります．

　この均衡実現の背景に市場機構の働きが存在します．例えば，現行の実質賃金率を600万円とします．図1のように，現行の実質賃金率600万円が，本来実現するはずの均衡での賃金率に比べ高ければ，供給に比べ需要が小さくなってしまいます．この場合，市場で仕事を見つけることができない労働者が多数存在し，遅かれ早かれ名目賃金率が下がっていき，最後には実質賃金率が500万円となり，労働市場の均衡に至ります．労働市場の需要量と供給量が一致するという考え方の背景に，名目賃金率の伸縮性があることが分かると思います．

　このような考え方の下では，需要量と供給量が一致するように労働市場の均衡が実現します．この労働市場の均衡を完全雇用均衡と呼びます．完全雇用という言葉を用いていますが，次に説明するように，必ずしも失業率がゼロであることを意味しているわけではありません．この賃金率の下では働きたくない，という労働者もいるでしょうし，自分がどうしてもやりたい仕事のために，現在の仕事を辞める労働者もいるでしょう．需要量と供給量が経済全体で一致し

ている，という事実を完全雇用均衡と名づけています．

　少し注意してほしいのは，図1はかなり現実を簡単化している点です．例えば専門能力を必要とする労働の労働市場と，標準的な労働の労働市場とで需要・供給は異なるでしょう（第5章の第1節の議論を思い出して下さい）．図のかたちよりも，この分析から導き出される次の結論を確認してください．労働市場の均衡では需要量と供給量が一致していますから，仕事を探している人は，どこかで自分の能力に見合った仕事を見つけることになります．専門能力をもつ労働者も普通の労働者も，それぞれの能力に見合った仕事を見つけます．

　以上が，伝統的な経済学に基づいた労働市場の分析です．伝統的な経済学を，古典派経済学とか新古典派経済学などと一般に呼びます．

1.2　ケインズ派経済学と労働市場の均衡

　古典派経済学にしたがった労働市場の均衡について見てきましたが，この考え方にしたがうと，一般の人が不況のときに考える失業問題を説明できていないかもしれません．そこで，1930年代に経済学者のジョン・メイナード・ケインズがこの考え方に異を唱えます．労働市場は考えられているほど見事に機能しないとケインズは考えます．

　労働市場が機能しない理由として，ケインズ本人もいくつかの解釈を示していますが，例えば，名目賃金率を下げようとしても，労働者はそれに抵抗する場合が考えられます．このことを，名目賃金率の下方硬直性などと呼びます．その場合，現行の賃金率よりも低い賃金率を労働者は拒否しますから，物価水準が変化しなければ現行の実質賃金率が下がることがなくなり（物価水準が上がれば実質賃金率は下がります），現行の実質賃金率よりも下側の労働供給曲線は消えてしまいます．この状況の表し方として，図2では，現行の実質賃金率の下で水平部分を持つ労働供給曲線が描かれています．

　この場合は，需要曲線と供給曲線の交点が，先ほどの古典派の議論の下での交点と異なります．つまり，現行の実質賃金率が600万円のときに，労働市場は超過供給となりますが，名目賃金率の下方硬直性のために実質賃金率は下がらず，そのまま600万円の下で均衡が実現してしまいます．この場合は労働供給に比べ労働需要が小さく，そのため失業者が存在するままで労働市場が均衡しています．この特徴を表すために，このような均衡を不完全雇用均衡と呼びます．図2では，労働供給が6,650万人なのに対して，労働需要が6,400万人し

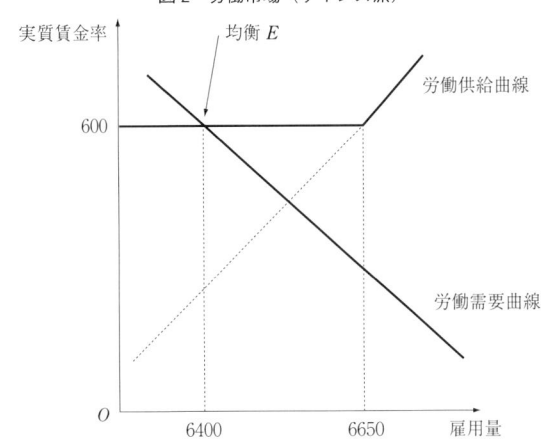

図2 労働市場（ケインズ派）

かないために，250万人（＝6650−6400）の失業者が存在しています．

1.3 失業の分類

ケインズは，失業者を，自発的失業・摩擦的失業・非自発的失業の3種類に分類しました．自発的失業は，自ら好んで働かない人々を意味します．例えば，今の賃金率が安すぎると考えて無理して働こうとしない人などです．摩擦的失業は，転職等の際に生じる労働市場間の摩擦から生じる失業のことを意味します．例えば，自分の望む仕事に就くために今の仕事を辞める人などです．古典派の完全雇用均衡では，働きたいと考えている労働者は全て雇われていますから，そこでの失業は，自発的失業か摩擦的失業のどちらかと考えられます（厳密にいえば，図1は，労働市場を一つとして考えていますから，労働市場間の摩擦は表現されていませんが）．非自発的失業は，働く意志があるにもかかわらず失業している人々を意味します．図2の不完全雇用均衡における250万人（＝6650−6400）が非自発的失業の大きさです．

古典派は，労働市場が失業を解決すると考えました．名目賃金率の伸縮性を通じて，つまり市場機構の働きを通じて非自発的失業は解消されます．そして労働市場で完全雇用均衡が実現します．労働者は，いつかどこかで自らの能力に応じた仕事を見つけるわけです．このことを言い換えると，労働者は，自らの能力に応じた仕事をして，能力に応じた財・サービスを生産して供給して，能力に応じた所得を受け取るわけです．つまり，一国の総供給は，その国の労

働者の能力・その国の経済の生産性によって決定されることになります．このようにして決まる総供給を，完全雇用 GDP とか完全雇用国民所得などと呼びます．そして，後で説明するように，市場機構が機能することによって，この完全雇用 GDP や完全雇用国民所得の下で，マクロ経済の均衡，つまり総供給＝総需要が実現すると考えます．古典派の解釈の下では，市場機構が十分に機能し，市場機構を通じて経済活動が決まるわけです．

それに対して，ケインズの問題意識を継承しているケインズ派は，例えば図2のように，労働市場では失業が必ずしも解決できないと考えます．そこでは，名目賃金率が下方硬直的であるために，非自発的失業は自動的には解消されません．そこでマクロ経済の活動の大きさが重要となります．マクロの経済活動が小さければ，労働需要も小さくなるでしょう．労働需要が小さければ，現行の賃金率の下で仕事を探していても仕事が見つからない労働者が出て来ます．このような失業が非自発的失業です．一国の経済活動を活発にして，生産を増やして労働需要を増やすことを通じて，非自発的失業を解消することが必要となります．

練習問題

1. 労働需要は，実質賃金率が300万円のときに700万人，実質賃金率が400万円のときに600万人，実質賃金率が500万円のときに500万人であるとする．また労働供給は，実質賃金率が300万円のときに500万人，実質賃金率が400万円のときに600万人，実質賃金率が500万円のときに700万人であるとする．縦軸を実質賃金率，横軸を雇用量として，労働需要曲線と労働供給曲線を描き，均衡実質賃金率と均衡雇用量を求めよ．また，現行の実質賃金率が500万円で名目賃金率の下方硬直性があった場合の均衡雇用量を求めよ．
2. 家計は，自分の自由な時間を犠牲にして労働供給を行って賃金所得を稼ぎ，その所得を用いて消費をします．もし家計が現在の消費をより重視するようになれば，労働供給曲線はどうなるか．また，現在の消費よりも自分の自由な時間をより重視するようになれば，労働供給曲線はどうなるか．
3. 企業は，労働の生産性が高まれば，労働投入を増やすと考えられます．実物資本（生産設備）の稼働率が上がり，労働の生産性が高まった場合，労働需要曲線はどうなるか．また技術が進歩して労働の生産性が高まった場合，労働需要曲線はどうなるか．
4. 労働供給関数を $N^S=2(W/P)$，労働需要関数を $N^D=120-W/P$ とする（W は名目賃金率，P は物価水準，N^S は労働供給量，N^D は労働需要量を表す）．物価水準に関しては $P=1$ とする．また現行の名目賃金率が50であるとする．古典派の考えにしたがった場合の均衡の雇用量と均衡の名目賃金率を求めよ．ケインズ派の考えにしたがった場合の均衡の雇用量を求めよ．

2 資金市場

前節で労働市場を考えましたが，次に資金市場について考えましょう．第6章の1.2で出てきましたが，総供給と総需要の一致というかたちで表されるマクロ経済の均衡式は，貯蓄の定義から，貯蓄と投資のバランスと書き換えることができます．この貯蓄と投資が，資金市場と密接な関係をもちます．そこで，貯蓄・投資と市場機構の関係について本節で考えていき，次節でマクロ経済の均衡と市場機構の関係について考えます．

2.1 貯蓄

所得から消費を引いた残りが貯蓄であるとすでに説明しました．では，なぜ貯蓄が必要とされるのでしょうか．我々は，現在のことだけでなく将来のことも考えて経済活動をしています．もしそこで貯蓄ができなければどうなるでしょう．その場合，現在の所得を現在の消費に充てて，将来の所得を将来の消費に充てることになります．このことから，将来の所得が少ない経済主体は，将来は少しの消費しかできなくなってしまいます．ところが，貯蓄が可能であれば，現在の所得の一部を貯蓄して，その貯蓄を将来使って将来の消費を増やすことができます．このように，貯蓄ができることによって，現在と将来の消費を家計は調整できます．言い換えれば，貯蓄は，現在と将来の消費水準の選択から決まってきます．

例えば，現在の所得が800万円で来期の所得は300万円である家計を考えてみましょう．もし貯蓄ができなければ，この主体は，現在は800万円の消費ができますが，来期の所得が300万円であるために，来期は300万円の消費しかできません．そこで現在の消費を600万円として，残りの200万円（＝800万円－600万円）を貯蓄すると，来期は300万円の所得だけでなく，来期の貯蓄残高とその利子所得である200万円×（1＋利子率）だけ余分の消費が可能となります．利子率を5％とすると，来期の貯蓄残高と利子所得の合計は210万円（＝200×1.05）となりますから，300万円の所得とこの210万円とで510万円の消費が来期は可能となります．つまり，貯蓄が可能であれば，今期600万円と来期510万円の消費がこの主体にとって可能となり，来期の所得が少なくても，来期における消費水準の落ち込みを避けることができます．

では，この現在と将来の消費と貯蓄の選択は，何の影響を受けるでしょうか．消費や貯蓄はさまざまな要因の影響を受けると考えられます．以下では，代表的な二つの要因について考えましょう．まず考えられることは所得の大きさです．一般の主体は，所得が大きいほど消費を増やそうとすると考えられます．そこで，現在の所得だけが増えて将来の所得は変わらないと予想しているとしましょう．所得が増えたのですから，現在の消費と将来の消費を増やそうとするのが自然でしょう．ただし，増えた現在所得をすべて現在の消費に充ててしまうと，将来の所得が変わらないことから将来の消費を増やすことができません．このことから，増えた所得をすべて消費に充てずに，一部は貯蓄に回して将来の消費に充てると考えられます．つまり，現在の所得が増えれば，貯蓄も増えると考えられます．

　先ほどの例における家計の今期の所得が，800万円から900万円に増えたとします．所得が100万円増えましたから，この家計は今期と来期の消費を増やそうとするでしょう．もし今期の消費を100万円増やすと，来期の消費は従来のままとなってしまいます．一方で今期の消費の増加を80万円とすれば，貯蓄も20万円（＝100万円－80万円）増えて，その貯蓄によって来期の貯蓄残高と利子所得が21万円（＝20万円×(1＋0.05)）だけ増えますから，来期の消費も21万円増やせます（ここでは利子率を5％としています）．来期の消費も考慮するならば，家計は今期の所得の増加をすべて今期の消費に充てるよりも，今期の所得の増加の一部を消費に充てて，残りは貯蓄に回すと思われます．この場合のように，現在所得が100万円増えたときに今期の消費を80万円増やすならば，先ほどの例では所得が800万円のときの貯蓄が200万円で，所得が900万円の時の貯蓄は20万円増えて220万円となります．

　また，利子率も貯蓄に影響を与えると考えられます．今まで見てきたように，貯蓄をすれば，その貯蓄に利子率を掛け合わせた分だけ将来使える所得が増えます．そこで利子率が高い場合を考えましょう．この場合，現在の消費を我慢して貯蓄することによって，将来大きな利子所得が期待できますから，貯蓄をすることが有利となります．その結果，利子率が高くなれば，貯蓄が増えると考えられます．

　先ほどの例で考えれば，200万円貯蓄した場合，利子率が5％の場合は来期の消費を210万円だけ増やせますが，利子率が10％の場合は，来期の消費を220万円（200×(1＋0.1)）だけ増やせます．このように，利子率が高いほど貯蓄に

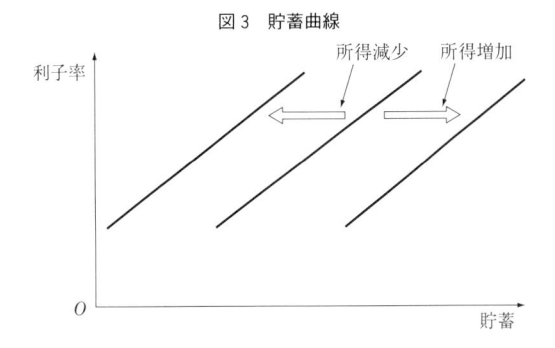

第7章 マクロ経済の均衡と市場機構　　　193

図3　貯蓄曲線

よって来期の消費を増やせますから，来期の消費を優先して貯蓄を増やそうとすると考えられます．ここでの例では利子率が5％の時の貯蓄は200万円でしたが，利子率が10％のときには，将来の消費をより優先することよって，貯蓄を増やすことが考えられます．

図3では，縦軸に利子率をとって貯蓄と利子率の関係をグラフにしています．利子率が高いほど貯蓄が増えますから，貯蓄を表すグラフは右上がりの曲線となることが分かると思います．また，もし現在の所得が増えれば貯蓄が増えますから，貯蓄を表すグラフが右方にシフトすることになります．逆に，現在の所得が減れば貯蓄が減りますから，貯蓄を表すグラフは左方にシフトすることになります．

2.2　投資

次に投資について考えましょう．投資としては，設備投資，住宅投資，在庫投資が考えられますが，ここでは特に企業が行う設備投資を念頭に置いて考えます．

そもそも，なぜ企業は設備投資をするのでしょうか．設備投資をすることによって，その企業の生産設備（一般に資本ストックと呼びます）が充実します．そのことによって，設備投資をした企業は，将来のより大きな収益を期待できます．この将来の収益を考えて企業は設備投資を行います．

簡単化のために，将来として来期だけを考えるとしましょう．1,000万円の資金で設備投資をすると来期1,100万円の収入が期待できる投資プロジェクトや，2,000万円の資金で投資をすると来期2,120万円の収入が期待できる投資プロジェクトを考えましょう．一つめの投資プロジェクトをプロジェクトA，二

つめの投資プロジェクトをプロジェクトBと呼ぶことにします．プロジェクトAは，1,000万円の資金で1,100万円の収入を生み出しますから，収益は100万円（＝1100−1000）で収益率は10％（＝0.1＝100/1000）となり，プロジェクトBの収益は120万円（＝2120−2000）で収益率は6％（＝0.06＝120/2000）となります．この場合プロジェクトAの方が収益率がより高くなっていますから，プロジェクトAの方を企業は優先的に実行するでしょう．

ただし投資をするためには資金が必要となりますから，資金を借り入れた場合の利子率が問題となります（もし自己資金があって借り入れる必要がない場合でも，その資金を投資ではなく金融市場で運用すれば，利子率の分だけ収益が手に入りますから，以下のような利子率と収益率の比較が同じように重要となります）．ここで，利子率を8％としましょう．プロジェクトAの場合，1,000万円の資金を投資のために借り入れれば，来期は1,000万円とその8％の利子を返済しなくてはいけませんから，返済額は合計1,080万円（＝1000×(1＋0.08)）となります．一方で10％の収益率が期待でき収入は1,100万となっていて，返済額1,080万円を上回っていますから，このプロジェクトAは実施されると考えられます．ところがプロジェクトBの場合，利子率の8％よりも低い6％の収益しか期待できません．2,000万円の資金を借り入れて投資をすると，来期の返済額が2,160万円（＝2000×(1＋0.08)）で収入が2,120万ですから，返済額が収入よりも大きくなっています．プロジェクトBは実際されないでしょう．その結果として，利子率が8％のときに，プロジェクトAの1,000万円が投資として実施されます．

では，投資の決定は何の影響を受けるのでしょうか．実際にはさまざまな要因の影響を受けると考えられます．そこで以下では二つの要因について考えます．まず考えられることは利子率です．もし利子率が下がれば，資金を借り入れる費用が安くなりますから，収益率の低い投資プロジェクトも投資として実施できるようになります．つまり，利子率が低いほど投資が増えると考えられます．

先ほどの具体例では，プロジェクトAの収益率は10％でプロジェクトBの収益率は6％でした．そこで利子率が5％まで下がれば，プロジェクトAだけでなくプロジェクトBも投資として実施できるでしょう．その結果，投資は1,000万円と2,000万円とで3,000万円に増えることになります．つまり利子率が8％の時の投資は1,000万円で，利子率が5％の時の投資は3,000万円となり

第7章 マクロ経済の均衡と市場機構

図4　投資曲線

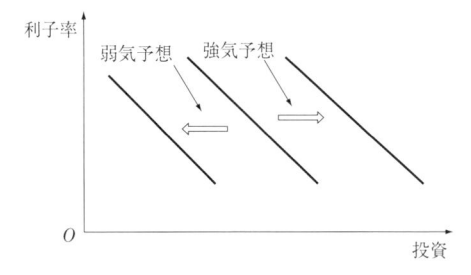

(図：縦軸「利子率」，横軸「投資」．右下がりの2本の直線があり，左側が「弱気予想」，右側が「強気予想」．矢印で左方・右方へのシフトが示されている．)

ます．

次に収益率にも注目しましょう．各投資プロジェクトの収益率も投資に影響を与えますが，この収益率は将来の予想に依存します．もし将来の収益に対しての予想が強気になれば，各投資プロジェクトの収益率がより高くなり，実施される投資も増えるでしょう．つまり，将来に対する予想が強気になるほど投資が増えると考えられます．

先ほどの具体例で，利子率が8％のときにはプロジェクトAしか実施されませんでした．そこで将来に対する予想が強気になり，プロジェクトAの収入の予想が1,150万円，プロジェクトBの収入の予想が2,180万円となったとしましょう．この場合，プロジェクトAの収益率は15％（＝(1150−1000)/1000）で，プロジェクトBの収益率は9％（＝(2180−2000)/2000）となります．その結果，利子率が8％でも，二つめの投資プロジェクトまで実施できますから，投資は増えるでしょう．

図4では，縦軸に利子率をとって投資と利子率の関係をグラフにしています．利子率が低いほど投資が増えますから，投資を表すグラフは右下がりの曲線となることが分かると思います．また，もし将来の予想が強気になれば投資が増えますから，投資を表すグラフが右方にシフトすることになります．逆に，将来の予想が弱気になれば投資が減りますから，投資を表すグラフが左方にシフトすることになります．

2.3　資金市場の均衡

今までの議論で，貯蓄と投資がそれぞれ利子率に依存することを確認してきました．では，この貯蓄と投資の水準はどのように調整されるのでしょう．そこで貯蓄と投資を金融の観点からみていきましょう．

貯蓄として銀行に預金をしたとします．銀行に預けられたお金は，その銀行を通じて，資金を必要としている主体に貸し出されます．例えば，設備投資を考えている企業に対して，銀行からの融資というかたちで貸し出される状況がその典型例です．その際に銀行からの貸し出しを受ける経済主体は，その分の資金を需要し，その資金で投資を実施します．そしてその資金としては家計の貯蓄が使われているわけですから，家計は貯蓄をすることによって資金を供給していることになります．このような資金の融通を間接金融と呼びます．

　貯蓄として新規発行株式を購入することもあります．この場合，新規に株式を発行する企業は，新たな設備投資のために資金を必要としているから株式発行をしたのでしょう．この株式を発行する企業は，その分の資金を需要し，その資金で投資を実施するわけです．一方でこの株式を貯蓄として購入した家計は，株式購入を通じて，株主として資金を供給しています．

　また，貯蓄として新規発行債券を購入することもあります．この場合，新規に債券を発行する企業は，資金を必要としているから債券発行をしたのでしょう．この債券を発行する企業は，その分の資金を需要し，その資金で設備投資を実施するわけです．一方でこの債券を貯蓄として購入した家計は，債券購入を通じて資金を供給しています．こうした株式や債券の発行を通じた資金の融通を直接金融と呼びます．

　今説明した間接金融と直接金融における資金の流れに注目すると，貯蓄は資金の供給となり，そして投資は資金の需要となることが分かると思います．つまり資金市場を考えた場合，貯蓄は資金の供給を意味して，投資は資金の需要を意味しているわけです．

　ここで株式や債券について，新規発行の場合で考えた点に注意してください．我々はすでに発行済みの株式や債券を貯蓄として購入する場合もあります．ただしその場合，ある主体が発行済み株式を購入して貯蓄を増やした場合は，必ず別の主体がこの発行済み株式を売却していて，その分だけ貯蓄を減らしています．つまり，発行済みの株式や債券の購入の場合，その分の貯蓄が出てくる一方で，同じ額の貯蓄の減少も出てきますから，経済全体でみれば貯蓄は変化しません．

　そこで，貯蓄と投資のグラフをまとめて図にしましょう．ただし，貯蓄と投資はそれぞれ資金の供給と需要であることが分かっていますから，図5は資金の市場機構を表すものとなっていて，その際の価格が利子率となっています．

図5　資金市場

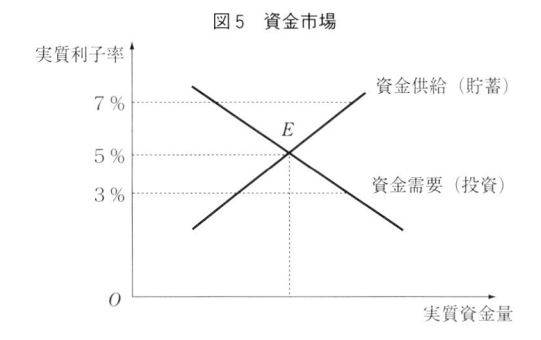

この資金の市場が十分に機能すれば，最終的に資金の需要量と供給量は一致することになるはずです．この資金市場の均衡が図5のなかの点 E となっています．なお，ここでは貯蓄（つまり将来の消費）や投資といった実物的な経済活動を問題としていますから，貯蓄や投資の額を物価水準で割って実質値で議論することが一般的ですし，利子率も実質利子率で議論することが一般的です．

今まで学んできたように，このような市場均衡の実現の背景に市場機構の機能があります．例えば，図5のような資金の需要・供給の下で，利子率が7％であったとしましょう．この場合，利子率が高いために将来の消費が現在の消費よりも優先され，貯蓄が大きくなり資金の供給が大きくなります．一方で利子率が高いために収益率の高い投資プロジェクトしか実施できませんから，投資が小さくなり資金の需要が小さくなります．そのため，資金の供給が大きすぎて，経済全体で資金が余ってしまいます．その際に資金市場の市場機構が十分に機能するのであれば，この資金の超過供給を反映して利子率が下がっていくでしょう．

では利子率が3％であったとしましょう．この場合，利子率が低いために現在の消費が将来の消費よりも優先され，貯蓄が小さくなり資金の供給が小さくなります．一方で利子率が低いことから収益率の低い投資プロジェクトも実施できるために，投資が大きくなり資金の需要が大きくなります．そのため，資金の需要が大きすぎて，経済全体で資金が不足してしまいます．その際に資金市場の市場機構が十分に機能するのであれば，この資金の超過需要を反映して利子率が上がっていくでしょう．

このようにして資金の需要と供給が調整され，最終的には需要と供給が一致します．その結果として資金需要と資金供給が一致し，そこでは貯蓄と投資が

一致しています．ここで考えている図5のような資金市場では，利子率が5％となり，そこで資金需要と資金供給が一致し，貯蓄と投資が一致します．

練習問題
1. 現在の所得は500万円だが，来期の所得はゼロ円となると予想している家計を考える．利子率が3％のときに，今期の消費を300万円としたなら，来期はどれだけの消費が可能となるか．また，利子率が5％のときに，今期の消費を300万円としたなら，来期はどれだけの消費が可能となるか．
2. 三つの投資プロジェクト，A，B，Cがあり，投資プロジェクトAは500万円の資金を必要とし，来期の予想収入が535万円，投資プロジェクトBは300万円の資金を必要とし，来期の予想収入が342万円，投資プロジェクトCは800万円の資金を必要とし，来期の予想収入が840万円とします．なお各プロジェクトの収入は来期のみ期待できるとする．利子率が8％の時にはどの投資プロジェクトが実施され，投資額はいくらになるか．また利子率が6％の時にはどの投資プロジェクトが実施され，投資額はいくらになるか．
3. 経済全体の総所得が450兆円であるとして，経済全体の消費が，利子率が3％のときに430兆円，5％のときに415兆円，7％のときに400兆円であるとする．また経済全体の投資は，利子率が3％のときに50兆円，5％のときに35兆円，7％のときに20兆円であるとする．資金市場の需要曲線と供給曲線を描き，均衡での利子率を求めよ．

3　マクロ経済の均衡

　ここまで労働市場や資金市場について考えてきました．そこで分かったことを基にして，マクロ経済の活動の均衡について考えましょう．マクロ経済の均衡は総供給＝総需要でしたから，この均衡から決まる総生産もしくは総所得の大きさがどうなるかについて考えることになります．そして，このマクロ経済の均衡が，労働市場や資金市場と密接な関係をもってきます．

3.1　マクロ経済の均衡と古典派

　まず，古典派の考え方からマクロ経済について考えます．古典派は，労働市場で完全雇用均衡が実現すると考えています．完全雇用均衡が改めて図6のなかに描かれています．労働者はいつかどこかで自らの能力に応じた仕事を見つけます．労働者は自らの能力に応じた仕事をして財・サービスを生産し供給し，能力に応じた所得を受け取るわけです．つまり供給は，労働者の能力や企業の生産性に応じて決まっています．このことから，一国の総供給は，その国の労

図6　労働市場（古典派）

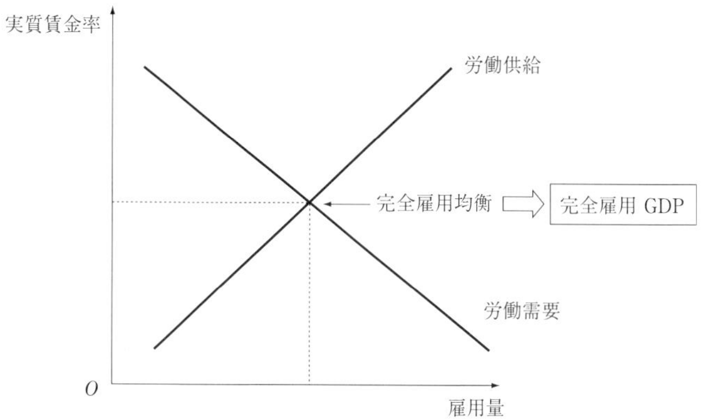
実質賃金率
労働供給
完全雇用均衡
完全雇用 GDP
労働需要
O
雇用量

働者の能力・その国の経済の生産性によって決定されることになります．このように完全雇用均衡に対応して決まる総生産や総所得を，完全雇用 GDP とか完全雇用国民所得などと呼びます．

マクロ経済の均衡は総供給＝総需要でした．以下では，経済活動の大きさを問題としますから，総供給も総需要もすべて実質で表されているとしましょう（各経済活動の名目値を，対応する物価水準で割った値を用いるとします）．先ほど確認したように，古典派の解釈の下では，総生産や総所得が完全雇用 GDP や完全雇用国民所得で決まり，総生産や総所得がマクロ経済の総供給となりますから，総供給が完全雇用 GDP や完全雇用国民所得の水準で決まります．総供給が決まっているのですから，後は，総供給に等しい総需要が生み出されるかたちでマクロ経済の均衡が実現することになります．このように，供給が需要を生み出すという考え方をセイの法則と呼びます．

セイの法則を，文字通り供給が自動的に需要を生み出すと解釈した場合，必ずしもそれを経済学者が信じているわけではありませんが，背景にある市場機構を考慮する場合には，次に説明するように，供給側の要因で決まる完全雇用 GDP や完全雇用国民所得が，マクロ経済の均衡として実現すると考えられます．

そのためにマクロ経済の均衡と貯蓄・投資のバランスについてもう一度確認しておきましょう．以下では単純化のために外国との貿易が存在しない経済を考えることにします．この場合，マクロ経済の均衡式である総供給＝総需要は

総生産＝民間消費＋民間投資＋政府支出

となります．またすでに第6章の1.2で確認しているように，貯蓄の定義を用いれば，この総供給＝総需要の均衡式は

　　　民間貯蓄＋政府貯蓄＝民間投資＋政府投資

となります．このように総供給と総需要が一致しているときには，一国全体の貯蓄と一国全体の投資が一致しています．民間貯蓄＋政府貯蓄を国内貯蓄，民間投資＋政府投資を国内投資とすると，総供給＝総需要となっているときには，国内貯蓄＝国内投資となっているわけです．

　そこで総供給＞総需要だとしましょう．この場合，完全雇用 GDP や完全雇用国民所得を実現するには総需要が小さすぎるわけですが，総需要が小さいということは消費や投資が小さすぎることになります．消費せずに残した所得は貯蓄ですから，消費が小さすぎるということは貯蓄が大きすぎることを意味します．このことから，総供給＞総需要の場合は，貯蓄が大きすぎるもしくは投資が小さすぎる，つまり国内貯蓄＞国内投資となります（貯蓄の定義を用いて総供給＞総需要の式を書き換えてもこの結果は導きだせますし，第6章の1.2でも同じ内容のことが説明されています）．

　逆に総供給＜総需要だとしましょう．この場合，総需要が大きすぎる，つまり消費や投資が大きすぎるわけです．ここで消費が大きすぎるということは貯蓄が小さすぎることになります．このことから，総供給＜総需要の場合は，貯蓄が小さすぎるもしくは投資が大きすぎる，つまり国内貯蓄＜国内投資となります．

　総供給と総需要の大小関係が貯蓄と投資の大小関係として解釈できることを今復習しました．そして貯蓄と投資が資金市場での資金の供給と需要となっていることをここで思い出してください．図7には改めて資金市場の需要と供給が描かれています．

　総供給＞総需要の場合は，先ほど説明したように，貯蓄が大きすぎるもしくは投資が小さすぎる状況となっています．資金市場を考えた場合，貯蓄が大きすぎるもしくは投資が小さすぎる状況とは，資金市場の均衡に比べて利子率が高すぎる状況に対応します．資金市場で需要よりも供給が大きすぎますから，利子率が下がり，均衡に近づいていくはずです．このように，総需要が総供給

第7章 マクロ経済の均衡と市場機構　　201

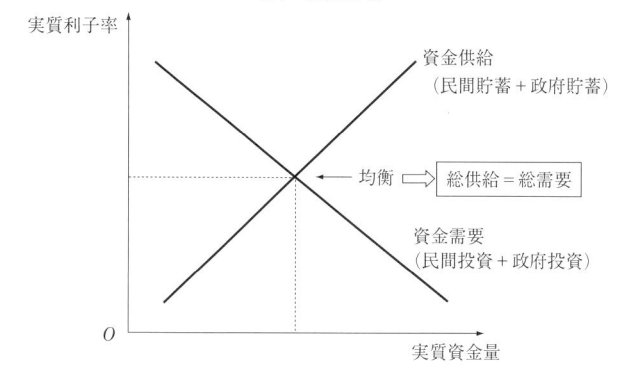

図7　資金市場

（縦軸：実質利子率、横軸：実質資金量。右上がりの直線が「資金供給（民間貯蓄＋政府貯蓄）」、右下がりの直線が「資金需要（民間投資＋政府投資）」。両者の交点が「均衡」であり、総供給＝総需要が実現している。）

に比べて小さすぎる場合は，貯蓄が投資よりも大きくなっていて資金市場で資金が余っており，市場機構が働くならば，資金市場で資金が余っていることを反映して利子率が下がり，貯蓄が減り投資が増え，その結果として最終的には貯蓄と投資が一致するはずです．そして貯蓄と投資が一致している時には総供給＝総需要が実現しています．

逆に総供給＜総需要の場合は，貯蓄が小さすぎるもしくは投資が大きすぎる状況となっています．これは，資金市場の均衡に比べて利子率が低すぎる状況に対応します．資金市場で需要の方が供給よりも大きすぎますから，利子率が上がり，均衡に近づいていくはずです．このように，総需要が総供給に比べて大きすぎる場合は，貯蓄よりも投資が大きくなっていて資金市場で資金が不足しており，市場機構が働くならば，資金市場で資金が不足していることを反映して利子率が上がり，貯蓄が増え投資が減り，その結果として最終的には貯蓄と投資が一致するはずです．そして貯蓄と投資が一致している時には総供給＝総需要が実現しています．

このように資金市場で市場機構が働くのであれば，資金市場で貯蓄と投資が一致しますから，マクロ経済の活動を考えると総供給と総需要も一致します．そして労働市場で市場機構が働くのであれば，労働市場で完全雇用均衡が実現します．この労働市場での完全雇用均衡の実現を反映して，マクロ経済の活動としての総供給は完全雇用GDPもしくは完全雇用国民所得が実現しているはずです．以上を整理すると，労働市場で完全雇用均衡が実現し，その結果として総供給は完全雇用GDPもしくは完全雇用国民所得が実現しており，資金市

場では国内貯蓄と国内投資が一致していることから，マクロ経済において総供給と総需要が一致します．このように，その国の生産能力を発揮すれば本来実現できる完全雇用 GDP や完全雇用国民所得が，マクロ経済の均衡において実現することになります．

ここでの説明では，労働市場と資金市場を別々の図にして議論してきましたが，実際には労働市場での経済活動が資金市場に影響を与えるでしょうし，逆の場合もあるでしょうし，図で書けるほど単純ではないでしょう．実際の経済活動の細かい点は複雑すぎて表現し切れません．しかし市場機構が働くことによって，労働市場でも資金市場でも需要と供給が最終的には一致します．つまり，市場機構が働くことによって，完全雇用 GDP や完全雇用国民所得が実現するようにマクロ経済の均衡が達成されます．これが古典派の解釈です．

3.2 マクロ経済の均衡とケインズ派

次にケインズ派の立場を考えましょう．すでに述べたように，ケインズ派は必ずしも市場機構が十分に機能するとは考えません．ケインズ派にしたがえば，労働市場では，非自発的失業が存在したままで均衡することが珍しくありません．仕事を探していても就職できない労働者が存在するわけです．労働市場での失業の存在は，労働市場で解決できる問題ではなく，マクロ経済の活動が停滞していて，労働需要が増えないから起きる問題となります．この問題意識が出発点となって，マクロ経済の活動に対する分析が始まったともいえます．

では，マクロ経済の均衡をどのように解釈するのでしょうか．マクロ経済の均衡式は総供給＝総需要でした．非自発的失業が存在するということは，新たに雇用を増やして生産を増やすことが経済全体としては可能です．つまり，経済全体としては生産能力に余裕があるわけです．それにもかかわらず経済活動が活発とならず，失業が解消されないとすれば，総需要の大きさが十分ではないからのはずです．言い換えれば，総需要が増えれば，生産能力に余裕があるわけですから，総生産が増えて総供給も増えるはずです．

このように，ケインズ派は，総需要が総供給を決めると考えます．逆にいえば，総需要が増えなければ総生産や総供給は増えないし総所得も生み出されないと考えます．この考え方を有効需要の原理と呼びます．

有効需要という言葉が出てきましたが，貨幣支出を伴う需要を有効需要と呼んでいます．ここでは総需要と同一視してもかまいません．有効需要，つまり

総需要が増えればその結果として総生産が増えて総所得が増えます．しかも総生産が増えるのであれば，その過程で労働需要も増えて失業率が小さくなるであろう，と考えるわけです．

マクロ経済の均衡式である総供給＝総需要は

　　総生産＝民間消費＋民間投資＋政府支出＋輸出－輸入

でした．総需要が増えることによって総生産が増えていくわけですから，総需要の各項目が増えるか否かが問題となります．民間の経済活動を考えた場合，民間消費や民間投資が増えれば，総需要が増えて総生産や総所得が増えます．政府の経済活動を考えた場合，政府支出が増えれば，やはり総生産や総所得が増えます．また海外との取引を考えた場合，輸出と輸入の差額が増えれば総生産や総所得が増えます．第5節や第8章以降で，財政政策を通じた総需要の増加，金融政策を通じた総需要の増加などについて詳しく見ていきます．ここでは，総需要がマクロ経済の活動に影響を与えることを理解してください（練習問題の4では，利子率が下がる場合に投資が増えて，その結果として総所得が増えることを数値例で示しています）．

　ここで一つ重要な論点を確認しましょう．総供給＝総需要となるわけですから，総需要が増えればその分だけ総供給が増えるのは，その国の経済の生産能力に余裕があり，需要に応じて経済主体が生産を増やすのであれば当たり前です．有効需要の原理に基づいて展開される議論はそれだけでは終わりません．何らかのかたち（例えば民間投資の増加のかたち）で総需要が1兆円だけ増えたとします．1兆円の需要が出てきたわけですから，その分総供給が1兆円増えて，その結果1兆円の所得が生み出され，総所得が1兆円増えるでしょう．ところが経済活動はこれで終わりません．この段階で1兆円所得が増えたわけですが，所得が増えれば，その結果として今度は民間消費が増えてくると考えられます（2.1での貯蓄の議論の復習となっています）．そこで，所得税を無視して，増えた所得がすべて自分で処分できるとし，民間主体は増えた所得の8割を消費に向けると仮定しましょう．この場合，所得が1兆円増えていますから，その8割，つまり8,000億円だけ民間消費が増えます．民間消費の増加は総需要の増加ですから，その分だけ総供給が増えて，その結果8,000億円の所得が生み出され，総所得が8,000億円増えます．ここで所得が8,000億円増えたわけですが，所得が増えればまた民間消費が増えるでしょう．再び増えた所得8,000

億円の8割,つまり6,400億円（＝8000×0.8）だけ民間消費が増えるとします．そして，この民間消費の増加はやはり総需要の増加ですから，その分だけ総供給が増え，総所得が6,400億円増えます．そしてこの所得の増加がまた民間消費を増やします．

　最初に何らかのかたちで総需要が増えると，このような波及効果を通じて，最初の総需要の増加分よりも大きな総生産や総所得の増加が生み出されます．詳細は次章で説明されますが，このような議論を乗数理論と呼びます．

3.3　経済成長と景気循環

　古典派とケインズ派の観点からのマクロ経済の均衡をそれぞれ説明してきました．一般的には，長期においては市場機構によって経済活動が定まり古典派の発想が意味をもってくるだろうが，短期においては市場機構が十分には機能しないのでケインズ派の発想が意味をもってくるだろう，というのが多くの経済学者の考え方になっていると思います．なるほど短期的には労働市場が十分に機能せずに，非自発的失業が存在する可能性があります．能力があり働く意欲がある人でも，仕事を見つけられない場合があり得るわけです．その場合には，ケインズ派の経済学の方が説得力をもってきます．一方で，能力があり働く意欲のある労働者の多くが，いつまでたっても失業したままであるとも考えにくいでしょう．時間が経てばある程度市場機構は機能してくると思われます．その場合，古典派の経済学の方が説得力をもってくるでしょう．

　ここで，マクロ経済の均衡における総生産について改めて考えてみましょう．本来実現できる総生産の大きさはどれくらいでしょうか．長期的には市場機構が機能するので，本来実現できる総生産である完全雇用GDPとか完全雇用国民所得が実現するでしょう．この完全雇用GDPが増えていかなければ，長期的には経済成長は期待できません．では，完全雇用GDPは何によって決まってくるでしょう．完全雇用GDPは主に三つの要因によって決まると考えられます．

　一つは労働の質や量です．能力の高い労働が多く投入されればされるほど，生産量が増えて総生産が増えます．各労働者の能力がどれくらい高いのか，労働者の数がどれくらい増えるのかによって，その国の総生産の大きさが変わってきます．教育水準や人口成長率がその国の完全雇用GDPに影響を与えます．教育への支出を教育投資と呼びますが，この教育投資が労働の質に大きな影響

を与えます．

　次に実物資本の量です．ここでの実物資本は生産設備を意味します．大きな工場で生産したり多数の機械を用いて生産すれば，生産量が増えて総生産が増えます．資本の質も当然重要です．最新の機械を用いて生産する方が総生産は増えるでしょう．そして設備投資をすることによって，実物資本は増えますし，最新の生産設備に更新されます．設備投資が実物資本に大きな影響を与えるわけです．

　ところが，実際の成長率は，労働や実物資本の増加率では十分に説明できません．そこで三つめの要因を考える必要が出てきます．この要因が技術です．同じ量の労働や実物資本であっても，技術水準が高ければ，生産量が増えて総生産が増えます．技術開発投資が完全雇用 GDP にとって非常に重要な意味を持ちます．以上から，教育投資・設備投資・技術投資が経済成長にとって重要であることが分かると思います．

　このように，長期的には労働・資本・技術によってその国の成長率が決まってきます．ところが短期的には，現実の経済活動が完全雇用 GDP から外れたりします．つまり景気低迷や景気過熱が短期的には生じます．なぜでしょうか．

　短期的には市場機構が十分に機能しない可能性が出てきます．その場合，自分の能力を発揮する仕事を労働者は見つけることができないかもしれません．また実物資本も有効に利用されていないかもしれません．本来実現するはずの総生産が実現できていない可能性が出てきますから，総需要がマクロ経済の均衡に影響を与えます．そして，生産能力の余裕がある状況であれば，総需要が増えることによって総生産が増えるでしょうから，短期的には総需要の大きさが経済活動を決める面が強くなります．総需要のなかには消費や投資や輸出がありますから，消費や投資や輸出の大きさが変動すれば，経済活動の大きさも変動し，短期的な景気循環が生じてしまいます．景気動向の判断の際に，民間消費や民間投資などに注目する理由はここにあります．

　以上のように，長期的な経済成長はその国の本来の生産力によって説明できる一方で，短期的な景気変動は消費や投資などの短期的な変動によってもたらされると思います．そしてその背景に，市場機構が十分に機能しているのか否かという問題があると考えられます．

練習問題

1. マクロ経済の均衡式を確認せよ．
2. マクロ経済の活動において何が重要となるか，古典派の立場とケインズ派の立場それぞれに従って考えよ．
3. 国内貯蓄を S，国内投資を I，総所得（国民所得）を Y，利子率を r として，貯蓄が所得と利子率に依存し，$S=-20+0.2Y+400r$ と表され，投資が利子率に依存し，$I=50-200r$ と表されるとする．完全雇用の下での総所得（完全雇用国民所得）が $Y=200$ であるとする．市場機構が機能する場合の利子率を求めよ．
4. 国内貯蓄を S，国内投資を I，総所得（国民所得）を Y，利子率を r として，貯蓄が所得と利子率に依存し，$S=-20+0.2Y+400r$ と表され，投資が利子率に依存し，$I=50-200r$ と表されるとする．労働市場では不完全雇用均衡が成立しているために，総所得は完全雇用国民所得とならないとする．(1)もし利子率が 8 ％（$=0.08$）であれば投資はいくらになるか．その場合に貯蓄と投資が一致すためには総所得がいくらになるか．(2)利子率が 6 ％（$=0.06$）であれば投資はいくらになるか．その場合に貯蓄と投資が一致すためには総所得がいくらになるか．

4　マクロ経済と貨幣

　これまでの議論では，貨幣の問題が出てきさせんでした．そこで，貨幣を次に取り上げます．大昔には，貝殻や塩などが貨幣として使われていました．時が進むと，金や銀が貨幣として使われます．その後，紙幣や硬貨が貨幣として使われるようになります．現在は，紙幣や硬貨を金や銀と交換することは一般的にできませんが，金や銀と交換することが保証されていた時代もありました．このようにさまざまなかたちをとってきた貨幣が，マクロ経済においてどのような意味をもつのかを考えていきます．

4.1　貨幣供給

　まず，貨幣とは何かを考えましょう．貨幣とは何かを考えるために，貨幣の機能が何であるのかを考えます．貨幣の機能としては，(1)交換手段，(2)価値貯蔵手段，(3)価値尺度の三つが一般にあげられます．財やサービスを取引する際に貨幣が必要とされますし，資産などの価値を貯蔵するためにも貨幣は利用されますし，財やサービスの価値は通常は貨幣で測られています．
　我々が通常使っている紙幣や硬貨といった現金が貨幣であるという点は，誰もが納得すると思います．このような現金は，政府の銀行である中央銀行が発

行します．我々が現金と呼んでいるものは正確には中央銀行券です．日本の場合は，日本銀行が中央銀行で，1万円札や5,000円札などには日本銀行券と印刷されているのが確認できると思います．

ところが，このような現金以外にも貨幣としての役割を演じているものがあります．現金はもっていないけれど預金をもっているとしましょう．現金が無くても取引は可能です．例えば，小切手を発行することによって企業は財やサービスを購入できますし，我々もカードを提示してサインすればやはり財やサービスを購入できます．

小切手やカードによってなぜ取引ができるのでしょうか．小切手を発行した場合，後で発行者の預金口座からその分の金額が差し引かれます．カードでサインした場合も同様で，後でサインした人の預金口座からその分の金額が差し引かれます．現金が無くても預金をもっていれば，その分の取引はできるわけです．このことから，預金も貨幣としての役割を演じていると考えられます．例えば，100万円分の取引をするためには100万円分の貨幣が必要となります．この100万円を現金で用意してもよいのですが，現金をもたなくても預金口座に100万円の残高があれば，やはり100万円分の取引が可能となるわけです．

このように，民間経済主体が保有する紙幣・硬貨である現金通貨と，民間経済主体の保有する預金の合計が貨幣となります．そして現金通貨は具体的には中央銀行券（日本銀行券）の形態をとっていますが，中央銀行券がすべて現金通貨となるわけではありません．実は，銀行が中央銀行に預ける中央銀行券は現金通貨には含めません．この中央銀行内に保有される中央銀行券を，準備預金とか支払準備と呼びます．この分は中央銀行内に保有されているので，現金通貨には含めないわけです．改めてまとめると，準備預金を除いた中央銀行券，つまり現金通貨と預金の合計が貨幣となります．

実際に経済のなかに存在する貨幣の合計量を貨幣供給量（マネー・ストック）と呼びます．これには，預金としてどの範囲までを含めるかで，M1，M2，M3の区別がありますが，基本的には現金通貨と預金の合計となっています．以下ではM1とM2の違いといった細かい貨幣供給量の定義にはこだわらずに議論を進めましょう．興味がある人はぜひ日本銀行のホームページを見て，貨幣供給量の細かい定義や実際の量を調べてみてください．

4.2 信用創造

預金も貨幣であることを確認しました．この預金は民間銀行の活動を通じて生み出されていきます．その結果として，以下で示されるように，日本銀行券（中央銀行券）の発行量よりも多くの貨幣が経済に供給されます．このことを信用創造と呼びます．そこで，この信用創造について見ていきましょう．

例えば，ａさんが100万円分の現金（日本銀行券）をもっていたとしましょう．ａさんは100万円を現金でもっていなくても，預金としてもっていれば，100万円の預金という貨幣を確保できます．そこでａさんはＡ銀行に100万円預金したとします．この時点でａさんは現金通貨を手放しますが，100万円の預金を確保します．

ａさんが預金として預けた日本銀行券を，Ａ銀行は貸し出しに回して利潤を得ようとするでしょう．ただし，預かった日本銀行券をすべて貸し出しに回してしまうと，銀行の手元に日本銀行券がなくなってしまい，ａさんが預金を引出しに来たときに対処できません．そこで，銀行は預金として預かった日本銀行券の一部，例えば10％を準備預金として残して，残りの90％である90万円を貸し出すとします．

そこで，Ａ銀行が90万円をｂさんに貸し出したとしましょう．この段階で，ｂさんが現金通貨90万円をもっていて，ａさんが預金100万円をもっています．つまり，最初100万円の日本銀行券しかなかったのに，ａさんとｂさんの２人の手元に190万円の貨幣が生み出されています．しかも，ｂさんも貨幣を現金のかたちでもっている必要はありません．ｂさんがＢ銀行に90万円預金したとしましょう．このＢ銀行はＡ銀行と同じでもかまいませんが，記号のうえではＡ銀行と区別をしておきます．その結果，ｂさんの手元には90万円の預金が残ります．

Ｂ銀行も，この90万円の預金のうちの10％を準備預金として残して，残りの81万円をｃさんに貸し出すとしましょう．その結果，ａさんとｂさんが預金を合計190万円所有し，ｃさんが現金通貨を81万円所有し，貨幣は271万円となります．そしてｃさんがその現金を預金するかもしれません．

このようにして預金が創造されていきます．ちなみに，すべての人が現金を全額預金して貨幣は全て預金のかたちで所有し，すべての銀行が10％の準備預金を残して90％を貸し出しに回すと仮定すれば，預金は100＋90＋81＋72.9＋……万円となり，計算すると合計1,000万円の預金が創造されます．（この計算

結果はすぐ後で確認します．もちろん現金と預金の割合や準備預金の割合が変わったりすれば結果は変わります）．これが信用創造と呼ばれるものです．

では，信用創造の結果として，どれだけの貨幣供給量が生み出されるのかを確認しましょう．現金通貨と準備預金の合計，つまり日本銀行券（中央銀行券）の発行量をハイパワード・マネーとかマネタリー・ベースと呼びます．

$$\text{ハイパワード・マネー} = \text{現金通貨} + \text{準備預金}$$

となります．貨幣供給量は，既に説明したように

$$\text{貨幣供給量} = \text{現金通貨} + \text{預金}$$

でした．ここで両者の比をとると

$$\frac{\text{貨幣供給量}}{\text{ハイパワード・マネー}} = \frac{\text{現金通貨} + \text{預金}}{\text{現金通貨} + \text{準備預金}}$$

となります．ここで右辺の分母と分子をそれぞれ預金で割ると，

$$\frac{\text{貨幣供給量}}{\text{ハイパワード・マネー}} = \frac{\text{貨幣供給量}/\text{預金}}{\text{ハイパワード・マネー}/\text{預金}}$$

$$= \frac{\text{現金通貨}/\text{預金} + 1}{\text{現金通貨}/\text{預金} + \text{準備預金}/\text{預金}}$$

となることが分かります．ここで一般に，現金通貨/預金を現金・預金比率，準備預金/預金を準備率と呼びます．すると前述の関係式は

$$\frac{\text{貨幣供給量}}{\text{ハイパワード・マネー}} = \frac{\text{現金・預金比率} + 1}{\text{現金・預金比率} + \text{準備率}}$$

となり，そこから

$$\text{貨幣供給量} = \frac{\text{現金・預金比率} + 1}{\text{現金・預金比率} + \text{準備率}} \times \text{ハイパワード・マネー}$$

が得られます．この関係式における（現金・預金比率＋1）/（現金・預金比率＋準備率）を貨幣乗数とか信用乗数と呼びます．

これは，ハイパワード・マネーの貨幣乗数倍の貨幣供給量が経済全体で生み

出されることを示します．預金以上に準備預金を残すことはできませんから，準備率は1よりも小さく，この貨幣乗数は必ず1よりも大きくなることが分かります（準備率が1よりも小さいことから，貨幣乗数の分母の方が分子よりも小さく，その結果として貨幣乗数は必ず1よりも大きくなります）．つまり，ハイパワード・マネーよりも大きな貨幣供給量が実現するわけです．このことが信用創造を意味しています．

　貨幣乗数を詳しく見ることにより，準備率が小さくなれば貨幣乗数の分母が小さくなり，貨幣乗数が大きくなり，貨幣供給量が大きくなることが分かります．逆に，準備率が大きくなれば貨幣乗数の分母が大きくなり，貨幣乗数が小さくなり，貨幣供給量が小さくなることが分かります．また，現金・預金比率が小さくなれば，民間経済主体は，手元に現金を残すよりも銀行に預金する割合を大きくしていることになります．この結果，信用創造に向けられる預金が大きくなりますから，貨幣乗数が大きくなり，貨幣供給量が大きくなります．逆に現金・預金比率が大きくなれば，民間経済主体は，銀行に預金するよりも手元に現金を残す割合を大きくしていることになります．この結果，信用創造に向けられる預金が小さくなりますから，貨幣乗数が小さくなり，貨幣供給量が小さくなることが分かります（練習問題1と2の数値例で確認してください）．

　ちなみに，先ほどの具体例のように，すべての人が現金を全額預金して預金のかたちで貨幣を所有し，すべての銀行が10％の準備預金を残して90％を貸し出しに回す場合，現金・預金比率＝0と準備率＝0.1となっています．貨幣乗数は10（＝1/0.1）となり，100万円の日本銀行券から1,000万円の貨幣供給量が生み出されます．そこでは現金・預金比率をゼロとしましたから，銀行以外の民間主体は現金通貨を所有せず，日本銀行券はすべて準備預金となり，非現実的な具体例となっていますが，日本銀行券が信用創造を通じて貨幣を生み出す過程が単純化したかたちで表されています．

4.3　貨幣と実物経済

　ここで，貨幣と実物経済の経済活動との関係についても簡単に見ておきましょう．細かな論点は省略しながら議論を展開しますが，簡単なイメージをここで形成することは理解の助けになると思います．

　古典派にしたがって，マクロ経済の均衡と貨幣の関係をまず見ていきましょう．古典派の考え方の下では，労働市場や資金市場の市場機構が機能している

ので，完全雇用均衡が実現し，総生産も完全雇用 GDP や完全雇用国民所得となります．つまり，貨幣供給量に関係なく実質の経済活動の大きさは決まっています．

貨幣の流通量が変化したとします．貨幣の流通は必ず経済取引を伴いますから，その分だけ取引の金額，つまり名目取引量が変化します．つまり，400兆円の貨幣の流通があったということは，400兆円の貨幣の受取・支払があり，それは400兆円の名目取引量があったことを意味します．

貨幣供給量が増えると，一般的に貨幣の流通量が増えますから，その結果として取引の金額が大きくなります．つまり，その分だけ経済活動の名目値は大きくなります．先ほどの例のように，400兆円の貨幣の流通があり，400兆円の名目取引量が実現しているとします．そこで貨幣供給量が増えて貨幣の流通量が450兆円になれば，その結果450兆円の名目取引量が実現しているはずです．ただ，実質の経済活動は，各市場の需要と供給からすでに決まっていますから，実質値は変化していません．実質の経済活動は変化していないのですから，取引も実質で考えれば変化していないはずです．名目値と実質値の関係は

　　実質値＝名目値/物価水準

でした．ここで実質値が変化していないのに名目値が大きくなっているわけですから，実質値＝名目値/物価水準より，物価水準が上昇していることになります．つまり貨幣供給量が増えていくと，インフレーションが生じます．

逆に貨幣供給量が減ると，貨幣の流通量が減り，その分だけ名目取引量が小さくなります．つまり，その分だけ経済活動の名目値は小さくなります．ただ，市場機構が機能していれば，この場合でも実質値は変化していません．実質値が変化していないのに名目値が小さくなっているわけですから，物価水準が下落しているはずです．つまり貨幣供給量が減っていくと，デフレーションが生じます．

このように貨幣供給量が物価水準を決めるという考え方を，貨幣数量説と呼びます．長期的には市場機構が機能して，古典派の経済学の考え方が有効であるだろうとすでに説明しました．貨幣と実物的な経済活動の関係を考えた場合，長期的には，実物的な経済活動は市場機構の下での市場均衡として，つまり労働や資金を含めた財やサービスの需要と供給から決まり，貨幣供給量は物価水準を決めるであろうと考えられます．

以上が，古典派の経済学にしたがった場合の貨幣とマクロ経済の関係です．一方で短期の経済を考えた場合，市場機構が十分に機能するとは限りません．そこでケインズ派の経済学の考え方が意味をもってきます．貨幣供給量が利子率の変化を通じて実物経済に影響を与えるとケインズは考えました．この考えの背景に流動性選好説があります．流動性選好については第8章で詳しく見ていきますが，実物経済に与える影響を簡単に見ておきましょう（第8章の IS-LM 分析のなかで詳しく説明します）．

簡単にいってしまえば，貨幣供給量が多くなれば，お金が余り，利子率が下がりますし，貨幣供給量が少なくなれば，お金が足りなくなり，利子率が上がります．すでに説明したように，利子率が下がると民間投資が増えます．逆に利子率が上がると民間投資は減ります．以上の関係を整理すると以下のようになります．貨幣供給量が増えれば利子率が下がるわけですから，その結果として民間投資が増えます．後は有効需要の原理もしくは乗数理論にしたがって，総生産が大きくなります．逆に貨幣供給量が減れば利子率が上がり，その結果として民間投資が減り，有効需要の原理にしたがって総生産が小さくなります．このように，市場機構が十分に機能しない短期の場合，貨幣供給量が利子率の変動を通じて経済活動に影響を与えることになります．

練習問題

1. (1)現金預金比率が0.2で準備率が0.1のときに，ハイパワード・マネーが100兆円であれば，貨幣供給量はいくらになるか．(2)現金預金比率は0.2のままであるが，準備率が0.05となった場合，ハイパワード・マネーが100兆円であれば，貨幣供給量はいくらになるか．(3)準備率は0.1のままであるが，現金預金比率が0.1となった場合，ハイパワード・マネーが100兆円であれば，貨幣供給量はいくらになるか．
2. (1)現金預金比率が0.4で準備率が0.1のときに，ハイパワード・マネーが100兆円であれば，貨幣供給量はいくらになるか．(2)現金預金比率は0.4のままであるが，準備率が0.16となった場合，ハイパワード・マネーが100兆円であれば，貨幣供給量はいくらになるか．(3)準備率は0.1のままであるが，現金預金比率が0.5となった場合，ハイパワード・マネーが100兆円であれば，貨幣供給量はいくらになるか．
3. 市場均衡として決まってくる実質取引額が200兆円とする．取引の結果実現した貨幣の流通量が400兆円の時に物価水準はいくらになるか．また，この貨幣の流通量が440兆円に増えた場合に，物価水準はいくらになるか．
4. 市場均衡として決まってくる実質取引額が300兆円で，取引の結果実現した貨幣の流通量が450兆円であるとする．経済が成長し実質取引額が360兆円となった際に，貨幣の流通量が500兆円に伸びていたとすれば，物価水準は上がっているか下がっているか．また，経済の

成長に応じて,物価水準を安定させる(物価水準を変動させない)ためには,貨幣の流通量がどれだけになっていなければならないか.

5　財政・金融政策

これまでの議論から,政府の政策,具体的には財政政策や金融政策に関してどのような考え方が導き出されるでしょうか.財政や金融の基本的な論点については後の章で改めて考えることにし,ここでは,財政政策として政府支出や税(主に所得税)の水準の決定,金融政策として貨幣供給量の決定を考え,それぞれがマクロ経済の活動にどのような影響を与えるのか考えていきます.

5.1　古典派と経済政策

古典派の解釈にしたがった場合,経済政策の効果はどうなるでしょう.市場機構が働くことによって完全雇用 GDP や完全雇用国民所得が実現できるわけですから,市場機構が機能する環境を作ることが政策としては必要となります.市場機構が機能する環境が整備されているならば,後はできるだけ経済活動を市場機構に任せるべきでしょう.

例えば財政政策を考えます.総生産が完全雇用 GDP や完全雇用国民所得の水準にあるわけですから,政府支出が増加し,短期的に総生産が増えても,長期的には完全雇用 GDP や完全雇用国民所得以上には増えません.結局政府支出が増えることによって,民間消費や民間投資が減少してしまうでしょう.政府が無駄にお金を使うことによって,民間が需要を減らさざるを得なくなるわけです.政府の経済取引への介入によって市場での経済活動の効率性が下がってしまうことも第4章で学びました.当然,こうした効率性の低下はマクロ経済の経済活動にもマイナスの影響を与えると考えられます.

金融政策も,総生産がすでに完全雇用 GDP や完全雇用国民所得の水準にあるわけですから,やはり効果をもたないという結論が出てきます.貨幣供給量を増やしていっても,実物経済は影響を受けませんから,結局は物価水準が上がっていき,インフレーションが生じてしまいます.この内容を貨幣数量説と呼ぶことをすでに説明しました.

このような考え方の下では,どのような政策が考えられるでしょう.例えば政府の規制が強すぎると,規制によって守られた生産性の低い産業に資金や資

源が投入されてしまい，その結果として経済全体の生産性が下がったままであるという可能性が出てきます．規制をできるだけ無くして，市場での自由な競争に任せた方が経済全体の生産性が上がると考えられます．

ただ，市場機構が十分に機能しなければ，前述のような結論は出てきません．例えば，資金市場で市場の失敗が生じていて，市場が機能していなければ，経済全体の経済活動も停滞してしまうでしょう．市場の失敗はすでに第5章で説明しましたが，経済活動によっては，市場機構が十分に働かない可能性が出てきます．公共財などは，市場機構で効率的に供給できませんから，政府が財政政策として供給する必要性が出てくるでしょう．資金市場が機能しなければ，投資が適切な水準で決まるとは限らなくなります．また労働市場で市場の失敗が生じていれば，労働者の働く意欲をうまく引き出すことに失敗したり，各労働者が能力を発揮する機会が失われてしまう可能性も出てきます．労働契約を結ぶときの慣習や企業内の文化といったものが，一国経済の経済活動に影響を与えるかもしれません．また生産性が供給量に影響を与えますが，生産性そのものを上げるために教育や技術開発に力を入れることも必要でしょう．金融市場を政府が監督したり教育に政府が力を入れるという考え方は，市場機構を尊重するという発想と必ずしも矛盾はしません．

5.2 ケインズ派と経済

次に，ケインズ派の考え方から経済政策について考えましょう．有効需要の原理の下では，政府の役割に対する解釈が古典派と異なったものになります．有効需要の原理の下では，何よりも需要を増やさないと経済活動は活発となりません．そこで，財政政策や金融政策を，経済の状況に応じて裁量的に用いることが主張されます．

公共投資を増やすといったかたちで政府支出を増やす政策を考えてみましょう．この場合は，総需要の一項目である政府支出が政策によって大きくなるわけですから，その分だけ総需要が大きくなります．総需要が大きくなれば，有効需要の原理により総生産が増えます．しかも，そこで乗数理論が働くことにより，政府支出の増加以上の総生産の増加が実現します．そうなれば労働市場で労働需要が増えて失業率も小さくなるでしょう．

また所得税減税も景気対策として考えられます．所得税が減額されれば，その分だけ民間の経済主体が自分で処分できる所得，つまり民間の可処分所得が

増えます．そして民間の可処分所得が増えれば民間消費が増えるでしょう．その結果として総需要が大きくなり，有効需要の原理により総生産が増えます．ここでも乗数理論が働くことにより，減税額以上の総生産の増加が実現します．

以上のように政府支出や所得税等の操作を通じての政策が考えられます．これらは財政政策の範囲に入ります．

ケインズの考え方の特徴は，この有効需要の原理や乗数理論だけではありません．流動性選好説の下では，貨幣供給量が利子率に影響を与えることを簡単に紹介しました（詳細は次章で説明します）．この議論から金融政策を考えることができます．日本銀行（中央銀行）が貨幣供給量を増やした場合を考えましょう．その場合貨幣市場で貨幣が余り，その結果として利子率が下がります．すでに述べたように，一般に利子率が下がれば民間投資が増えます．民間投資が増えればその分だけ総需要が大きくなり，有効需要の原理より総生産が増えます．

以上のように，ケインズ派にしたがえば，政府が財政・金融政策を通じて積極的に経済活動に介入するべきであるという結論が導き出されます．

5.3 市場機構とマクロ経済

ここまでは，古典派とケインズ派の二つの立場それぞれにしたがってマクロの経済活動について考えてきました．一般的には，長期においては市場機構によって経済活動は定まり，古典派的な発想が意味をもってくるだろうが，短期においては市場機構が十分には機能しないので，ケインズ派的な発想が意味をもってくるであろう，というのが一般的な考え方になっているとも述べました．

アダム・スミス以来，経済学では，できるだけ経済活動を自由な競争に任せようという発想が一貫して存在してきました．これを現在において説明したのが，ミクロ経済学での市場機構の機能についての考え方です．これが第3章での主要な結論です．一方で，自由な競争や市場での取引だけで，経済活動の問題がすべて解決できるわけではないことも，アダム・スミス以来認識されてきました．すでに説明した第5章の市場の失敗もその一例です．そして，市場機構の働きが不十分であれば，マクロ経済の活動に関しては，ここでの短期の観点からの分析が意味をもってくるでしょう．

今までの分析では，短期の経済活動をケインズ派の解釈にしたがって，長期の経済活動を古典派の解釈にしたがって整理してきました．ただし，経済活動

の分析を単純に短期と長期に分けることができるとはいえないでしょう．本来実現するはずの長期的な経済活動は，市場機構が必ずしも十分に機能しない短期における経済活動に影響を与えると思いますし，短期の経済活動の積み重ねによって長期の経済活動も変化すると思います．二つを単純に分けたのは，あくまでも分析を分かりやすくするためであり，ミクロ経済学の思考法を生かし，市場機構の機能とその限界を考えながら，経済活動を総合的に分析する意識をもつように試みて下さい．

現在，ケインズ派と古典派は，それぞれ新しいケインズ派経済学と新しい古典派経済学と呼ばれるものとなり，その分析手法は高度なものとなっていますが，一方で分析の土俵はかなり共有化されています．どちらの立場に立つとしても，経済活動の長期的な水準は，労働力，資本そして技術によって決まってくるが，市場機構が機能しない場合には，経済活動が完全雇用の状態から乖離し，市場機構の機能不全の原因に注意しながら，財政・金融政策を講ずる必要が出てくる，という考え方が基本になると思います．

市場機構を重視する古典派の立場であっても，市場機構の働きについての意識が強い分だけ，余計に市場機構の限界（「市場の失敗」についての議論を読み直してください）に対する認識をもち，政府の役割を重視するという可能性もあります．一方で，市場機構の限界を議論の出発点とするケインズ派の立場であっても，逆に政府の政策の詳細に関する知識の蓄積から，政府の失敗（政府の行動が，結果的に望ましくない結果をもたらす問題を総称して「政府の失敗」などと呼びます）に対する意識が強くなり，市場機構を機能させる必要性を訴える可能性もあります．結局，市場機構の働きを重視しながらも，実際に生じる市場機構の限界にどのように対処して，マクロ経済の活動を望ましい方向にどのように持っていくのかという発想が，立場にかかわらず，経済学での基本的な問題意識ではないかと思います．

練習問題
1. 市場機構が十分に機能しているとする．この場合に望ましい財政政策としてどのようなものが考えられるか．
2. 市場機構が十分に機能しているとする．この場合に望ましい金融政策としてどのようなものが考えられるか．
3. 市場機構が十分には機能せず非自発的失業が存在するとする．この場合に望ましい財政政策としてどのようなものが考えられるか．

4. 市場機構が十分には機能せず非自発的失業が存在するとする．この場合に望ましい金融政策としてどのようなものが考えられるか．

6 最近の分析例

現在は，ケインズ派と古典派は新しいケインズ派経済学と新しい古典派経済学となっていると説明しました．その中での分析の一例をここで少し紹介しましょう．

6.1 名目賃金率の硬直性
名目賃金率の決定が労働者に与える影響を考えましょう．労働契約では情報の非対称性が存在するため，逆選択やモラル・ハザードといった問題が生じる可能性があります．企業が名目賃金率を低くした場合，優秀な労働者から会社を辞めていく可能性がでてきます．これが逆選択の問題です．また名目賃金率を低くした場合，労働者の労働意欲が萎えて努力水準が下がる可能性もあります．これがモラル・ハザードの問題です．このような問題に対処するために，各企業が名目賃金率を高めに設定するかもしれません．この場合，名目賃金率の下方硬直性が見られるでしょうし，各企業が高めの名目賃金率を設定しますから，非自発的失業が生じてしまいます．このような考え方を効率的賃金仮説と呼びます．

また，実際に賃金率を交渉で決める際に，労働組合は現在雇用されている労働者の立場のみを考慮し，そのために高い賃金率を要求する可能性もあります．このため，労働市場で非自発的失業が存在していても，実際に交渉で決まる名目賃金率が高くなってしまいます．この考え方をインサイダー・アウトサイダー理論と呼びます．

6.2 名目価格の硬直性
名目賃金率の硬直性から市場機構の限界を説明する考え方と並んで，名目価格の硬直性に注目して市場機構の限界を説明する考え方が存在します．完全競争市場と異なり，企業が市場において独占力を有するならば，企業が自ら価格を設定します．そこで価格を変更するコストが存在するならば，需要が変動しても価格による調整がなされず，価格が硬直的になるかもしれません．価格が

硬直的になれば市場機構は機能しにくくなってしまいます．この考え方をメニュー・コスト理論と呼びます．

6.3　金融市場

　金融市場でも，情報の非対称性のため，逆選択やモラル・ハザードが生じる可能性があります．例えば，資金市場で資金の超過需要が存在するとしましょう．情報の非対称性が存在しなければ，利子率が上昇し，その結果として資金市場の需給は均衡します．しかし，逆選択が生じるならば，利子率を上昇させることにより，優良な借り手が市場から退出し不良な借り手のみが資金を借りる可能性がでてきます．そのため銀行は，資金の超過需要があったとしても利子率を上昇させられません．そのために資金の割り当てが起きて，現行の利子率で資金を需要しても，資金が手に入らず投資を実行できない企業が出てきてしまいます．

　銀行が資金を提供した後で，企業はその資金を私的な利益のために使ってしまうという，モラル・ハザードの可能性もあります．その場合にも，銀行は資金の供給に慎重となるでしょう．この場合にも資金の割り当てが起きる可能性があります．

　以上の論点から，インフレーションおよびデフレーションによる景気循環を説明することも可能となります．逆選択やモラル・ハザードに対処するために，銀行が担保を企業に要求している場合が多く観察されます．その場合，インフレーションに伴って担保の名目価値が高まれば，銀行の資金供給が容易になり民間投資が増加して，それが景気の過熱を生み出します．逆にデフレーションに伴って担保の名目価値が低まれば，銀行の資金供給が絞られるために民間投資が減少して，それが景気の後退を生み出します．

第8章
IS-LM 分析

　マクロ経済の活動について，ケインズ派の考え方と古典派の考え方にしたがって整理してきました．古典派の考え方は，市場機構に基づいた経済活動の決定が基本となっており，その市場機構についてはミクロ経済学で学んできました．もし時間があれば，労働市場や資金市場への応用を考えながら，そして市場機構で決まってくる経済活動が長期的にはマクロ経済の活動を決めるという意識をもちながら，ミクロ経済学の箇所を読み直してください．労働や資金を含めた財やサービスの取引はその需要と供給から決まり，そのような経済活動を集計したものがマクロの経済活動となります．そこでの経済活動はその国の生産性を反映したものとなっているでしょう．

　ところが，市場機構は，常に十分なかたちで機能するとは限りません．この場合，マクロの経済活動は，その国の生産性から考えて本来実現するはずの経済活動とは異なってくる可能性が出てきます．その際にはケインズ派の考え方が有効となってくることを説明してきました．ここでは，ケインズ派の代表的な分析手法である *IS-LM* 分析について見ていきます．この *IS-LM* 分析では，*IS* 曲線と *LM* 曲線を使ってマクロ経済の経済活動を分析していきます．

　ケインズ派の経済学では，需要が供給を決めるという有効需要の原理にしたがって，マクロ経済の均衡を分析することをすでに説明しました．その分析から導き出されるのが *IS* 曲線です．ここで *IS* は投資 Investment と貯蓄 Saving の頭文字を並べています．総供給＝総需要は貯蓄・投資バランスとして書き換えられることを説明しました．総供給＝総需要を表すために，つまり投資と貯蓄のバランスであることを表すために *IS* 曲線と名づけているわけです．

　前述の総供給＝総需要の関係は，財・サービスの取引，つまり財・サービス市場での均衡となっています．総需要のなかに民間投資がありますから，有効需要の原理の下では，財・サービス市場の均衡での経済活動は民間投資の大き

さに依存します．そして民間投資は利子率に依存しますから，財・サービス市場の均衡は利子率の影響を受けます．総生産が完全雇用 GDP もしくは完全雇用国民所得となっていないときに，利子率はどのように決まるでしょうか（第7章の3.1でも見たように，総生産が完全雇用 GDP もしくは完全雇用国民所得として実現している場合には，貯蓄と投資のバランスから実質利子率が決まりました）．

 IS-LM 分析では，利子率の決定を考えるための金融市場として，貨幣市場，つまり貨幣供給と貨幣需要を考えます．特に貨幣需要を流動性選好と呼びます．流動性選好の特徴を考えながら，貨幣市場の均衡，つまり貨幣供給＝貨幣需要となる状況を分析して導き出されるのが *LM* 曲線です．ここで *LM* は流動性選好 Liquidity Preference と貨幣供給 Money Supply の頭文字を並べています．

 なお，需要を市場での買い，供給を市場での売りというかたちで理解してきた場合，貨幣の流通を考えると混乱するかもしれません．国内だけを考えた場合，貨幣を売ったり買ったりというのはイメージしにくいと思います．ここでは，貨幣需要は経済全体で必要とする，もしくは手元に確保しようとする貨幣の量，貨幣供給は経済に存在する貨幣の量を意味していて，必ずしも売買を意味しているわけではありません．

 これから説明していくように，マクロ経済の均衡は，財・サービス市場の均衡を表す *IS* 曲線と貨幣市場の均衡を表す *LM* 曲線を使って示すことができ，さらに *IS* 曲線や *LM* 曲線を使って財政政策や金融政策の効果が分析できます．

 以下では経済活動の大きさを分析することを目的としますから，特に断らない限り，実質値で議論します．つまり，総生産や貨幣量などはすべて実質値とします．ただし，*IS-LM* 分析では物価水準は一定と仮定します．そのために特に名目値と実質値との区別はなくなりますが，経済活動は本来は実質値で評価すべきですし，実質値と名目値の区別は重要ですから，経済活動の大きさを実質値で評価しているという意識は保持してください（物価水準については次の章で考えます）．

1　*IS* 曲線

 まず，財・サービス市場の均衡について，有効需要の原理の観点から考えていきましょう．すでに説明したように，利子率との関係を考慮して，財・サービス市場の均衡について分析することによって，*IS* 曲線が導き出されます．

1.1 均衡総生産

　均衡での総生産もしくは総所得は，財・サービス市場の総供給と総需要の一致から決まります．すでに説明したように，ケインズは，総需要が総供給を決め，マクロ経済の均衡が実現すると考え，これを有効需要の原理と呼びました．有効需要，つまり総需要がマクロ経済の経済活動を決めると考えているわけです．外国との取引を無視すると，総供給＝総需要は

　　　総生産＝民間消費＋民間投資＋政府支出

となります．この均衡式を満たすように，均衡における総生産および総所得は定まるわけです．

　例えば，民間投資は本来なら金融市場で定まる利子率に依存しますが，ここでは常に一定として30兆円としましょう（IS-LM 分析における利子率の決定はこの後で議論します）．政府支出の大きさは政府の予算で決まっているでしょうから一定とし，ここでは10兆円とします．民間消費は，貯蓄についての議論のなかで説明しましたが，現在や将来の所得や利子率などに依存します．ここでは現在の所得との関係だけに注目し，表1となっているとしましょう．表1から，総所得が増えると民間消費が増えていくことが確認できると思います．例えば総所得が200兆円から210兆円へ10兆円増えた場合に，民間消費が170兆円から178兆円へ8兆円増えています．ここでの具体例では，所得が増えた場合に，その増えた所得の8割が消費に向かうと想定されています．この消費の増える割合の重要性は後で確認されますから，所得が増えた際の消費の増える割合という論点の存在を記憶しておいてください．

　マクロ経済の活動がどのようになるかを考えましょう．そこで総生産が200兆円であるとします．そのときは総所得も200兆円となり，表1より民間消費が170兆円となります．民間投資は30兆円，政府支出は10兆円と想定されていました．この場合は，総供給と総需要を比較すると，200＜170＋30＋10ですから，総供給＜総需要となり，財・サービス市場で超過需要となります．この場合，総需要が大きく，品不足が生じていますから，生産量が増え，総生産が大きくなるでしょう．総需要が大きいから経済活動が拡大していくわけです．

　そこで総生産が210兆円に増えたとします．金融市場の状況に応じて民間投資の大きさは本来変化しますが，ここでは一定としていました．また政府支出もすでに予算で決められていますから一定としています．ただ，総生産が210

表1 総所得と民間消費

総所得	200	210	220	230	240	250	260	270	280	290	300
民間消費	170	178	186	194	202	210	218	226	234	242	250

兆円に増えれば総所得も210兆円に増え，その結果として，民間消費は表1より178兆円となります．総所得が10兆円増えていますから，その8割である8兆円だけ民間消費が増えて178兆円となっているわけです．マクロ経済の活動を調べると，総生産は210兆円，民間消費は8兆円増えて178兆円，民間投資が30兆円，政府支出が10兆円で，210＜178＋30＋10より，まだ総供給＜総需要となっています．総需要の方が大きいことから，さらに総生産は増えていくでしょう．このようにして，総生産が本来の均衡で実現する総生産に比べて小さすぎれば，総需要の大きさに引っ張られて総生産が増えていきます．

逆の状況を見るために，総生産が300兆円であるとしましょう．そのときは総所得も300兆円となり，民間消費は表1より250兆円となります．民間投資は30兆円，政府支出は10兆円でした．この場合は300＞250＋30＋10ですから，総供給＞総需要となり，財・サービス市場で超過供給となります．この場合，総需要が小さく，売れ残りが生じていますから，生産量が減り，総生産が小さくなるでしょう．総需要が小さいから経済活動が縮小していくわけです．

そこで総生産が290兆円に減ったとします．民間投資と政府支出は一定とされていますが，総生産が290兆円に減れば総所得も290兆円に減り，民間消費は表1より242兆円となります．総所得が10兆円減っていますから，その8割である8兆円だけ民間消費が減っています．その結果として総生産は290兆円，民間消費は8兆円減って242兆円，民間投資が30兆円，政府支出が10兆円で，290＞242＋30＋10より，まだ総供給＞総需要となっています．総需要の方が小さいことから，さらに総生産は減っていくでしょう．このようにして，総生産が本来の均衡で実現する総生産に比べて大きすぎれば，総需要の小ささに引っ張られて総生産が減っていきます．

以上のようにマクロ経済の活動が調整されていくならば，総需要の大きさに応じて総供給が決まると考えられます．では，最終的に経済活動の大きさがどうなるでしょうか．総生産が250兆円のときに，総所得が250兆円となり，民間消費が表1より210兆円，民間投資が30兆円，政府支出が10兆円となり，250＝210＋30＋10で総供給＝総需要となっています．つまり，総生産が250兆円のと

表2 総供給と総需要

総供給	200	210	220	230	240	250	260	270	280	290	300
総生産	200	210	220	230	240	250	260	270	280	290	300
総所得	200	210	220	230	240	250	260	270	280	290	300
総需要	210	218	226	234	242	250	258	266	274	282	290
民間消費	170	178	186	194	202	210	218	226	234	242	250
民間投資	30	30	30	30	30	30	30	30	30	30	30
政府支出	10	10	10	10	10	10	10	10	10	10	10

きには，総供給と総需要が一致していますから，これ以上の経済活動の調整は起きません．この結果，ここで考えている具体例では，均衡総生産そして均衡総所得が250兆円となります．

表2には，今考えている具体例での総供給と総需要が書きこまれています．このなかの総所得と民間消費の関係が表1に対応しています．総生産が250のときに総供給＝総需要となっていることが確認できると思います．

このような数量的調整過程によって，総生産は均衡総生産に近づいていきます．この背景に有効需要の原理が働いていることが確認できると思います（総需要の方が総供給より大きければマクロ経済の活動は大きくなり，総需要の方が総供給よりも小さければマクロ経済の活動は小さくなりました）．その結果として最終的には均衡総生産が実現すると考えられます．

1.2 乗数理論

総需要の大きさによって均衡総生産が決定されることを確認しました．このことは，総需要が何らかの要因によって増加した場合に，均衡総生産も増えることを意味しています．実はすでに説明しているのですが，その際に乗数効果と呼ばれる効果が生じます．

先ほどの具体例で，所得の変化の8割が消費に向かうという状況を考えました．所得の変化のうちで消費に向かう割合のことを限界消費性向と呼びます．以下では，この限界消費性向の大きさを記号 c で表すことにしましょう（ここでは消費 Consumption の頭文字から記号を c とします）．一般的には，所得が増えれば消費も増えるでしょうし，所得の増加以上に消費が増えることはないでしょうから，$0<c<1$ が成り立ちます．先ほどの具体例では $c=0.8$ となっていました．

ここで，総需要が何らかの要因から1兆円増えたとします．この場合，総需要が増えたわけですから1兆円だけ総生産が増えます．有効需要の原理の下では，需要が増えれば供給も増えるわけです．ところが経済活動はさらに続きます．総生産が1兆円増えたわけですから総所得も1兆円増えます．そこで限界消費性向が c となっていますから，総所得が1兆円増えれば，民間消費が $c \times 1 = c$ 兆円増えます．この消費の増加分だけ総需要が増えるわけですから，その総需要の増加に応じて総生産が c 兆円増えます．しかもこの経済活動はまだ続きます．総生産が c 兆円増えたわけですから総所得も c 兆円増え，その結果，その総所得の増加の限界消費性向の割合だけ消費が増えます．この場合，消費は，所得の増加 c 兆円の c の割合だけ増えますから，$c \times c = c^2$ 兆円増えます．その結果として総需要が c^2 兆円だけ増えて，総生産がさらに c^2 兆円だけ増えます．この総生産の増加は総所得を c^2 兆円増やし，その限界消費性向の割合だけ，つまり $c \times c^2 = c^3$ 兆円だけ消費を増やし，さらに経済活動を活発にしていくでしょう．

　このように，何らか要因で総需要が増えると，その後の波及効果で総生産が大きく増えます．この効果を乗数効果と呼びます．すでに第7章の3.2で $c=0.8$ の場合について同様の議論が展開されていたことを思い出してください．

　では，最終的にどれだけの総生産の増加が実現するでしょう．前述の波及効果を書いていくと，総生産の増加は，単位を省略して表記することにより

　　　総生産の増加 $= 1 + c + c^2 + c^3 + \cdots\cdots$

となります．この式の両辺に c を掛けると，

　　　$c \times$ 総生産の増加 $= c \times (1 + c + c^2 + c^3 + \cdots\cdots) = c + c^2 + c^3 + c^4 + \cdots\cdots$

となります．1番目の式の右辺の第2項以降（$c + c^2 + c^3 + \cdots\cdots$）は2番目の式の右辺と全く同じになっていますから，1番目の式から2番目の式を引くと，

　　　総生産の増加 $- c \times$ 総生産の増加 $= 1$

となります．総生産の増加 $- c \times$ 総生産の増加 $= (1-c) \times$ 総生産の増加，となることに注意すれば，

総生産の増加＝$1/(1-c)$ 兆円

となります．最初に増えた総需要 1 兆円の $1/(1-c)$ 倍だけ総生産が増えています．この $1/(1-c)$ を乗数と呼びます．

　限界消費性向を紹介したときに確認したように，c は 1 よりも小さな値となります．そのために乗数 $1/(1-c)$ の値は 1 よりも大きくなることが確認できるでしょう．例えば $c=0.8$ なら $1/(1-c)=5$ となります．この場合，総需要の増加の 5 倍だけ総生産が増えることになります．

　ここで財政政策の効果を考えましょう．景気対策として政府支出を 1 兆円増やしたとします．この 1 兆円の分だけ総需要が増えるわけですから，総生産は 1 兆円の $1/(1-c)$ 倍だけ増えます．政府支出の増加の $1/(1-c)$ 倍だけ総生産が増えるわけです．これが政府支出増加の効果です．

　また，景気対策で 1 兆円の所得税減税をしたとしましょう．その場合，減税の分だけ民間が自分で使える所得である可処分所得が 1 兆円増えます．可処分所得が 1 兆円増えたわけですから，限界消費性向 c の割合だけ，つまり $c \times 1 = c$ 兆円消費が増えます．この c 兆円の消費の増加の分だけ総需要が増えますから，この c 兆円の総需要の増加が乗数効果を生み出します．その結果として，総生産は c 兆円の $1/(1-c)$ 倍だけ，つまり $c/(1-c)$ 兆円だけ増えます．所得税減税の額 1 兆円の $c/(1-c)$ 倍だけ総生産が増えるわけです．これが所得税減税の効果です．

　以上の結果を整理すると

　　　総生産の増加＝$1/(1-c) \times$ 政府支出の増加

　　　総生産の増加＝$c/(1-c) \times$ 所得税の減税

となります．

　ここで $0<c<1$ より，$1/(1-c)>c/(1-c)$ となります．つまり政府支出の増加の規模と所得税の減税の規模が同じならば，政府支出増加の方が総生産を増やす効果が大きくなっています．なぜ政府支出の増加の方が効果が大きいのでしょう．政府支出を 1 兆円増やせば，その分 1 兆円の総需要が増えて，その総需要の増加が乗数効果を通じて総生産を増やします．一方で所得税を 1 兆円減税すれば，その分だけ可処分所得が 1 兆円増えます．この可処分所得の増加

が民間消費の増加をもたらし，総需要が増えて乗数効果を通じて総生産が増えるわけですが，民間消費は，増えた所得の限界消費性向の割合しか増えませんから，所得税を1兆円減税して可処分所得を1兆円増やすことによって，民間消費は $c \times 1 = c$ 兆円だけ増えることになります．ここで限界消費性向 c は1よりも小さい値ですから，c 兆円は1兆円よりも小さな値となっています．言い換えれば，減税1兆円の内の $(1-c) \times 1$ 兆円は総需要の増加につながらずに貯蓄の増加となってしまいます（消費をした残りは貯蓄でした）．この貯蓄の増加の分だけ，政府支出の増加に比べて総需要の増加が少なくなっています．このため，総生産を増やす効果が，所得税減税の場合は少し小さくなります．

以上の結果は，きわめて単純化された設定の下での計算結果となっている点は注意してください．この後の5.3では，利子率の変動によってこの乗数効果が修正されることを説明します．利子率が変動しないとしても，総所得の増加の一部が所得税となるのであれば，可処分所得の増加が少なくなりますし，乗数の計算結果も異なります．また，第10章のように，海外との取引を考えれば，さらに計算結果も異なります．

1.3　IS曲線

1.1で，有効需要の原理にしたがって，どのように均衡総生産が決定されるかを見てきました．その際に，民間投資の水準を一定として議論を展開していました．ところが，民間投資は，すでに説明したように利子率の影響を受けます．このことは，利子率の水準によって民間投資の大きさが変わり，その結果，均衡総生産の大きさも変わることを意味します．なお，経済活動は本来実質値で評価されるべきですから，ここでの民間投資は実質値ですし，その民間投資に影響を与える利子率も実質利子率となります．

改めて，外国との取引を無視して財・サービス市場の均衡を表すと，総供給＝総需要つまり

　　　総生産＝民間消費＋民間投資＋政府支出

となります．ここで民間消費は主に現在所得に依存し，民間投資は主に利子率に依存し，政府支出は政府の財政政策として決まっています．そこで利子率との関係を考慮しながら，財・サービス市場の均衡を考えましょう．財・サービス市場の均衡を表したものが IS 曲線となります．つまり IS 曲線では，財・

サービス市場の均衡を満たす総生産と利子率の組み合わせが表されます．この IS 曲線の特徴を以下で考えていきます．

　利子率の水準がどのように民間投資に影響を与えるかを，もう一度簡単に確認しましょう．利子率が高かったとします．この場合は資金調達費用が高いわけですから，将来の高い収益が期待される投資プロジェクトでなければ，投資として実行できません．そのため，利子率が高ければ民間投資は小さくなると考えられます．利子率が低かったとします．この場合は資金調達費用が低いわけですから，将来の収益の期待が低い投資プロジェクトでも，投資として実行できます．そのため，利子率が低ければ民間投資は大きくなると考えられます．このように，利子率が低いほど民間投資は増加します．

　今改めて確認したように，利子率が高ければ民間投資が小さくなります．そのために総需要が小さくなり，有効需要の原理から，財・サービス市場を均衡させる総生産も小さくなります．つまり利子率が高ければ総生産が小さくなります．一方利子率が低ければ民間投資が大きくなります．そのために総需要が大きくなり，有効需要の原理より，財・サービス市場を均衡させる総生産も大きくなります．つまり利子率が低ければ総生産が大きくなります．

　以上より，財・サービス市場の均衡を考えた場合，高い利子率と小さな総生産が対応し，低い利子率と大きな総生産が対応します．これらの関係を，縦軸を利子率，横軸を総生産として図に表すことにし，その際に，利子率を Interest Rate の Rate の頭文字から r，総生産を，生産量を意味する Yield の頭文字から Y で表記することにします．今までの議論から，図 1 のように，IS 曲線は右下がりとなることが確認できます．

　IS 曲線上の経済活動では財・サービス市場は均衡しています．IS 曲線の右側では IS 曲線上の経済活動よりも総生産が大きくなっています．つまり総需要が総供給に比べて小さくなっています．この場合，1.1 で見たように，有効需要の原理の下では，総生産が小さくなっていきます．逆に，IS 曲線の左側では IS 曲線上の経済活動よりも総生産が小さくなっています．つまり総需要が総供給に比べて大きくなっています．この場合，有効需要の原理の下では，総生産が大きくなっていきます．

　では，図 1 の IS 曲線のどこがマクロ経済の均衡となるでしょうか．貨幣市場で利子率が高く r_1 の水準なら，IS 曲線上の A 点が均衡となり，総生産は Y_1 となりますが，もし貨幣市場で利子率が低く r_2 の水準なら，IS 曲線上の

図1 IS曲線

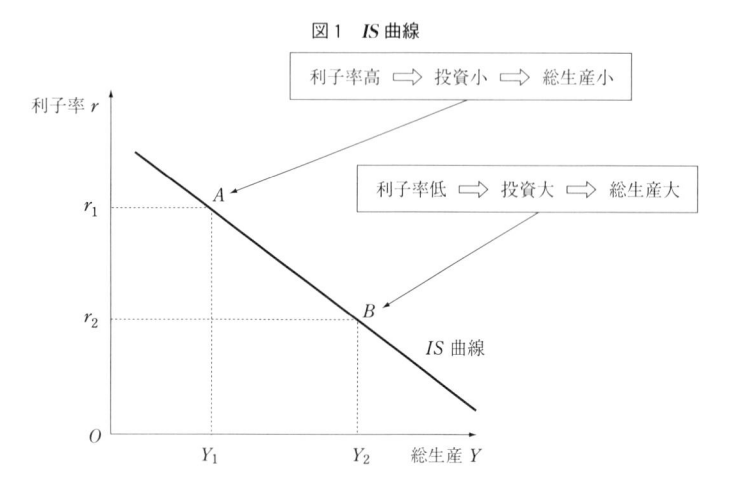

利子率高 ⇒ 投資小 ⇒ 総生産小

利子率低 ⇒ 投資大 ⇒ 総生産大

B 点が均衡となり，総生産は Y_2 となります．

練習問題

1. 民間消費は現在所得のみに依存し，限界消費性向が0.75であるとする．また，民間投資と政府支出は一定，生産で稼ぎ出したお金はすべて民間の可処分所得となり，外国との取引は考えないとする．(1)政府支出を5兆円増やしたときに，均衡での総生産はいくら増えるか．(2)政府支出を増やす代わりに所得税を5兆円減税したら，均衡での総生産はいくら増えるか．
2. 民間消費は現在所得のみに依存し，限界消費性向が0.6であるとする．また，民間投資と政府支出は一定，生産で稼ぎ出したお金はすべて民間の可処分所得となり，外国との取引は考えないとする．(1)政府支出を5兆円増やしたときに，均衡での総生産はいくら増えるか．(2)政府支出を増やす代わりに所得税を5兆円減税したら，均衡での総生産はいくら増えるか．
3. IS曲線が右下がりの形状となることを説明せよ．

2　LM曲線

　IS-LM分析では，利子率の決定を説明するために貨幣の流通を考えます．貨幣供給はすでに説明したように信用創造を通じて決まってきます．一方，貨幣需要はどのように決まるでしょうか．ケインズは，貨幣需要を流動性選好という考え方から説明しました．そこで流動性選好の性質を確認して，貨幣の流通を通じた利子率の決定について考えていきます．

2.1 流動性選好

　流動性とは換金の容易さを意味しています．例えば資産を土地のかたちでもっていると，いざその資産をお金に変えようとしても，まず土地の買い手を探し，さらに専門家に手数料を払って土地の売買を成立させないと，土地のかたちの資産はお金になりません．土地の流動性は低いといえるでしょう．それに対して資産を貨幣のかたちでもっていれば，その資産はそのままお金となっていますから流動性は極めて高いでしょう．すでにお金のかたちで保有しているわけですから，換金性を考える必要もないと思います．預金も貨幣でしたが，貨幣が預金のかたちだとしても，口座を解約して換金することは容易でしょう．

　このような貨幣の流動性の高さから，我々は貨幣を需要すると考えられます．なぜなら，我々は日常的に取引をしていて，そこで貨幣を必要とします．そのときのために，流動性の高い資産を保有していないと，いざというときに取引に必要な貨幣を確保できなくなってしまいます．そして，流動性がもっとも高い資産が貨幣なのです．

　では，この流動性選好はどのような性質をもっているのでしょうか．取引が大きくなれば，その分だけ貨幣が必要となります．マクロ経済全体で見れば，総生産が大きいほど取引が大きいでしょうから，総生産が大きいほど貨幣需要が大きくなるでしょう．逆に総生産が小さいほど取引が小さくなり，貨幣需要が小さくなるでしょう．

　さらに，流動性選好は，名目利子率の影響を受けると考えられます．貨幣を需要する，つまり貨幣を手元に残すということは，その分の資産を金融商品として運用したときに得られるはずの利子や配当の収入が手にできなくなります．この利子や配当の利率が名目利子率です（物価水準が変動すると，貨幣も金融商品も同じように実質値が変動しますから，貨幣需要を実質値で考えていても，名目利子率が問題となります）．そのために利子率が高ければ，貨幣を需要することによって失う収入が大きくなりますから，貨幣を需要するよりは，できるだけ金融商品を保有しようとするでしょうし，逆に利子率が低ければ，貨幣を需要することによって失う収入は小さくなりますから，金融商品を保有するよりも，これからの取引に必要な流動性確保を優先して，貨幣をより多く需要するでしょう．

　以上をまとめると，流動性選好，つまり貨幣需要は，総生産が大きいと大きくなり，名目利子率が高くなると小さくなります．

2.2 LM 曲線

貨幣の流通，つまり貨幣の供給と需要から利子率が決まることになります．貨幣需要を流動性選好として考えると説明しましたから，貨幣市場の均衡は

　　　貨幣供給＝流動性選好

と書くことができます．ここで流動性選好は名目利子率だけでなく総生産にも依存します．そこで総生産との関係を考慮しながら，貨幣市場の均衡を考えましょう．その際に貨幣供給量と物価水準は一定であるとします．貨幣供給量と物価水準が一定の下での貨幣市場の均衡を表したものが LM 曲線となります．つまり LM 曲線では，貨幣供給量と物価水準が一定の下での，貨幣市場の均衡を満たす総生産と名目利子率の組み合わせが表されています．なお物価水準が一定であれば，名目利子率と実質利子率の区別は必要ありませんから，ここでは IS 曲線のときと同じ記号 r を用いることにします．

　LM 曲線はどのような形状となるでしょうか．総生産が大きな値であれば，取引が大きくなり，そのために貨幣需要が大きくなります．貨幣供給は一定ですから，貨幣需要が大きくなった分だけ貨幣市場が超過需要となってしまいます．貨幣が超過需要ということは貨幣が足りない状況であるために，多少利子率が高くても貨幣を確保しようとする主体が出てくるでしょう．そのために利子率が上がります．具体的には，利子率が上がることによって，金融商品を保有しようと考える主体が増え，そうした主体が貨幣を手放し金融商品を保有することによって，貨幣の超過需要は解消されます．このように，総生産が大きければ利子率が高くなります．

　逆に，総生産が小さな値であれば，取引が小さくなり，そのために貨幣需要が小さくなります．貨幣供給は一定ですから，貨幣需要が小さくなった分だけ貨幣市場が超過供給となってしまいます．貨幣が超過供給ということは貨幣が余っている状況ですが，そのために利子率を低くしないと貨幣を保有しようとする主体が見つからなくなり，利子率が低くなります．具体的には，利子率が下がることによって，金融商品よりも貨幣を保有しようと考える主体が増え，そうした主体が貨幣を今まで以上に保有することによって，貨幣の超過供給は解消されます．このように，総生産が小さければ利子率が低くなります．

　以上より，貨幣市場の均衡を考えた場合，大きい総生産と高い利子率が対応し，小さい総生産と低い利子率が対応します．これらの関係を図に表すと，図

第8章　*IS-LM* 分析

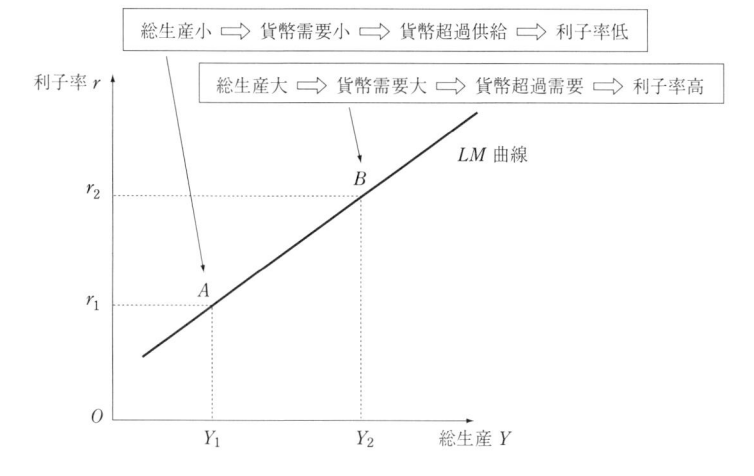

図2　*LM* 曲線

```
総生産小 ⇒ 貨幣需要小 ⇒ 貨幣超過供給 ⇒ 利子率低
総生産大 ⇒ 貨幣需要大 ⇒ 貨幣超過需要 ⇒ 利子率高
```

2のように，*LM* 曲線は右上がりとなることが確認できます．

　LM 曲線上の経済活動では貨幣市場は均衡しています．*LM* 曲線の下側では *LM* 曲線上の経済活動よりも利子率が低くなっています．利子率が低いと貨幣需要は大きくなりますから，貨幣市場が超過需要となります．この貨幣の超過需要を反映して利子率が上昇していきます．逆に，*LM* 曲線の上側では *LM* 曲線上の経済活動よりも利子率が高くなっています．利子率が高いと貨幣需要は小さくなりますから，貨幣市場が超過供給となります．この貨幣の超過供給を反映して利子率が下落していきます．

　では，図2の *LM* 曲線のどこがマクロ経済の均衡となるでしょうか．財・サービス市場で総生産が小さく Y_1 なら，*LM* 曲線上の A 点が均衡となり，利子率は低く r_1 となりますが，もし財・サービス市場で総生産が大きく Y_2 なら，*LM* 曲線上の B 点が均衡となり利子率は高く r_2 となります．

練習問題
1. 流動性選好の特徴を説明せよ．
2. 将来の金融市場に対する期待が変化し，金融商品に対しする値上がり期待が強くなったとする．このことによって流動性選好がどう変化するか考えよ
3. *LM* 曲線が右上がりの形状となることを説明せよ．

3 IS-LM 分析

前々節と前節で説明された IS 曲線と LM 曲線を用いることによって，財・サービス市場での均衡が有効需要の原理から説明できて貨幣市場における貨幣需要が流動性選好で説明できるときの，マクロ経済の経済活動を分析することができます．

3.1 財・サービス市場と貨幣市場での調整

すでに説明したように，IS 曲線は財・サービス市場の均衡を実現する総生産と利子率の組み合わせを表していて，LM 曲線は貨幣市場の均衡を実現する総生産と利子率の組み合わせを表しています．マクロ経済が均衡するためには，財・サービス市場が均衡するだけでなく，貨幣市場も均衡しなければなりません．

財・サービス市場が均衡していなければ，総生産が変わるでしょう．すでに説明したように，財・サービスが超過需要であれば総生産が増えるし，財・サービスが超過供給であれば総生産が減ります．貨幣市場が均衡していなければ利子率が変わるでしょう．これもすでに説明しましたが，貨幣が超過需要であれば利子率が上がるし，貨幣が超過供給であれば利子率が下がります．このように，財・サービス市場が均衡しないと総生産が変動しますし，貨幣市場が均衡しないと利子率が変動します．今確認した調整過程が図3に書き込まれています．このような調整過程が働きますから，均衡総生産と均衡利子率は，財・サービス市場が均衡して，同時に貨幣市場も均衡することによって決まります．

3.2 IS-LM 分析の均衡

IS 曲線上にある総生産と利子率の組み合わせは財・サービス市場の均衡を実現していますが，その組み合わせが LM 曲線上になければ貨幣市場は均衡していません．逆に LM 曲線上にある総生産と利子率の組み合わせは貨幣市場の均衡を実現していますが，その組み合わせが IS 曲線上になければ財・サービス市場は均衡していません．このことから，均衡総生産と均衡利子率は IS 曲線と LM 曲線の両方の上にある点，つまり IS 曲線と LM 曲線の交点で

図 3　**LS–LM 分析**

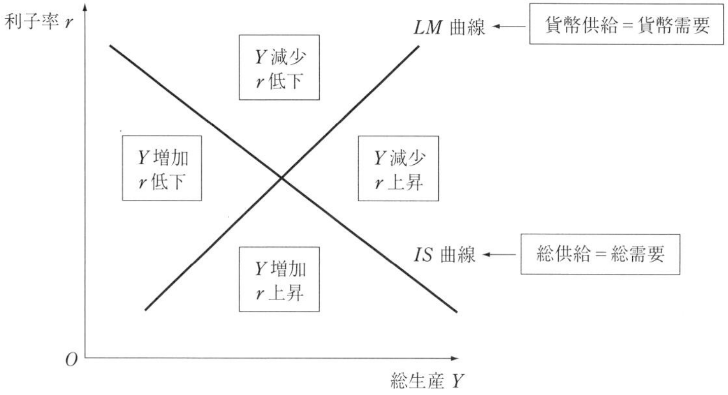
利子率 r
LM 曲線
貨幣供給＝貨幣需要
Y 減少
r 低下
Y 増加
r 低下
Y 減少
r 上昇
IS 曲線
総供給＝総需要
Y 増加
r 上昇
O
総生産 Y

図 4　**LS–LM 分析の均衡**

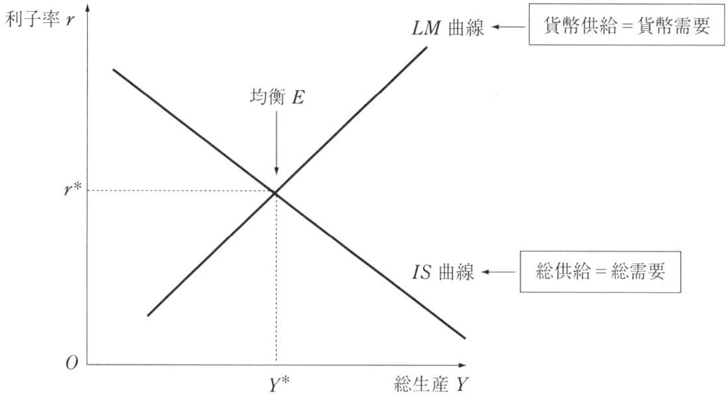
利子率 r
LM 曲線
貨幣供給＝貨幣需要
均衡 E
r*
IS 曲線
総供給＝総需要
O
Y*
総生産 Y

決まることが分かると思います．図 4 では，均衡総生産は Y^*，均衡利子率は r^* と表記されています．

練習問題

1．*IS* 曲線の右側と左側では総需要と総供給の関係はどのようになっているか．その際に経済活動の調整はどのように働くか．

2．*LM* 曲線の下側と上側では貨幣需要と貨幣供給の関係はどのようになっているか．その際に経済活動の調整はどのように働くか．

4　IS 曲線と LM 曲線のシフトや形状

本節では IS 曲線と LM 曲線がどのような性質を持っているのかを，少し細かい論点から見ていきましょう．

4.1　IS 曲線のシフトや形状

乗数理論で見たように，投資が一定の下で，つまり利子率が一定の下で，政府支出の増加や所得税減税は，財・サービス市場の均衡として決まる総生産を乗数効果によって増やします．つまり，同じ利子率の下でも，財・サービス市場を均衡させる総生産は大きくなるわけです．そのため，政府支出の増加や所得税減税は，IS 曲線を総生産の増加方向，つまり右の方向にシフトさせます．この状況が図 5 に描かれています．

逆に，政府支出の減少や所得税増税は，財・サービス市場の均衡として決まる総生産を減らします．つまり，同じ利子率の下でも，財・サービス市場を均衡させる総生産は小さくなるわけです．そのため，政府支出の減少や所得税増税は IS 曲線を総生産の減少方向，つまり左の方向にシフトさせます．

IS 曲線の背景には民間消費や民間投資がありますから，それらの性質によっても IS 曲線の性質が決まってきます．

例えば，投資の意思決定者の将来に対する強気の見通しのため，同じ利子率の下での民間投資の水準が従来よりも大きくなれば，従来よりも総需要が大きくなりますから，総生産は増加します．そして，IS 曲線は総生産の増加方向に，つまり右方にシフトするでしょう．逆に，投資の意思決定者の将来に対する弱気の見通しのため，同じ利子率の下での民間投資の水準が従来よりも小さくなれば，従来よりも総需要が小さくなりますから，総生産は減少します．そして，IS 曲線は総生産の減少方向に，つまり左方にシフトするでしょう．このように，投資の意思決定者の将来に対する見通しによって IS 曲線の位置は変化します．図 6 にこの状況が描かれています．

IS 曲線の形状の背景を改めて確認しましょう．利子率が下がれば民間投資が増えて，有効需要の原理により総生産が大きくなることから IS 曲線が右下がりのかたちになるわけでした．そこにおいて，民間投資が利子率の影響を受けていますが，その影響が大きいか小さいかも財・サービス市場の均衡に影響

第 8 章　*IS-LM* 分析　　　　235

図 5　*IS* 曲線のシフト

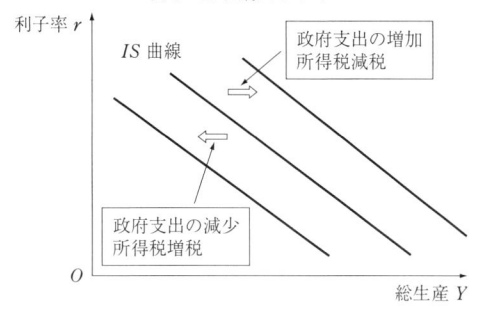

（図：縦軸 利子率 *r*、横軸 総生産 *Y*。右方向への矢印「政府支出の増加／所得税減税」、左方向への矢印「政府支出の減少／所得税増税」）

図 6　*IS* 曲線のシフト

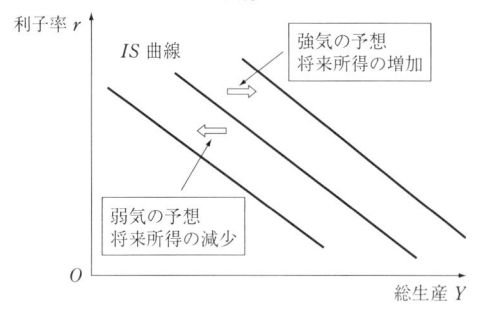

（図：縦軸 利子率 *r*、横軸 総生産 *Y*。右方向への矢印「強気の予想／将来所得の増加」、左方向への矢印「弱気の予想／将来所得の減少」）

を与えます．投資の利子率に対する反応の大きさを，投資の利子率弾力性で測ります（ここでの弾力性は，第 2 章の第 3 節や第 4 節で出てきた，需要の価格弾力性や供給の価格弾力性における弾力性と同じものです）．

　そこで利子率が下がっても民間投資があまり大きくならないとしましょう．これは，投資の利子率弾力性が小さい状況です．この場合，利子率が下がっても民間投資があまり増えず，そのために総生産はあまり大きくなりませんから，*IS* 曲線は角度が急になります．逆に，利子率が下がると民間投資がとても大きくなるとしましょう．これは，投資の利子率弾力性が大きい状況です．この場合，利子率が下がると民間投資が大きく増えて，そのために総生産はとても大きくなりますから，*IS* 曲線は角度が緩やかになります．図 7 にこの状況が描かれています．

　民間消費も総需要の重要な構成要素です．そこで民間消費が，例えば将来所得増加の予想などから，従来よりも大きくなったとしましょう．その分だけ総需要が増えますから，総生産は増加します．つまり *IS* 曲線が右方にシフトし

図7 投資の利子率弾力性とIS曲線の形状

投資の利子率弾力性：小

投資の利子率弾力性：大

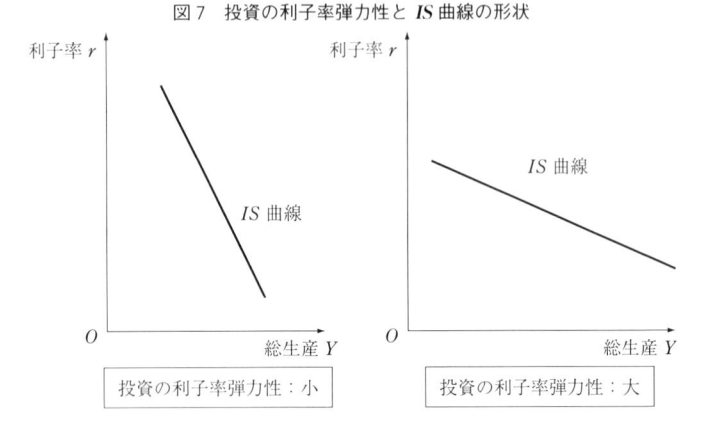

ます．逆に，民間消費が，例えば将来所得減少の予想などから，従来よりも小さくなったとしましょう．その分だけ総需要が減りますから，総生産は減少します．つまりIS曲線が左方にシフトします．図6にはこの状況も描かれています．

4.2 LM曲線のシフトや形状

次にLM曲線に目を向けましょう．経済活動は本来実質で評価されるべきですから，ここまでは実質貨幣供給量と実質の流動性選好を考えています．名目貨幣供給量や物価水準が変化すれば，実質貨幣供給量は変化することになります．また，流動性選好の性質も貨幣市場に影響を与えるでしょう．

まず名目貨幣供給量の影響を考えます．そこで名目貨幣供給量が増加したとしましょう．貨幣市場は超過供給となります．そのため，総生産がどの水準であったとしても，名目貨幣供給量増加によって生じる貨幣の超過供給を反映して利子率が下がります．このことから，名目貨幣供給量の増加は，LM曲線を利子率の低下方向，つまり下の方向にシフトさせます．この状況が図8に描かれています．

逆に，名目貨幣供給量が減少したとしましょう．貨幣市場は超過需要となります．そのため，総生産がどの水準であったとしても，名目貨幣供給量減少によって生じる貨幣の超過需要を反映して利子率が上がります．このことから，名目貨幣供給量の減少は，LM曲線を利子率の上昇方向，つまり上の方向にシフトさせます．

第 8 章　IS-LM 分析　　　　　　　　　　　　　　　　　237

図 8　LM 曲線のシフト

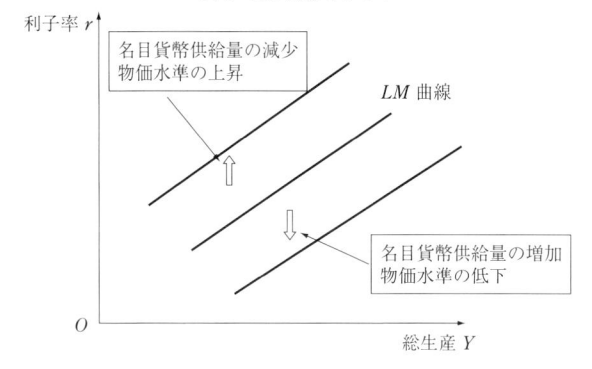

　次に，実質貨幣供給量と物価水準の関係から，物価水準の影響を考えましょう．物価水準が上昇したとします．この場合，実質貨幣供給量は名目貨幣供給量/物価水準であることから，実質貨幣供給量が減少するため，貨幣市場は超過需要となります．貨幣が超過需要となると利子率が上がります．このことから，物価水準の上昇は，LM 曲線を上の方向にシフトさせます．逆に，物価水準が低下したとしましょう．この場合，実質貨幣供給は増加するため，貨幣市場は超過供給となります．貨幣が超過供給となると利子率が下がります．このことから，物価水準の低下は，LM 曲線を下の方向にシフトさせます．この状況も図 8 に描かれています．

　LM 曲線の形状の背景を改めて確認しましょう．総生産が増えれば貨幣需要が増えて，貨幣市場が超過需要となり，その結果として利子率が上がることから，LM 曲線の形状が右上がりとなりました．その際に，利子率の上昇によって貨幣需要が減ることから，貨幣市場の超過需要が最終的に解消されています．LM 曲線が右上がりであることの背景には流動性選好がありますから，その性質によっても LM 曲線の性質が決まってきます．

　貨幣需要，つまり流動性選好は利子率に依存するわけですが，利子率の影響が大きいか小さいかが貨幣市場の均衡に影響を与えます．貨幣需要の利子率に対する反応の大小を，貨幣需要の利子率弾力性で測ります．そこで利子率が上がってもあまり貨幣需要が減らないとしましょう．これは，貨幣需要の利子率弾力性が小さい状況です．この場合，総生産が増えたため貨幣需要が増えて貨幣の超過需要が生じた際に，利子率が上がっても，貨幣市場の超過需要はなかなか解消されません．そのため，貨幣の超過需要を解消するためには利子率が

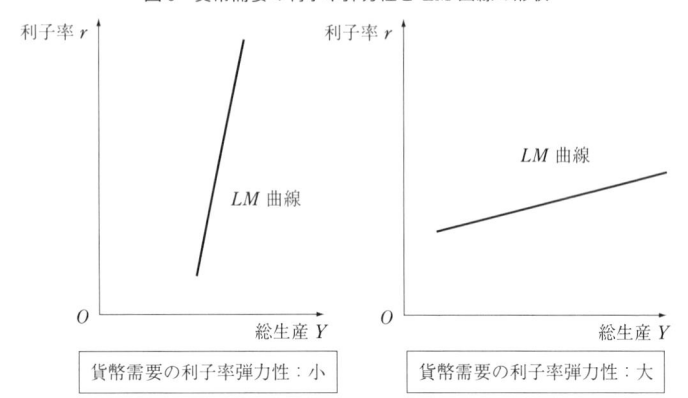

図9 貨幣需要の利子率弾力性と LM 曲線の形状

| 貨幣需要の利子率弾力性：小 | 貨幣需要の利子率弾力性：大 |

大きく上がることが必要となります．この結果，LM 曲線は角度が急になります．図9にこの状況が描かれています．

逆に，利子率が上がると貨幣需要が大幅に減るとしましょう．これは，貨幣需要の利子率弾力性が大きい状況です．この場合，総生産が増えたため貨幣需要が増えて貨幣の超過需要が生じた際に，利子率が上がると，貨幣市場の超過需要は容易に解消されます．そのため，貨幣の超過需要を解消するためには，利子率が少し上がるだけで十分です．この結果，LM 曲線は角度が緩やかになります．

練習問題

1. 政府支出が増えたときに，IS 曲線もしくは LM 曲線はどう変化するか説明せよ．
2. 所得税減税をしたときに，IS 曲線もしくは LM 曲線はどう変化するか説明せよ．
3. 貨幣供給量が増えたときに，IS 曲線もしくは LM 曲線はどう変化するか説明せよ．
4. 物価水準が上がったときに，IS 曲線もしくは LM 曲線はどう変化するか説明せよ．
5. 投資家の将来の予想が悲観的になったときに，IS 曲線もしくは LM 曲線はどう変化するか説明せよ．
6. 所得から消費を引いた残りが貯蓄でした．このことから，1から限界消費性向を引いたものを限界貯蓄性向と呼びます．ここで限界貯蓄性向が小さくなると，IS 曲線の形状がどう変化するか考えよ．
7. 将来の金融市場に対する期待が変化し，金融商品に対しする値上がり期待が強くなったとする．このことによって流動性選好がどう変化するか考えよ．また，そのことによって LM 曲線がどう変化するか考えよ．

5 IS-LM 分析と経済政策

IS 曲線と LM 曲線を用いることによって，マクロ経済の均衡が分析できることを学びました．そこでの IS 曲線の背景に，有効需要の原理や民間投資の性質などがあります．また，LM 曲線の背景に，貨幣供給や流動性選好の性質があります．これらの要因から，IS 曲線や LM 曲線の性質を考えることができました．

ここまで分かったことを用いて，財政政策や金融政策の効果を考えることにしましょう．

5.1 財政政策

4.1 で確認したように，政府支出の増加や所得税減税といった財政政策は，乗数効果を通じて，IS 曲線を総生産の増加方向，つまり右の方向にシフトさせ，政府支出の減少や所得税増税は IS 曲線を総生産の減少方向，つまり左の方向にシフトさせます．

政府支出の増加や所得税減税といった財政政策を考えましょう．このような財政政策は IS 曲線を右方へシフトさせます．図10を見てください．IS 曲線が右の方向にシフトして IS' になれば，IS 曲線と LM 曲線の交点として決まるマクロ経済の均衡は，点 E から点 E' へ移ります．このことから，政府支出の増加や所得税減税は，均衡総生産を増やして，均衡利子率を上昇させます．

逆に IS 曲線が左の方向にシフトすれば，IS 曲線と LM 曲線の交点として決まるマクロ経済の均衡は左下に移ります．このことから，政府支出の減少や所得税増税は，均衡総生産を減らして，均衡利子率を下落させます．これは，図10の矢印をすべて逆にするかたちで自分で描いてみてください．

5.2 金融政策

次に金融政策の効果を見ていきましょう．IS-LM 分析の文脈のなかでの金融政策は，貨幣供給量のコントロールとなります．4.2 で確認したように，貨幣供給量を増加させた場合，LM 曲線を利子率の下落方向，つまり下の方向にシフトさせ，貨幣供給量を減少させた場合，LM 曲線を利子率の上昇方向，つまり上の方向にシフトさせます．

図10　財政政策

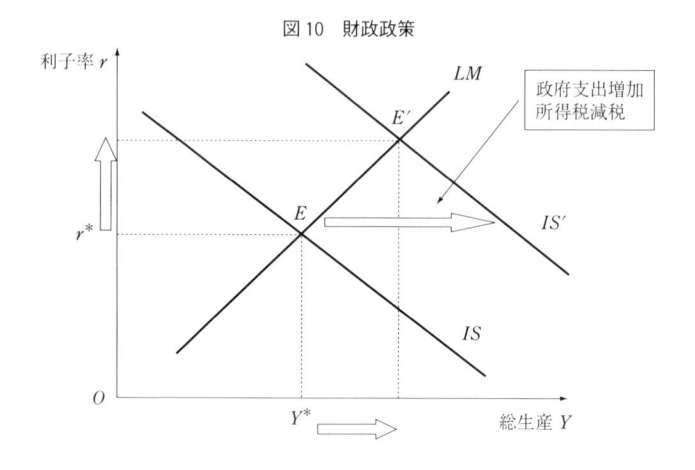

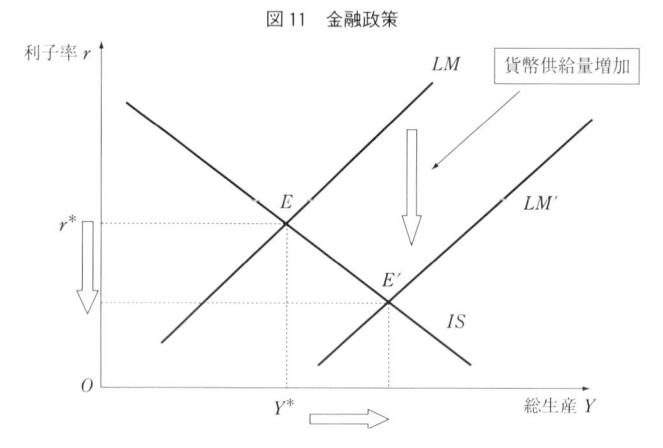

図11　金融政策

　貨幣供給量の増加を考えましょう．貨幣供給量を増加させると LM 曲線が下方へシフトします．図11を見てください．LM 曲線が下の方向へシフトして LM' になれば，IS 曲線と LM 曲線の交点として決まるマクロ経済の均衡は，点 E から点 E' へ移ります．この背景でも乗数効果が働いています．貨幣供給量を増加させると，利子率が下がり，それが民間投資を増やし，その投資増加が乗数効果をもたらして総生産が増えているわけです．このことから，貨幣供給量の増加は，均衡総生産を増やして，均衡利子率を下落させます．

　もし LM 曲線が上の方向にシフトすれば，IS 曲線と LM 曲線の交点として決まるマクロ経済の均衡は左上に移ります．このことから，貨幣供給量の減少

図12 クラウディング・アウト

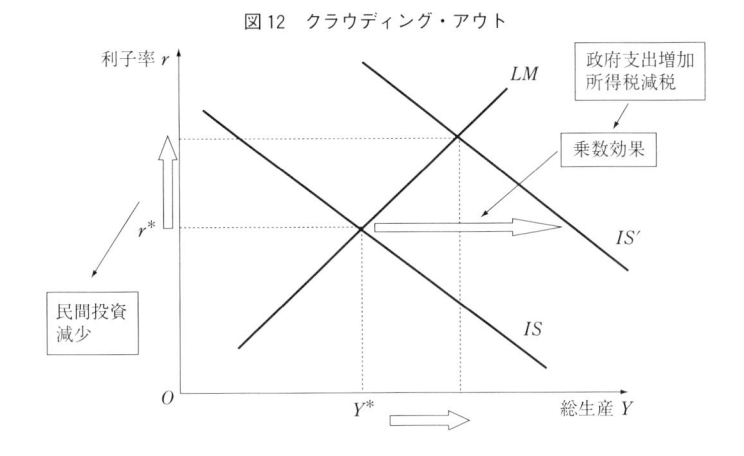

は，均衡総生産を減らして，均衡利子率を上昇させます．これは，図11の矢印をすべて逆にするかたちで自分で描いてみてください．

5.3 クラウディング・アウト

政府支出の増加や所得税減税は IS 曲線を右方にシフトさせ，均衡総生産を増やすことを確認しました．しかし，IS 曲線が右方にシフトすると，均衡総生産が増える一方で，均衡利子率も上昇しています．

すでに確認しているように，民間投資は利子率の影響を受けます．そして利子率が上昇すると民間投資は減少してしまいます．民間投資が減少するということは，その分だけ総需要が減っているわけです．このことは均衡総生産を減らす効果をもちます．このマイナスの影響は次のように確認できます．

乗数効果は，投資水準が一定の下で成立する，政府支出の増加や所得税減税の総生産に与える効果でした．そして，この乗数効果の分だけ，政府支出の増加や所得税減税によって IS 曲線が右の方向にシフトするわけです．ところが実際の均衡は，IS 曲線と LM 曲線の交点となりますから，図12に書き込まれているように，均衡総生産の増加幅は IS 曲線のシフトの幅よりも小さくなっています．貨幣市場を考慮に入れると，乗数効果よりも，実際の総生産の増加は小さくなっています．

この原因は，利子率の上昇による民間投資の減少です．つまり貨幣市場を考慮に入れると，乗数理論で計算した結果よりも財政政策は効果が小さくなって

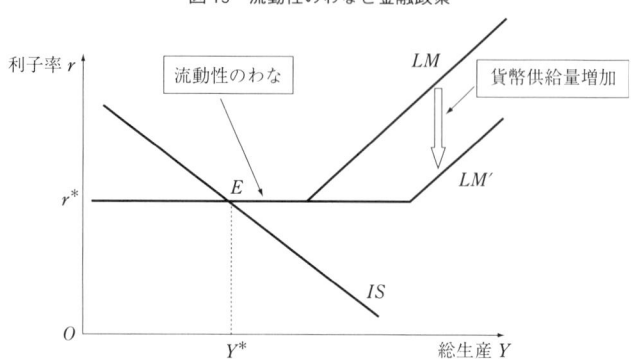

図13 流動性のわなと金融政策

しまいます．この背景に，政府支出の増加が民間投資を減少させているという事実があるわけです．このことを，政府の経済活動が民間の経済活動を追い出しているという意味で，クラウディング・アウトといいます．

5.4 流動性のわな

　流動性選好において，利子率が低いときに貨幣需要が大きいのは，貨幣の代わりに金融商品で運用していたのであれば得たであろう収入が小さいから，つまり貨幣を需要することによって失う収入が小さいからでした．ただし，それでも金融商品の方により魅力を感じて，貨幣を手放し，金融商品を保有する主体が実際には存在しています．ところが，金融市場が混乱し，金融商品の将来に対する予想が極めて悲観的になったために，金融商品を保有しようとする主体はごく僅かになる場合があります．その場合には，ほとんどの主体が貨幣を保有しようとするでしょう．そのために，貨幣需要が極めて大きな水準となり，貨幣需要の利子率弾力性が極めて大きい状態となります．このような状況を流動性のわなと呼んでいます．

　貨幣需要の利子率弾力性が大きいほど，LM 曲線の傾きが緩やかになることをすでに確認しました．貨幣需要の利子率弾力性が極端に大きく無限大になってしまうと，LM 曲線は水平部分をもってしまいます．この水平部分が流動性のわなの状況に対応します．

　このときに貨幣供給量を増やしても，誰もがその貨幣をそのまま保有してしまいますから（金融商品の将来に対する予想が極めて悲観的になっていますから，誰も貨幣を手放して金融商品を保有しようとしないわけです），貨幣の超過供給は

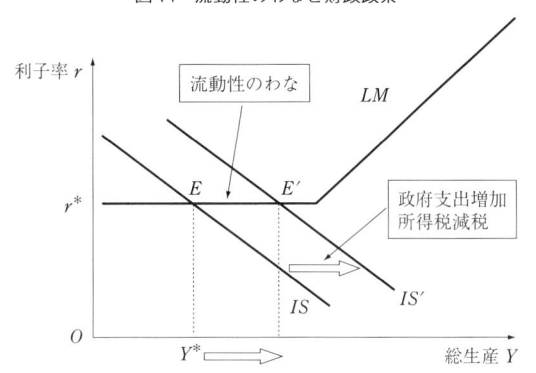

図14 流動性のわなと財政政策

生じません．そのために利子率は下がりません．つまり図13のように LM 曲線が LM' にシフトしますが，利子率がこれ以上は下がらない範囲が存在するために，LM 曲線の水平部分はそのまま残ってしまいます．この場合，均衡は従来の均衡のままで，均衡総生産と均衡利子率は変化せず，金融政策は無効となってしまいます．つまり流動性のわなの下では，金融政策は効果がなくなってしまいます．

逆に，流動性のわなのときに政府支出の増加等の財政政策を行うと，LM 曲線が水平であるために，図14のように均衡が E から E' へ移り，利子率を上げること無く，均衡総生産を増やすことができます．利子率が上がらなければ民間投資は減りませんから，クラウディング・アウトは起きず，財政政策の効果が最大限発揮されます．

練習問題
1. 財政政策の影響を IS 曲線と LM 曲線を用いて説明せよ．その際にクラウディング・アウトについて言及せよ．
2. 金融政策の影響を IS 曲線と LM 曲線を用いて説明せよ．
3. 民間投資の利子率弾力性が極めて小さいとする．この場合に財政政策の効果と金融政策の効果についてそれぞれ図を描いて考えよ．
4. 流動性のわなの下での財政政策の効果と金融政策の効果についてそれぞれ図を描いて考えよ．
5. ある国の経済の民間消費，民間投資，流動性選好をそれぞれ C, I, L で表すこととし，民間消費は可処分所得（総所得−所得税）に依存し，民間投資は利子率に依存し，流動性選好は総生産（=総所得）と利子率に依存するとする．総所得（総生産）を Y，所得税を T，利子率を r として，民間消費関数，民間投資関数，流動性選考関数がそれぞれ $C=10+0.8(Y-T)$，

$I=90-1200r$, $L=0.5Y-2000r$ で示されるとする．また，政府支出と所得税は 40，貨幣供給量を 70 として，外国との貿易は考えない．(1) IS 曲線と LM 曲線を求め，均衡総生産と均衡利子率を求めよ．(2)政府支出が 60 に増加した時（所得税と貨幣供給量は変わらないとする）の均衡総生産と均衡利子率を求めよ．そのとき民間投資はクラウディング・アウトによりどれだけ減少するか求めよ．(3)貨幣供給量を 120 に増加したとき（政府支出と所得税は 40 のままとする）の均衡総生産と均衡利子率を求めよ．

第9章
物価

前章の IS-LM 分析では，物価水準が一定とされていました．IS-LM 分析はケインズ派経済学における典型的な分析手法なのですが，すでに述べたように，ケインズ派は短期の分析に対応しているという解釈が一般的です．短期ですから，物価水準が一定であるという仮定もそれほど無理のないものかもしれません．ただ時間の推移によって物価水準は変動します．たとえ短期であってもそうでしょう．そこでまず，物価水準の決定を AD-AS 分析によって説明し，そのうえで，物価水準の変動をフィリップス曲線で説明します．そこまではケインズ派の分析，つまり短期の分析となりますが，フィリップス曲線を考える際に，物価水準の変動に関する予想の重要性が出てきます．その予想という問題について考えながら，短期と長期の関係に戻ろうと思います．

1 AD-AS 分析

物価水準の決定を説明するために，AD-AS 分析をここで考えましょう．ここで AD はこれから説明する総需要曲線を意味し，AS はやはりこれから説明する総供給曲線を意味します．AD と AS はそれぞれ Aggregate Demand と Aggregate Supply の頭文字です．以下では総需要曲線と総供給曲線をそれぞれ AD 曲線と AS 曲線と書くことにします．

今まで，マクロの経済活動と財・サービス市場，貨幣市場，労働市場との関係を考えてきました．ケインズ派の考え方にしたがって，改めてこれらを整理するすると，財・サービス市場の均衡である

　　　総生産＝民間消費＋民間投資＋政府支出

を，有効需要の原理の観点から分析し，貨幣市場の均衡を，流動性選好説の観

点から考えることによって，

　　貨幣供給＝流動性選好

と捉え，労働市場では，名目賃金率が一定であるために不完全雇用均衡が実現すると考えています．

　すでに，財・サービス市場の均衡と貨幣市場の均衡を IS-LM 分析によって調べました．その均衡における総生産や利子率は，有効需要の大きさによって決まってくるといえます．そこで，IS-LM 分析の均衡における総生産，つまり有効需要の大きさによって決まってくる総生産の性質を，物価水準との関係から整理したものが AD 曲線となります．

　一方で，労働市場では不完全雇用均衡が実現していますから，企業の労働需要に応じて雇用量が決まります．この雇用量と企業の生産技術に応じて，企業が生産し供給する財・サービスの大きさが決まってきます．そこで，労働市場の均衡と生産技術から決まってくる総生産，つまり企業の生産活動から決まってくる総生産を，物価水準との関係から整理したものが AS 曲線となります．

　今までは，経済活動の大きさは実質値で評価されるべきなので，特に断らない限り実質値であることを明記していませんでした．例えば実質総生産とか実質貨幣供給と書くべきところを単に総生産とか貨幣供給と書いてきました．本章では物価水準を問題としますから，実質値と名目値の区別を明記していこうと思います．ただ前半部分では，物価水準の変動はまだ考えていませんから，名目利子率と実質利子率は同じ水準となります（フィッシャー方程式から，名目利子率＝実質利子率＋期待インフレ率でしたが，物価水準の変動を考えなければ，期待インフレ率はゼロとなり，名目利子率＝実質利子率となります）．

1.1　AD 曲線

　まず AD 曲線を見ていきましょう．すでに説明したように，AD 曲線は，有効需要の大きさに応じて決定される実質総生産と物価水準の関係を表したものです．有効需要の大きさに応じて決定される実質総生産は IS-LM 分析で示されます．IS-LM 分析では，物価水準を一定としていましたが，その物価水準が低いのか高いのかによって，実質貨幣供給量の大きさが変わります．実質貨幣供給量は

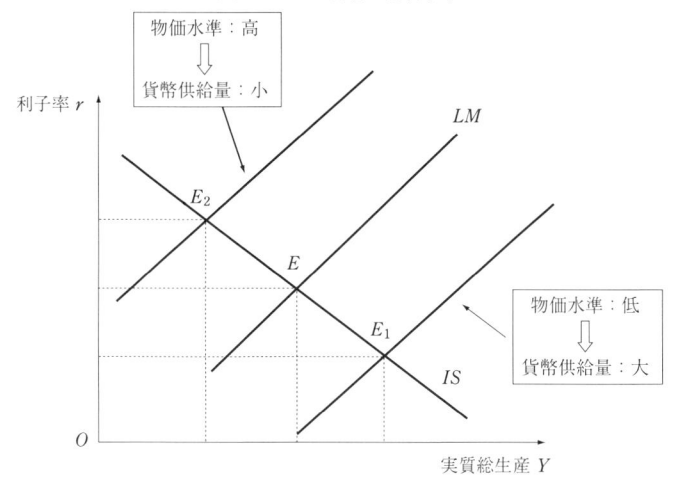

図1　*IS-LM*分析と物価水準

物価水準：高
⇓
貨幣供給量：小

物価水準：低
⇓
貨幣供給量：大

実質貨幣供給＝名目貨幣供給/物価水準

でした．この関係から，物価水準が変化すれば実質貨幣供給が変化し，その結果として有効需要の原理にしたがって決まってくる実質総生産の大きさが変化します．

物価水準が低い場合を考えましょう．物価水準が低ければ実質貨幣供給量が大きくなります．実質貨幣供給量が大きくなったので，貨幣市場で貨幣の超過供給が生じ，名目利子率が下がります．その結果，*LM*曲線は下方にシフトするため，*IS-LM*分析で決まる実質総生産は大きくなります．つまり物価水準が低ければ，有効需要の原理にしたがって決まる実質総生産は大きくなるわけです．図1の点E_1がその状況を表しています．

逆に，もし物価水準が高ければ実質貨幣供給量は小さくなります．実質貨幣供給量が小さくなったので，貨幣市場で貨幣の超過需要が生じ，名目利子率が上がります．その結果，*LM*曲線は上方にシフトするため，*IS-LM*分析で決まる実質総生産は小さくなります．つまり物価水準が高ければ，有効需要の原理にしたがって決まる実質総生産は小さくなるわけです．図1の点E_2がその状況を表しています．

これらより，有効需要の原理にしたがって決まってくる実質総生産を考えた場合，物価水準が低ければ実質総生産は大きくなり，物価水準が高ければ実質

図2 AD曲線

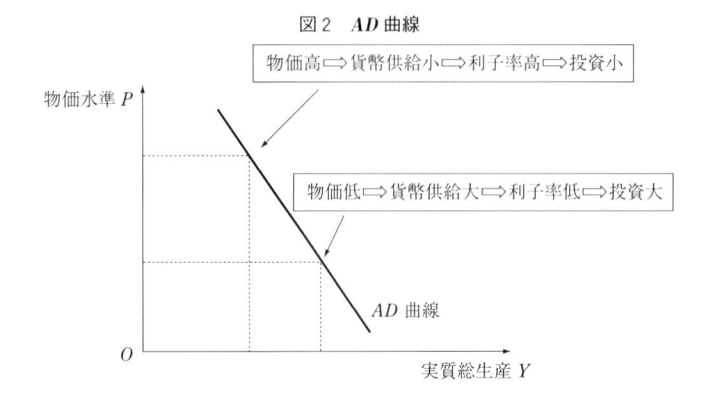

物価高⇒貨幣供給小⇒利子率高⇒投資小

物価低⇒貨幣供給大⇒利子率低⇒投資大

AD曲線

縦軸：物価水準 P、横軸：実質総生産 Y

総生産は小さくなります．この関係を，縦軸を物価水準，横軸を実質総生産とした図で表しましょう．物価水準は Price Level より P と表記しています．この場合，図2のようにグラフとして右下がりの曲線が描かれることが確認できると思います．この曲線を AD 曲線と呼びます．

IS-LM 分析での議論を復習しながら，以上の関係を改めて確認しましょう．物価水準が低ければ，実質貨幣供給が大きくなり，その結果として貨幣の超過供給が生じることから貨幣市場で名目利子率が下がり，そのため実質利子率が下がることから実質民間投資が増え，その増えた実質民間投資の乗数効果で実質総生産が大きくなります．逆に物価水準が高ければ，実質貨幣供給が小さくなり，その結果として貨幣の超過需要が生じることから貨幣市場で名目利子率が上がり，そのため実質利子率が上がることから実質民間投資が減り，その減った実質民間投資の乗数効果で実質総生産が小さくなります．

1.2 AS 曲線

次に AS 曲線を見ていきましょう．総供給曲線は，名目賃金率一定の下での，生産活動における物価水準と実質総生産との関係を表したものです．特に，物価水準が低いのか高いのかによって，実質賃金率が変わります．実質賃金率は

実質賃金率＝名目賃金率/物価水準

でした．この関係から，物価水準が変化すれば，実質賃金率が変化し，その結果として労働市場での雇用量が変化し，企業の生産活動における実質総生産が変化します．これを第7章で学んだ労働市場の図を見ながら考えていきましょ

第9章 物価

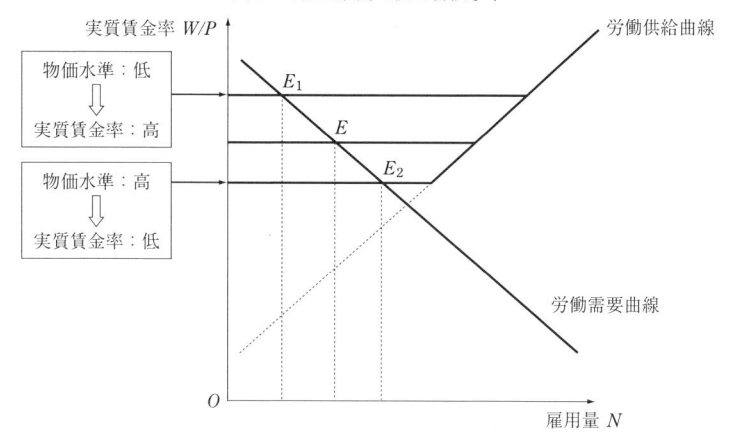

図3 不完全雇用均衡と物価水準

う．図3では名目賃金率が Wage より W と表記され，雇用量は，人数 Number より N と表記されています．

　もし物価水準が低ければ実質賃金率は高くなります．そのため労働需要が小さくなり，労働市場で決まる雇用量は小さくなります．雇用量が小さくなるということは，生産活動における労働投入が小さくなるわけですから，生産活動を通じて決まってくる実質総生産も小さくなるでしょう．つまり，物価水準が低ければ，労働市場の均衡と企業の生産活動から実現する実質総生産は小さくなるわけです．図3の点 E_1 がその状況での労働市場の均衡を表しています．

　逆に，もし物価水準が高ければ実質賃金は低くなります．そのため労働需要が大きくなり，労働市場で決まる雇用量は大きくなります．その結果として，生産活動から決まる実質総生産も大きくなります．つまり，物価水準が高ければ，労働市場の均衡と企業の生産活動から実現する実質総生産は大きくなるわけです．図3の点 E_2 がその状況での労働市場の均衡を表しています．

　これらより，物価水準が低ければ生産活動としての実質総生産は小さくなり，物価水準が高ければ生産活動としての実質総生産は大きくなります．この関係を，縦軸を物価水準，横軸を実質総生産とした図で表しましょう．この場合，図4のように，グラフとして右上がりの曲線が描かれることが確認できると思います．この曲線を AS 曲線と呼びます．

　今までの IS-LM 分析では物価水準は一定と考えてきましたが，そこでは，総需要が増えれば企業はいくらでも供給を増やすので，物価水準は変わらない

図4 AS曲線

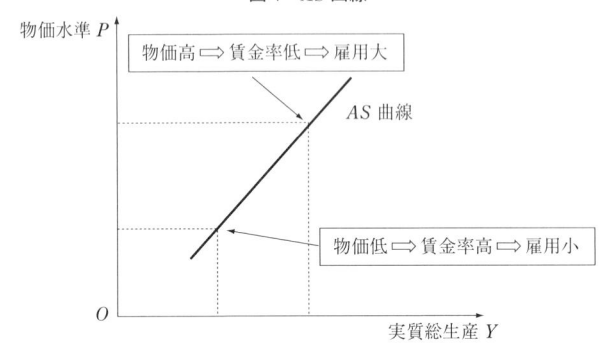

物価水準 P 軸、実質総生産 Y 軸、右上がりのAS曲線。物価高 ⇒ 賃金率低 ⇒ 雇用大、物価低 ⇒ 賃金率高 ⇒ 雇用小。

と想定してきたといえます．ただし，企業の生産活動を考慮すると，必ずしも企業は無条件で供給を増やしていくわけではありません．そこで，企業の生産活動を通じて決まる実質総生産と物価水準の関係を考えたわけです．

改めて，労働市場の均衡と生産技術の関係を考えながら，以上の関係を確認しましょう．物価水準が低ければ実質賃金率が高くなり，その結果として企業の労働需要が小さくなって労働市場での雇用量が小さくなり，そのために生産活動における労働投入が小さくなって，生産活動を通じて決まってくる実質総生産は小さくなります．逆に物価水準が高ければ実質賃金率が低くなり，その結果として企業の労働需要が大きくなって労働市場での雇用量が大きくなり，そのために生産活動における労働投入が大きくなって，生産活動を通じて決まってくる実質総生産は大きくなります．

ここでは不完全雇用均衡を考えているため，労働需要のみから生産量が導き出されています．もし物価水準が上昇し実質賃金率が低下して完全雇用均衡に至ったならば，さらに物価が高くなっても名目賃金率が高くならなければ労働供給は増えません．一般的には，完全雇用が達成されると，物価がさらに高くなっても，それに合わせて名目賃金率も高くなって実質賃金率は変わらず，均衡雇用量が変化しないと考えられます．その場合には，実質完全雇用 GDP の所で総供給曲線は垂直となってしまいます．

1.3 マクロ経済の均衡

AD 曲線上の物価水準と実質総生産の組み合わせにおいては，財・サービス市場と貨幣市場が均衡しています．また AS 曲線上の物価水準と実質総生産の

第 9 章　物価

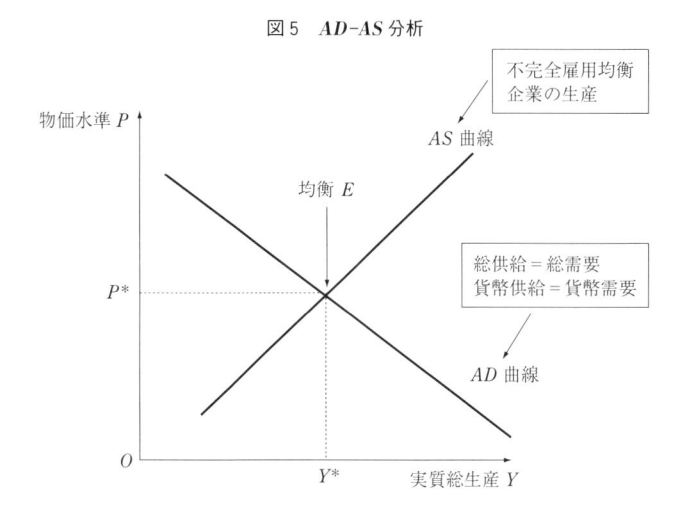

図 5　**AD-AS 分析**

（図：縦軸に物価水準 P、横軸に実質総生産 Y をとり、右上がりの AS 曲線と右下がりの AD 曲線が均衡点 E （P^*, Y^*）で交わる。AS 曲線には「不完全雇用均衡 企業の生産」、均衡点には「総供給＝総需要 貨幣供給＝貨幣需要」の注記）

組み合わせは，名目賃金率一定の下での企業の生産活動を表しています（ただし労働市場では不完全雇用均衡となっているでしょうが）．マクロ経済の均衡では，財・サービス市場と貨幣市場が均衡し，そのときの有効需要の大きさから決まってくる実質総生産を企業が生産していなくてはなりません．財・サービス市場と貨幣市場が均衡しているためには，物価水準と実質総生産の組み合わせが，AD 曲線上になければなりません．その実質総生産を企業が生産しているためには，物価水準と実質総生産の組み合わせが，AS 曲線上になければなりません．このことから，均衡物価水準と均衡実質総生産は，図 5 のように，AD 曲線と AS 曲線の交点で表されることになります．

　もし物価水準が均衡物価水準より高ければ，総供給が総需要を上回り，経済全体として超過供給となります．この場合には物価水準は下がり，総供給は減少し総需要は増加します．逆にもし物価水準が均衡物価水準より低ければ，総需要が総供給を上回り，経済全体として超過需要となります．この場合には物価水準は上がり，総需要は減少し総供給は増加します．このようにして，マクロ経済の活動が調整され，物価水準も決まります．

　AD 曲線の背景に IS-LM 分析がありますから，この背景にある IS-LM 分析に立ち戻ることによって，均衡での実質利子率がどの水準となっているのかも分かりますし，もちろん均衡での民間消費，民間投資の水準も分かります．AS 曲線の背景に労働市場の分析がありますから，そこに立ち戻ることによっ

て，均衡での雇用量も分かります．

1.4 AD 曲線のシフト

AD 曲線は，財・サービス市場と貨幣市場における有効需要の原理を反映しています．このことから，有効需要に影響を与える要因が変化すれば，財・サービス市場や貨幣市場での均衡が変わり，有効需要に応じて決まる実質総生産も変わります．

有効需要を刺激する，政府支出の増加や所得税減税のような財政政策や貨幣供給量の増加のような金融政策を考えましょう．すでに学んだように，このような財政政策の場合は IS 曲線が右方にシフトしますし，このような金融政策の場合は LM 曲線が下方にシフトします．その結果，どちらの政策の下でも IS-LM 分析で決まる実質総生産は大きくなります．AD 曲線は IS-LM 分析で決まる実質総生産を表していますから，その分だけ，AD 曲線は，実質総生産の増加方向つまり右方にシフトします．その結果，均衡物価水準は上がり均衡実質総生産は大きくなることが確認できると思います．図 6 には AD 曲線が右方にシフトした場合が描かれています．

逆に有効需要を抑制する，政府支出の減少や所得税増税のような財政政策や貨幣供給量の減少のような金融政策を考えましょう．すでに学んだように，このような財政政策の場合は IS 曲線が左方にシフトしますし，このような金融政策の場合は LM 曲線が上方にシフトします．その結果，どちらの政策の下でも IS-LM 分析で決まる実質総生産は小さくなります．AD 曲線は IS-LM 分析で決まる実質総生産を表していますから，その分だけ，AD 曲線は，実質総生産の減少方向つまり左方にシフトします．その結果，均衡物価水準は下がり均衡実質総生産は小さくなることが確認できると思います．図 6 の矢印をすべて逆にするかたちで，自分で描いてみてください．

1.5 AS 曲線のシフト

AS 曲線は，労働市場の均衡と企業の生産活動を反映しています．このことから，労働市場の均衡が変わったり，生産技術が変われば，企業の生産活動から決まってくる実質総生産も変わります．

AS 曲線を導き出すときに名目賃金率を一定としてきましたが，名目賃金率が下がった場合を考えましょう．この場合，どの物価水準の下でも実質賃金率

図6 **AD曲線のシフト**

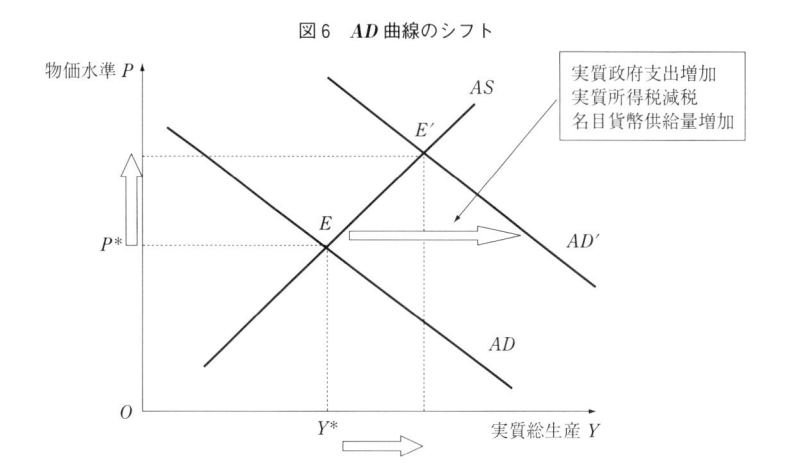

実質政府支出増加
実質所得税減税
名目貨幣供給量増加

が下がりますから，企業による労働需要が増えて生産量も大きくなります．AS曲線は企業の生産活動で決まる実質総生産を表していますから，その分だけ，AS曲線は実質総生産の増加方向つまり右方にシフトします．その結果，均衡物価水準は下がり均衡実質総生産は大きくなることが確認できると思います．図7にはAS曲線が右方にシフトした場合が描かれています．

逆に名目賃金率が上がった場合を考えましょう．この場合，企業による労働需要が減って生産量も小さくなります．AS曲線は企業の生産活動で決まる実質総生産を表していますから，その分だけ，AS曲線は実質総生産の減少方向つまり左方にシフトします．その結果，均衡物価水準は上がり均衡実質総生産は小さくなることが確認できると思います．図7の矢印をすべて逆にするかたちで，自分で描いてみてください．

また生産技術が進歩する，もしくは経済全体の効率性が上がる場合を考えましょう．技術が変化すれば労働需要も変化するので，均衡での雇用量も変化しますが，技術が進歩すれば，一定の実質賃金率の下で，企業の生産量は大きくなるでしょう．その分だけ，AS曲線は，実質総生産の増加方向つまり右方にシフトします．その結果，均衡物価水準は下がり均衡実質総生産は大きくなります．この場合も図7のように描けるでしょう．

生産技術が退化するもしくは経済全体の効率性が下がる場合を考えましょう．技術が変化すれば労働需要も変化するので，均衡での雇用量も変化しますが，技術が退化すれば，一定の実質賃金率の下で，企業の生産量は小さくなるで

図7 AS曲線のシフト

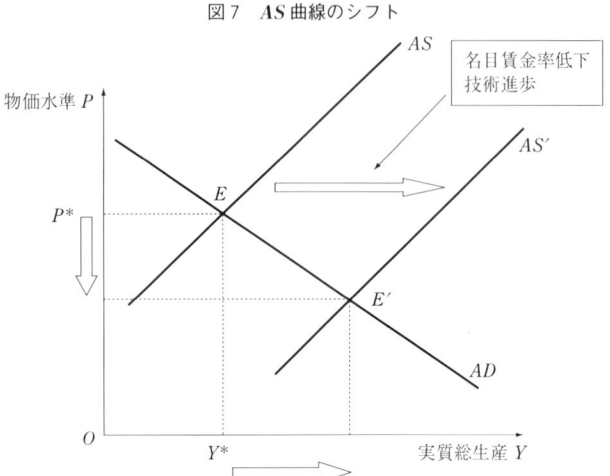

しょう．その分だけ，AS曲線は，実質総生産の減少方向つまり左方にシフトします．その結果，均衡物価水準は上がり均衡実質総生産は小さくなります．図7の矢印をすべて逆にするかたちで，自分で描いてみてください．

練習問題
1. AD 曲線の形状を説明せよ．
2. AS 曲線の形状を説明せよ．
3. 政府支出を増やすことの効果を，AD 曲線と AS 曲線を用いて説明せよ．
4. 所得税減税をすることの効果を，AD 曲線と AS 曲線を用いて説明せよ．
5. 貨幣供給量を増やすことの効果を，AD 曲線と AS 曲線を用いて説明せよ．
6. 技術進歩の影響を，AD 曲線と AS 曲線を用いて説明せよ．

2　フィリップス曲線

ここまでの議論では，物価の変動を考慮していませんでした．そこで，物価の変動について考えていきます．伝統的なケインズ派経済学では，物価上昇率つまりインフレ率と失業率の関係を表すフィリップス曲線を用いて，物価の変動について分析をしていました．ただし，民間主体の期待が変化すると，インフレ率と失業率の関係が変わる可能性が出てきます．そこから，短期のフィリップス曲線と長期のフィリップス曲線の区別の重要性が認識されるようにな

ります．第8章以降はケインズ派の立場からの分析を進めてきましたが，民間主体の期待という問題が出てくることによって，長期の経済活動が問題になってきます．そこで最後に，改めて古典派経済学に言及しようと思います．

2.1 失業とインフレ

すでに説明したように，労働市場で失業率が決まります．そして労働市場の均衡は名目賃金率の水準を反映します．時間の推移を考えれば，名目賃金率は変化するでしょうし，その影響を受けて失業率も変化しているでしょう．このことを考えれば，名目賃金率の上昇率と失業率のあいだには，一定の関係が成立すると考えるのが自然だと思います．その関係を現実のデータで確認すると，名目賃金率の上昇率と失業率のあいだに，安定的な関係がかつて観察されました．そこでは，名目賃金率の上昇率が高いときには低い失業率が対応し，名目賃金率の上昇率が低いときには高い失業率が対応していました．失業率が低い，つまり労働市場で超過需要が生じていれば名目賃金率が早いペースで上昇していき，失業率が高い，つまり労働市場で超過供給が生じていれば名目賃金率があまり上昇しない，もしくは低下しているわけです．

以上の関係を図に表した図8が本来のフィリップス曲線なのですが，以下で説明するように，現在では少し視点を変えたかたちでフィリップス曲線を描きます．

名目賃金率が上昇すれば，その分だけ生産費が上昇します．それを反映して財やサービスの価格が高くなるでしょう．財・サービス価格が高くなれば物価水準が高くなるはずです．このことから，名目賃金率の上昇率が高ければ物価の上昇率も高くなるでしょうし，名目賃金率の上昇率が低ければ物価の上昇率も低くなるでしょう．このように名目賃金率の上昇率は物価の上昇率とほぼ同一視できるわけです．以下では物価の上昇率をインフレ率と呼ぶことにします．

名目賃金率の上昇率が高いほど失業率は低くなります．そして名目賃金率の上昇率が高いほどインフレ率が高くなります．これより，インフレ率が高いときには失業率は小さくなっています．逆に，名目賃金率の上昇率が低いほど失業率は高くなります．そして名目賃金率の上昇率が低いほどインフレ率が低くなります．これより，インフレ率が低いときには失業率は高くなっています．

この関係を図にしましょう．そこでは縦軸にインフレ率をとり，横軸に失業率をとることにします．先の説明から，インフレ率が高ければ失業率は小さく，

図8 フィリップス曲線(名目賃金率と失業率)

(グラフ:縦軸 名目賃金の上昇率、横軸 失業率、右下がりの直線)

図9 フィリップス曲線

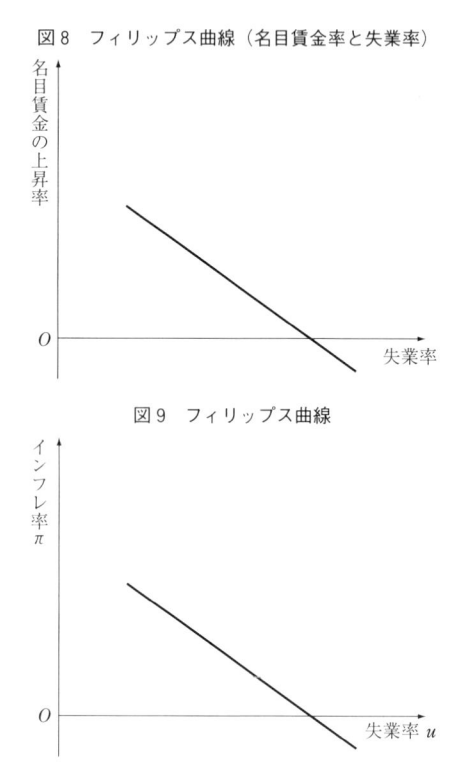

(グラフ:縦軸 インフレ率π、横軸 失業率 u、右下がりの直線)

インフレ率が低ければ失業率は高くなりますから,右下がりの曲線が描けることが分かると思います.このインフレ率と失業率の関係を,現在ではフィリップス曲線と呼んでいます.これが図9となっています.ここではインフレ率をπ,失業率をuと表記することにします.

このフィリップス曲線では,インフレ率を抑えようとすれば失業率が大きくなり,失業率を抑えようとすればインフレ率が高くなります.このことから,失業とインフレのトレード・オフが存在することが分かります.つまり失業対策を優先すればインフレが進み,インフレ対策を優先すれば失業が拡大します.

2.2 短期フィリップス曲線と長期フィリップス曲線

1970年代に先進各国では,スタグフレーション,つまり景気停滞とインフレーションの同時進行を経験しました.これは失業率とインフレ率がどちらも高くなった状況となりますが,前項のフィリップス曲線を用いた議論ではこの

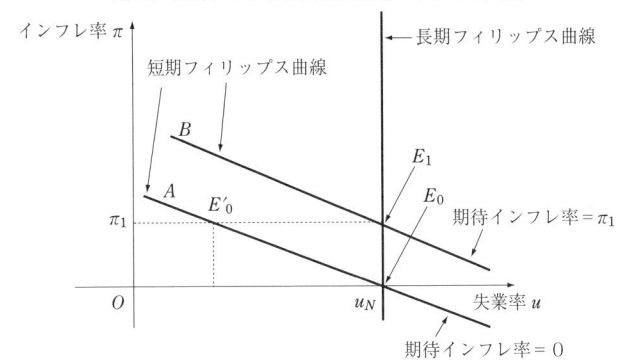

図10 短期フィリップ曲線と長期フィリップ曲線

状況を説明できません．そこで，短期のフィリップス曲線と長期のフィリップス曲線を区別するという考え方が出てきます．失業とインフレのトレード・オフは短期のフィリップス曲線の下で観察されるが，長期の場合は，以下で見ていくように議論が異なります．

図10を見て下さい．例えば，経済が現在は E_0 点にあったとしましょう．そこでは，失業率が u_N でインフレ率がゼロとなっています．そして，E_0 を通る右下がりのフィリップス曲線 A が現実の経済活動を表しているとします．ここで，インフレ率がゼロですから，各主体はインフレ率がこれからもゼロであると予想しているとしましょう．そこで総需要が増えて総生産が増加したとします．総生産が増えれば失業率が下がりますから，経済がフィリップス曲線 A 上の点 E'_0 に移ります．

この経済活動の変化は，短期においては意味をもつかもしれませんが，長期では経済活動が別のものになると考えられます．そもそも，なぜ経済活動が短期に点 E'_0 に移るのでしょう．総需要が増加すれば，企業は生産量を大きくしようとします．そのため労働需要が大きくなるでしょう．その際に，総需要の増加により物価水準が上昇し，労働需要の増加により名目賃金率が上昇しています．ところが，労働者は名目賃金率の上昇に気が付きますが，物価水準の上昇にはすぐには気が付かず，物価水準は上昇していないと考えています．実質賃金率は名目賃金率を物価水準で割ったもの（実質賃金率＝名目賃金率/物価水準）でしたが，名目賃金率の上昇には気が付いても，物価水準は上昇していないと考えるために，実質賃金率が上昇したと思ってしまい，労働供給を増や

します.企業の方も,物価水準の上昇にすぐには気が付きません.その結果,物価水準の上昇による生産物価格全般の上昇であるにもかかわらず,自社の生産物価格だけが上昇したと考えてしまい,生産を増やそうとし,労働需要を増やします.その結果として,労働供給も労働需要も増えて失業率が小さくなります.この背景で各主体は物価上昇に気が付いていません.つまり,各経済主体は今後もインフレ率がゼロであり続けると予想しているわけです.

経済がフィリップス曲線 A の点 E'_0 に移った後のことを考えましょう.ここではインフレ率が高くなっています.短期的には,各経済主体は物価水準の上昇に気が付きませんが,時間が経てば,実際の経済において物価水準が上昇していることに気が付くはずです.そのため人々のインフレ率に対する予想が変化します.

ここで,インフレ率に対する予想を,インフレ率の期待値ということから,期待インフレ率と呼びましょう.各経済主体は,最初は期待インフレ率がゼロでしたが,実際のインフレに気が付くことによって,期待インフレ率を修正します.点 E'_0 でのインフレ率が π_1 ですから,各経済主体が,今後はインフレ率が π_1 となると予想するとしましょう.

この場合,名目賃金率が上昇していますが,同時に物価水準も上昇していることに労働者は気が付くわけです.物価水準が上昇していれば,たとえ名目賃金率が上昇しても,実質賃金率はそれほど上昇しません.そこでもし名目賃金率と物価上昇率が同じ割合で上昇していれば,実質賃金率は従来と変わっていません.その場合,労働供給は従来の水準に戻ってしまうでしょう.

企業も,自社製品の価格だけでなく,物価水準も上昇していることに気が付くわけです.その結果,生産量を特に増やす必要がないと考えて,生産量を従来の水準に戻そうとするでしょうし,労働需要を従来の水準に戻してしまうでしょう.

このように労働需要も労働供給も元の水準に戻ってしまうと,失業率も元の水準 u_N に戻ってしまいます.そのときはすでにインフレ率が π_1 となっていますから,失業率が u_N でインフレ率が π_1 の状況,つまり点 E_1 に経済が移動します.このときに,失業率とインフレ率はどちらも高くなっています.この状況がスタグフレーションを説明しているといえるでしょう.そしてフィリップス曲線は,この点 E_1 を通る B にシフトしてしまいます.

このようにして,点 E'_0 のような状態は,期待インフレ率が一定である短

期でしか観察できないと考えます．そして期待インフレ率が変化すると，この短期のフィリップス曲線がシフトしてしまい，経済が移動してしまいます．ここまでの説明で分かると思いますが，短期のフィリップス曲線 A は期待インフレ率がゼロの状態に対応し，期待インフレ率が π_1 のときの短期のフィリップス曲線は曲線 B となります．

では，長期的には経済活動がどうなるのでしょうか．長期的には，各経済主体は経済状況を正しく予想できるでしょう．そこで長期において，各経済主体は期待インフレ率を現実のインフレ率に一致させるとすると，各経済主体は実質賃金率を正しく認識しますから，失業率は本来の水準に戻り，点 E_0 や点 E_1 が観察されます．つまり，長期では，失業率は常に本来の水準に留まっています．このようにして，長期において実現する失業率とインフレ率の関係を表すと，失業率は常に u_N ですから，横軸の値が u_N となる垂直の直線が描けます．この垂直の直線を長期のフィリップス曲線と呼びます．この長期のフィリップス曲線に対応する失業率 u_N を自然失業率と呼びます．

ここで自然失業率は何を意味しているのでしょうか．長期であれば，市場機構が機能し，労働市場の本来の均衡である完全雇用均衡が実現するでしょう．長期のフィリップス曲線において観察される自然失業率は，労働市場の本来の均衡での失業率に対応していると考えられます．このように長期的には，経済は完全雇用均衡での失業率に落ち着き，完全雇用均衡が実現しているということは，長期的には，実質完全雇用 GDP や実質完全雇用国民所得がマクロ経済では実現しています．長期では古典派の分析が有効であると一般的に考えられていることをすでに説明しました．その長期での経済活動が，ここでは自然失業率で表現されています．そこで改めて第 7 章の 3.1 と 3.3 を読み直してみてください．ある国の経済活動が長期的にどのように決まるのかがそこで改めて確認できると思います．

練習問題
1. 短期のフィリップス曲線の形状を説明せよ．
2. 長期のフィリップス曲線の形状を説明せよ．また，短期のフィリップス曲線との関係についても説明せよ．
3. 政府が貨幣供給量の増加率を上げると，短期において失業率とインフレ率はどうなるか．また長期において失業率とインフレ率はどうなるか．

第10章
開放マクロ経済学

　今までの議論では海外との取引を無視してきました．本章では，海外との取引を考慮して，マクロ経済の活動を考えようと思います．一般的には，海外との取引を考慮してのマクロ経済の分析を開放マクロ経済学といいます．

　海外との取引，つまり輸出と輸入を考えるためには，為替レートの決定を議論する必要があります．そこで，為替レートの決定についての議論をまず簡単なかたちで整理します．そのうえで，ケインズ派の立場にしたがい，IS-LM分析のなかに為替レートの影響を含めて分析します．この IS-LM 分析において輸出・輸入および為替レートの影響を考慮した代表的なモデルとして，マンデル＝フレミング・モデルがあります．このマンデル＝フレミング・モデルを理解することが，本章の主要テーマとなります．すでに述べたように，ケインズ派の立場は一般的には短期の経済活動の分析として有効ですから，マンデル＝フレミング・モデルは短期の分析といえます．そこで最後に，長期の場合の開放マクロ経済の分析も試みます．

1　為替レートの決定

　すでに説明されたように，海外との取引を考えるためには，為替レートがどのように決まるのかを考えなくてはいけません．本節では，為替レート決定の代表的理論である，購買力平価説と金利平価説を説明します．そのうえで，為替レートと輸出・輸入の関係について考えましょう．

1.1　為替レート

　為替レートとは自国通貨と外国通貨の交換比率を意味します．例えば日本の通貨である円とアメリカの通貨であるドルを考えれば，この円とドルの交換比

率が為替レートとなります．そこで，為替レートの表現法としては二つの方法があります．自国通貨で外国通貨の交換比率を表現した場合を自国通貨建て，外国通貨で自国通貨の交換比率を表現した場合を外国通貨建てと呼びます．日本を自国として，円とドルを考えた場合，1ドル＝何円という為替レートが自国通貨建てとなり，1円＝何ドルという為替レートが外国通貨建てです．一般的には自国通貨建てで表記をすることが多いでしょう．

ここで，為替レートの決定をできるだけ簡潔なかたちで整理しましょう．以下では日本円とアメリカドルの交換比率を具体例として，為替レートについて考えていきます．まず円安と円高という普段目にする言葉と，自国通貨建て為替レートとの関係を確認しておきます．そのために，1ドル＝100円の場合と1ドル＝200円の場合を比較します．1ドル＝100円の場合，100円玉一つで1ドル紙幣1枚が手に入りますが，1ドル＝200円の場合，100円玉を二つ用意しないと1ドル紙幣1枚が手に入りません．1ドル＝100円のときの方が円の価値が高く，1ドル＝200円のときの方が円の価値が安くなっています．つまり自国通貨建てで為替レートを表記した場合，為替レートの値が小さいほど円高で，為替レートの値が大きいほど円安となります．

すでにミクロ経済学で，価格は需要と供給で決定されることを見てきました．為替レートの場合，外国為替市場での通貨の需要と供給で為替レートが決まります．単純に考えれば，多くの主体が円を買ってドルを売れば，つまり円買いドル売りが出てくれば，円の需要が大きくなり円高となります（ドルの視点から見れば，ドルの供給が大きくなりドル安となります）．逆に多くの主体が円を売ってドルを買えば，つまり円売りドル買いが出てくれば，円の供給が大きくなり円安となります（ドルの視点から見れば，ドルの需要が大きくドル高となります）．このことから，どのようなときに円買いドル売りが出てきて，どのようなときに円売りドル買いが出てくるのかが，為替レートの決定において重要であることをイメージできると思います．そこで代表的な為替レートの決定理論について，以下で少し詳しく見ていきます．

1.2　購買力平価説

まず長期における為替レート決定を考えます．ここで，ある財を取り上げて，この財が日本では150万円でアメリカでは1万ドルだとしましょう．このときに為替レートが1ドル＝200円だったとします．この場合に何が起きるでしょ

うか．ある主体が，日本でこの財を150万円で購入し，その財をアメリカで1万ドルで売却したとします．今為替レートが1ドル＝200円ですから，アメリカで売却して得た1万ドルを円に交換すると，200万円（＝1万×200）となります．つまり，日本で買ったこの財をアメリカで売るだけで，円で評価すると150万円が200万円となるわけです．このような状況であれば，多くの主体が日本でこの財を購入し，アメリカで売却するでしょう．このような取引を裁定取引といいます．特に商品についての裁定取引ですので，商品裁定と言うこともあります．

このような裁定取引が起きる場合，外国為替市場で何が起きるでしょうか．多くの主体が日本でこの財を買ってアメリカで売却します．アメリカで売却したときは代金をドルで受け取りますから，そこで得たドルを円に交換するでしょう．その際に円買いドル売りが出てきますから円高になるはずです．もし外国の主体を考えれば，日本でこの財を買うときに円を必要としてドルを円に交換しますから，やはり円買いドル売りが出てきて円高になります．

次に，為替レートが1ドル＝100円だったとしましょう．この場合，100万円を用意して，その100万円をドルに交換すれば1万ドル（＝100万/100）となります．つまり100万円を用意してその円をドルに交換すれば，アメリカで1万ドルのこの財が購入できます．日本ではこの財の価格が150万円しますから，アメリカで買ったこの財を日本で売れば150万円が手に入ります．つまり，アメリカで買ったものを日本で売るだけで，円で評価すると100万円が150万円となるわけです．このような状況であれば，アメリカでこの財を購入し，日本で売却するでしょう．やはり裁定取引が起きます．

このような裁定取引が起きれば，やはり外国為替市場に影響が出てきます．この場合には，日本人がアメリカで財を購入するために，まず円売りドル買いが出てきますから円安となるはずです．もし外国の主体を考えれば，日本で財を売って得た代金をドルに戻す際に，円売りドル買いが出てきて円安となります．

では，最終的に為替レートはどうなるでしょう．この場合，150万円/1万ドルの計算より，1ドル＝150円なら，この財を日本で買ってもアメリカで買っても同じ価格となり，前述のような裁定取引は出てこなくなります（1ドル＝150円なら，150万円は1万ドルですし，1万ドルは150万円です）．そのために，先ほどのような為替取引も起きません．

このようにして為替レートが決定される，という考え方が購買力平価説です．中・短期的に，二つの国で同じ財の価格が異なっていたとしても，前述のような裁定取引が行われることを考えれば，長期的には両国での財価格は均等化するであろう，という考え方が背景にあります．

一般化させると，前述の議論から，

　　　自国建て為替レート＝日本での価格／アメリカでの価格

となることが分かると思います．

ただし，実際には取引されている財が多数存在します．そこで，日本の財価格を総合した日本の物価水準と，アメリカの財価格を総合したアメリカの物価水準を考えて為替レートを考えます．各財について，前述のような関係が大体において成立しているならば，物価水準についても同様の関係が成立するはずです．そこから

　　　自国建て為替レート＝日本の物価水準／アメリカの物価水準

が，購買力平価説に基づいた為替レートの決定式となります．

ここで，物価水準の逆数のことをその国の通貨の購買力と呼びます．購買力は，その国の物価水準が低いほど，その国の通貨でより多くのものが購入できるということを表しています．そして前述の為替レートの決定式は，二つの国の通貨の購買力の比となっています．

先の関係式から，もし日本でアメリカ以上のインフレーションが生じれば，分母以上に分子が大きくなるわけですから，自国通貨建て為替レートが上昇します．つまり円安になります．逆にアメリカで日本以上のインフレーションが生じれば，分子以上に分母が大きくなるわけですから，自国通貨建て為替レートが低下し，円高になります．デフレーションの場合について，もしくは一方の国がインフレーションで他方の国がデフレーションの場合については自分で考えてみてください．

1.3　金利平価説

前項の関係の背景には，財の国際的な取引があります．ただ，日本で買った財をアメリカで売ったり，アメリカで買った財を日本で売ったりするのには時間がかかります．一方で，資金の取引はそれほど時間をかけずにできます．そ

のため，中・短期的には，財の取引以上に資金の取引が，為替レートの決定に重要な意味をもってくると考えられます．このことを反映して，中・短期的には，両国の資金の流れに依存して為替レートは決まると考えられます．

　100万円の資金の運用を考えましょう．この100万円を日本で運用すれば，日本の利子率の分だけ利子が得られます．もし日本における名目利子率が4％だとすると，円で運用すれば4％の利子が得られて，1年後に104万円（＝100×(1＋0.04)）となります．

　一方で，この100万円をドルで運用するとします．現在の為替レートは1ドル＝100円で，アメリカにおける名目利子率が2％であるとしましょう．ドルで運用するためには，100万円をドルに交換しなければいけませんが，為替レートが1ドル＝100円の場合，100万円は1万ドル（100万/100）となります．アメリカにおける利子率が2％ですから，この1万ドルは1年後に1万200ドル（＝1万×(1＋0.02)）となります．ここでもう一つ注意しなくてはいけない問題が出てきます．円で運用した場合との優劣を判断するためには，この1万200ドルを円で評価するといくらになるかを計算しなければいけません．1年後の予想為替レートが1ドル＝103円だとしましょう．現在の為替レートは1ドル＝100円ですから，1ドル＝103円を予想するということは，ドルの3％値上がりを予想していることになります（3％＝(103－100)/100）．為替レートが1ドル＝103円の下では，1万200ドルは大体105万円（≒1万200×103）となります．100万円が1年後に大体105万円となり，運用利率が大体5％となっています．これは，アメリカでの名目利子率2％と為替レートの予想変化率（ドルの予想値上がり率）3％の合計となっています．

　この場合，100万円を円で運用すると1年後に104万円となり，ドルで運用すると1年後に大体105万円となります．運用利率が4％と5％となっていますから，ドルでの運用が有利となり，多くの主体が円での運用をドルでの運用に切り替えるでしょう．これも裁定取引の一種で，この場合は，利子率つまり金利を比較しての裁定取引であることから，金利裁定と呼ぶことがあります．このときに，円をドルに交換しようとして円売りドル買いが生じますから，円安ドル高となるはずです（加えて，ドルで運用した資産を1年後に円に戻す日本の主体がいれば，1年後に円買いドル売りが生じ，将来円高ドル安となるでしょう）．

　では，1年後の為替レートの予想が1ドル＝101円であればどうなるでしょう．この場合，1ドル＝100円が1ドル＝101円となると予想しているわけです

から，為替の予想変化率（ドルの予想値上がり率）は1％となっています（1％＝(101−100)/100）．100万円を円で運用した場合は，日本の4％の名目利子率から1年後に104万円となりました．ドルで運用した場合，100万円をドルに交換して1万ドルとなり，アメリカの2％の名目利子率から1年後にその1万ドルが1万200ドルとなりました．1年後の為替レートを1ドル＝101円と予想していますから，この1万200ドルを円の価値に直すと大体103万円（≒1万200×101）となります．100万円が1年後に大体103万円となり，運用利率が大体3％となっています．これは，アメリカでの名目利子率2％と為替レートの予想変化率（ドルの予想値上がり率）1％の合計となっています．

この場合，100万円を円で運用すると1年後に104万円となり，ドルで運用すると1年後に大体103万円となります．運用利率が4％と3％となっていますから，円での運用が有利となり，多くの主体がドルでの運用を円での運用に切り替えるという裁定取引が生じるでしょう．このときに，ドルを円に交換しようとして円買いドル売りが生じますから，円高ドル安となるはずです（加えて，1年後に，円で運用した資産をドルに戻すために円売りドル買いをする外国の主体が出てくるとすれば，将来円安ドル高となるでしょう）．

このような裁定取引を通じて為替レートが決定するという考え方が，金利平価説です．この場合，円での運用の運用利率とドルでの運用の運用利率が等しくならないと裁定取引が生じますから，近似的に

　　　日本の名目利子率＝アメリカの名目利子率＋為替レートの予想変化率

が成りたたなければなりません．この式を金利平価式と呼びます．先ほどの例であれば，日本の名目利子率が4％，アメリカの名目利子率が2％のときに，為替レートの予想変化率が2％となっていると考えられます．

このような裁定取引から，日本の名目利子率が相対的に高くなれば円での運用が有利となり，ドルを円に交換しようとして円買いドル売りが生じ，円高になりますし，日本の名目利子率が相対的に低くなればドルでの運用が有利になり，円をドルに交換しようとして円売りドル買いが生じ，円安になることが分かります．アメリカの名目利子率から見れば，アメリカの名目利子率が相対的に高くなればドルでの運用が有利になり，円売りドル買いが生じて円安となり，アメリカの名目利子率が相対的に低くなれば円での運用が有利となり，円買いドル売りが生じて円高になります．

1.4　為替レートと貿易

為替レートの決定について見てきましたが，為替レートは，輸出財と輸入財の価格の変更を通じて，貿易に影響を与えます．円高の状況として1ドル＝80円の場合と，円安の状況として1ドル＝120円の場合を考えて比較しましょう．日本で24,000円の財とアメリカで240ドルの財を取り上げることにします．

日本で24,000円の財は，1ドル＝80円の場合はアメリカで300ドル（＝24000/80）となり，1ドル＝120円の場合はアメリカで200ドル（＝24000/120）となります．日本の財は，円高のときにアメリカでの価格が高くなり，円安のときにアメリカでの価格が安くなります．アメリカでの価格が高ければ，アメリカでの日本製品に対する需要が減りますから，その分だけ日本の輸出が減ります．つまり円高になれば日本の輸出は減ります．またアメリカで価格が安ければ，アメリカでの日本製品に対する需要が増えますから，その分だけ日本の輸出が増えます．つまり円安になれば日本の輸出は増えます．

一方で，アメリカで240ドルの財は，1ドル＝80円の場合は日本で19,200円（＝80×240）となり，1ドル＝120円の場合は日本で28,800円（＝120×240）となります．アメリカの財は，円高のときに日本で安くなり，円安のときに日本で高くなるわけです．日本で価格が安ければ，日本での需要が増えますから，その分だけ日本の輸入が増えます．つまり円高になれば日本の輸入は増えます．日本で価格が高ければ，日本での需要が減りますから，その分だけ日本の輸入が減ります．つまり円安になれば日本の輸入は減ります．

以上の結果を改めてまとめると以下のようになります．円高になると，日本の輸出は減って輸入は増えます．一方で円安になると，日本の輸出は増えて輸入は減ります．

練習問題
1. ある財の日本国内の価格が330円，アメリカ国内の価格が3ドルとする．この財に関して商品裁定が働くのであれば自国建て為替レートはいくらになるか．
2. 日本国内の金利がアメリカ国内の金利よりも高くなった場合，一般的に円安となるか円高となるか．
3. 日本の名目利子率が3％で，アメリカの名目利子率が5％の場合，為替レート予想変化率は何パーセントとなっているはずか．
4. 円高となった場合，日本の輸出と輸入はどうなるか．
5. 円安となった場合，日本の輸出と輸入はどうなるか．

2 マンデル＝フレミング・モデル

　総需要の大きさによって均衡実質総生産が決まるというケインズ的な世界を対象として，国内均衡と為替レートの決定を同時に分析する代表的なモデルに，マンデル＝フレミング・モデルがあります．マンデル＝フレミング・モデルでは特に，名目賃金率と物価水準は一定，資本の移動が完全，将来の為替リスクは無く現在の為替レートが将来も続くと仮定し，さらにこの国の経済活動が海外市場の価格に影響を与えないという小国の場合を想定して分析を行います．本節では，このマンデル＝フレミング・モデルについて考えていきます．

2.1 為替レートとマクロ経済の均衡

　名目賃金率と物価水準が一定ですから，IS-LM 分析でマクロ経済の均衡を考えることができます．IS-LM 分析では，財・サービス市場の均衡である

　　　総生産＝民間消費＋民間投資＋政府支出＋輸出－輸入

を表す IS 曲線と，貨幣市場の均衡

　　　貨幣供給＝流動性選好

を表す LM 曲線で，マクロ経済の均衡が記述できます（今までと同様に，すべて実質値で評価しています）．ここでは海外との取引を考えていますから，総需要のなかに輸出マイナス輸入の項目が入っている点に注意して下さい．ただし IS 曲線の形状が右下がりとなるという性質は変わりません（国内利子率が下がれば，民間投資が増えて，有効需要の原理から総生産が増えます）．

　輸出と輸入の大きさを考えるためには，さらに為替レートの決定を考えなくてはいけません．ケインズ派の考え方は，短期の経済活動に対して有効でした．そして短期的には，為替レートは金利平価式にしたがって決まると考えられます．そこで金利平価式を取り上げましょう．

　　　日本の名目利子率＝外国の名目利子率＋為替レートの予想変化率

が金利平価式でした（先ほどは外国としてアメリカを想定して議論しましたが，ここでは単純に外国とします）．

今は物価水準が一定ですから，名目利子率と実質利子率を区別する必要がありません．また現在の為替レートが将来も続くと仮定していますから，為替レートの予想変化率はゼロとなっています．その結果として金利平価式は

　　日本の実質利子率＝外国の実質利子率

となります（以下では，単に日本の利子率と外国の利子率と呼ぶことにします）．これが為替レートの決定を説明します．ここで小国の仮定より，日本の経済活動が外国の経済活動に影響を与えないので，外国の利子率は，日本の経済活動の影響を受けずに一定となります．

　すでに説明したように，IS 曲線は右下がりの曲線となり，LM 曲線は右上がりの曲線となります．そして日本国内の経済活動の均衡は，IS 曲線と LM 曲線の交点で決まります．ただし，図1における IS' と LM の交点のように，日本の利子率が外国の利子率よりも高くなっていると，円での運用が有利となり，日本国内での資金の運用が増えます．日本国内への資本（資金）流入が生じるわけですが，その際に円買いが生じて円高となります．これもすでに説明したように，円高になれば輸出が減って輸入が増えます．総需要は民間消費＋民間投資＋政府支出＋輸出－輸入ですから，輸出が減って輸入が増えるということは，総需要が減少することを意味します．総需要が減少すれば，有効需要の原理から，財・サービス市場での総生産が減少しますから，IS 曲線の左方へのシフトがおきます．日本の利子率が外国の利子率よりも高い限り，このような円高と輸出減少・輸入増加による IS 曲線の左方シフトが続きますから，最終的には，日本国内の均衡において，つまり IS 曲線と LM 曲線の交点において，日本の利子率＝外国の利子率となるところまで IS 曲線がシフトしていき，IS 曲線と LM 曲線の交点として表される日本国内の経済活動の均衡において，日本の利子率＝外国の利子率となります．

　逆に，図1における IS'' と LM の交点のように，日本の利子率が外国の利子率よりも低くなっていると，外国通貨での運用が有利となり，外国通貨での資金の運用が増えます．外国への資本（資金）流出が生じるわけですが，その際に円売りが生じて円安となります．円安となると，輸出が増えて輸入が減ります．総需要は民間消費＋民間投資＋政府支出＋輸出－輸入ですから，輸出が増えて輸入が減るということは，総需要が増加することを意味します．総需要が増加すれば，有効需要の原理から，財・サービス市場での総生産が増加しま

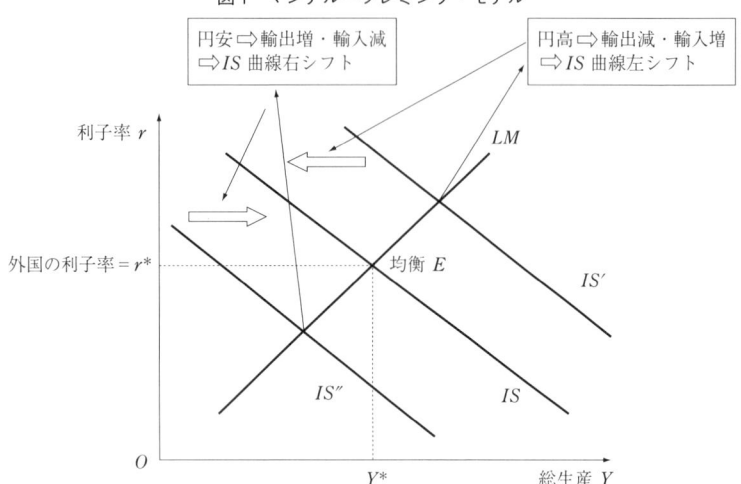

図1 マンデル＝フレミング・モデル

円安⇨輸出増・輸入減
⇨IS曲線右シフト

円高⇨輸出減・輸入増
⇨IS曲線左シフト

すから，IS曲線の右方へのシフトがおきます．日本の利子率が外国の利子率よりも低い限り，このような円安と輸出増加・輸入減少によるIS曲線の右方シフトが続きますから，最終的には，日本国内の均衡において日本の利子率＝外国の利子率となるところまでIS曲線がシフトしていき，IS曲線とLM曲線の交点として表される日本国内の経済活動の均衡において，日本の利子率＝外国の利子率となります．

以上の結果をまとめると，マクロ経済の均衡は，IS曲線とLM曲線の交点にあるだけでなく，その際に日本の利子率＝外国の利子率となっていなければ為替レートが変動して，輸出と輸入が変化しIS曲線がシフトしてしまいます．その結果，マンデル＝フレミング・モデルにおける均衡は，図1の点Eのように，IS曲線とLM曲線の交点と日本の利子率＝外国の利子率で表されます．

2.2　変動為替相場制の下での経済政策

為替レートが変動する変動為替相場制の下での経済政策の効果を見ていきましょう．IS曲線とLM曲線が図2のISとLMになっており，均衡が点Eになったとします．

政府支出の増加や所得税減税のような財政政策を実行すれば，IS曲線が右方シフトしてIS′となります．その結果均衡は点E′となります．この均衡の

第10章 開放マクロ経済学　　　　　　271

図2　財政政策（変動為替相場制）

円高 ⇒ 輸出減・輸入増
　　　 ⇒ IS 曲線左シフト

利子率 r

LM

E'

政府支出増加
所得税減税

外国の利子率 = r^*

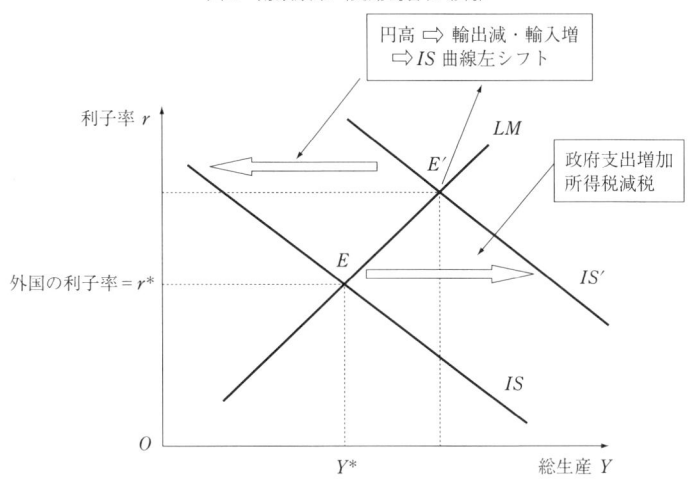

E

IS'

IS

O　　　Y^*　　　　　　　総生産 Y

　点 E' では，日本の利子率が外国の利子率よりも高くなっています．この場合大規模な資本流入が生じます．つまり日本の高い利子率のため，外国通貨を円に交換し，日本国内で運用しようとする経済主体が多数出てくるわけです．そのため円買いが生じて円高となります．円高となれば，輸出が減り輸入が増えるため有効需要が減少し，IS 曲線は左方にシフトしていきます．このような円高と IS 曲線の左方シフトは，日本の利子率が外国の利子率を上回る限り続くために，最終的には IS 曲線は元の位置に戻り，均衡は点 E となります．このように，変動為替相場制の下では財政政策は効果がありません．

　次に金融政策を考えましょう．図3を見て下さい．貨幣供給量の増加を実行すれば，LM 曲線が下方シフトして LM' となります．その結果均衡は点 E' となります．この均衡の点 E' では，日本の利子率が外国の利子率よりも低くなっています．この場合大規模な資本流出が生じます．つまり外国の高い利子率のため，円を外国通貨に交換し，外国で運用しようとする経済主体が多数出てくるわけです．そのため円売りが生じて円安となります．円安となれば，輸出が増え輸入が減るため有効需要が増加し，IS 曲線は右方にシフトしていきます．このような円安と IS 曲線の右方シフトは，日本の利子率が外国の利子率を下回る限り続くために，最終的には日本の利子率が外国の利子率に等しくなるまで IS 曲線がシフトし，均衡は点 E'' となります．このように，変動為

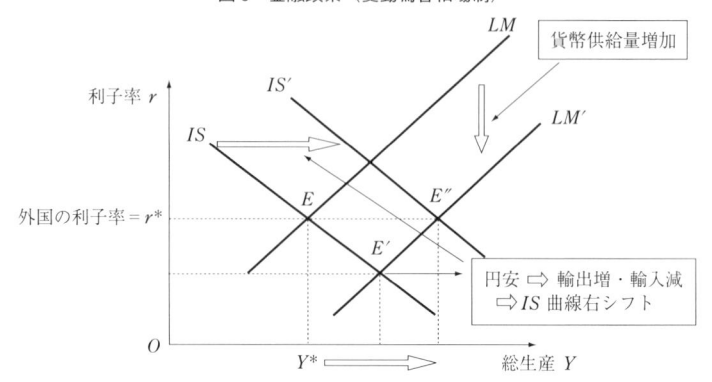

図3 金融政策（変動為替相場制）

替相場制の下では金融政策の効果は大きくなります．

2.3 固定為替相場制

　先の結果がもつ意味を考えるために，為替レートが常に一定に保たれる固定為替相場制を考え，その下での経済政策の効果を調べ，先の結果と比較しましょう．特に，為替レートの変動と金融政策の自由度の関係が問題となります．

　固定為替相場制の場合，為替レートを一定にするために，日本銀行（中央銀行）は為替市場へ介入する必要がでてきます．ここでもし市場介入すると，その分だけ貨幣供給量が変化し，政府が保有する外貨である外貨準備が変動します．例えば，円売り・外国通貨買いのかたちで介入すれば，円を市場で売る分だけ貨幣供給量が増えて，外国通貨を買う分だけ外貨準備が増加します．逆に円買い・外国通貨売りのかたちで介入すれば，円を市場で買う分だけ貨幣供給量が減って，外国通貨を売る分だけ外貨準備が減少します．

　国内の均衡は IS 曲線と LM 曲線の交点で決まります．ただしこの均衡で国内の利子率が外国の利子率と等しくなっていないと，マクロ経済の活動が変化しますが，その理由が変動為替相場制の下での理由と異なります．図4の IS と LM' の交点のように，日本の利子率が外国の利子率よりも高ければ，資本流入が生じます．その際の円買い・外国通貨売りから円高方向への市場圧力が出てきます．そこで固定為替相場制を維持するために，円売り・外国通貨買いのかたちで日本銀行は為替市場へ介入しなければなりません．その結果として貨幣供給量が増加し，LM 曲線が下方へシフトしていきます．この LM 曲線

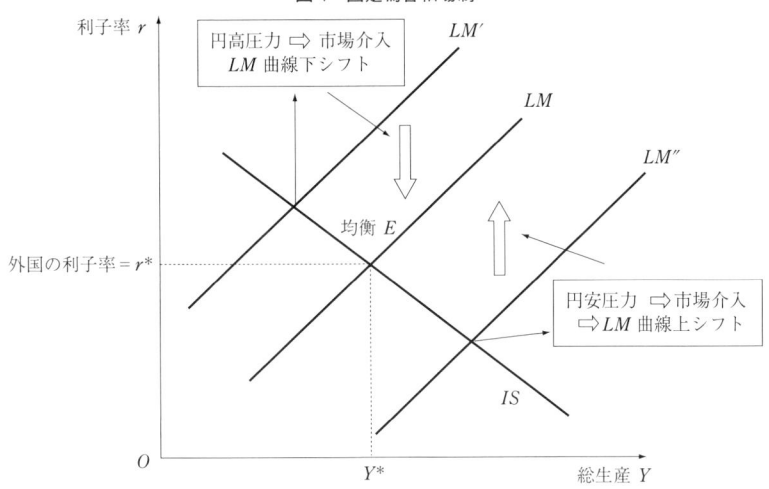

図4　固定為替相場制

[図: 縦軸 利子率 r、横軸 総生産 Y。LM、LM'、LM''曲線とIS曲線。均衡点E、Y^*、外国の利子率 $=r^*$。「円高圧力 ⇒ 市場介入 ⇒ LM曲線下シフト」「円安圧力 ⇒ 市場介入 ⇒ LM曲線上シフト」の注釈。]

の下方へのシフトは，日本の利子率が外国の利子率を上回る限り続きますから，最終的には，IS曲線とLM曲線の交点で日本の利子率が外国の利子率と等しくなります．

　逆に，図4のISとLM''の交点のように，日本の利子率が外国の利子率よりも低ければ，資本流出が生じます．その際の円売り・外国通貨買いから円安方向への市場圧力が出てきます．そこで固定為替相場制を維持するために，円買い・外国通貨売りのかたちで日本銀行は為替市場へ介入しなければなりません．その結果として貨幣供給量が減少し，LM曲線が上方へシフトしていきます．このLM曲線の上方へのシフトは，日本の利子率が外国の利子率を下回る限り続きますから，最終的には，IS曲線とLM曲線の交点で日本の利子率が外国の利子率と等しくなります．

　このように固定為替相場制の下でも，均衡は，図4の点Eのように，IS曲線とLM曲線の交点と日本の利子率＝外国の利子率で表されます．

　固定為替相場制の下での経済政策の効果を見ていきましょう．IS曲線とLM曲線が図5や図6のISとLMになっており，均衡が点Eになったとします．

　政府支出の増加や所得税減税のような財政政策を実行すれば，図5のようにIS曲線が右方シフトします．その結果均衡は点E'となります．この均衡の点

図 5　財政政策（固定為替相場制）

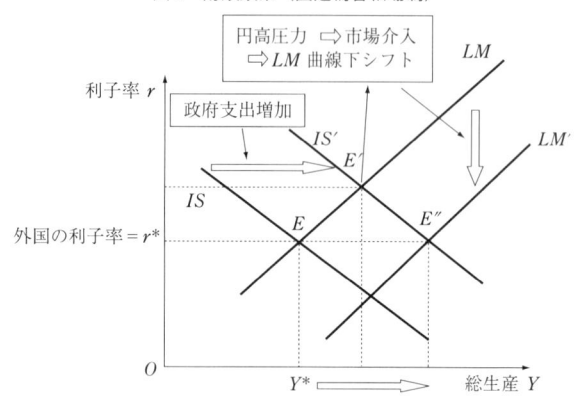

（利子率 r、外国の利子率 = r^*、総生産 Y、政府支出増加により IS → IS'、円高圧力 ⇨ 市場介入 ⇨ LM 曲線下シフト、LM → LM'、均衡点 E → E' → E''）

図 6　金融政策（固定為替相場制）

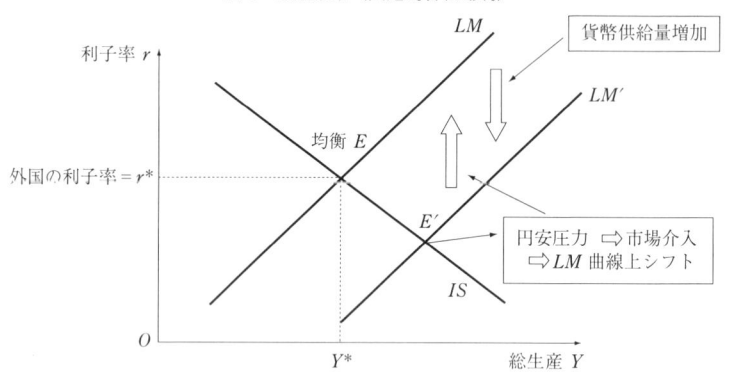

（利子率 r、外国の利子率 = r^*、総生産 Y、貨幣供給量増加により LM → LM'、円安圧力 ⇨ 市場介入 ⇨ LM 曲線上シフト、均衡 E → E'）

E' では，日本の利子率が外国の利子率よりも高くなっています．この場合大規模な資本流入が生じます．つまり国内の高い利子率のため，外国通貨を円に交換し，日本国内で運用しようとする経済主体が多数出てくるわけです．そのため，円買い・外国通貨売りから円高方向への市場圧力が出てきます．そこで固定為替相場制を維持するために，円売り・外国通貨買いのかたちで日本銀行は為替市場へ介入しなければならず，その結果として貨幣供給量が増加して，LM 曲線が下方へシフトしていきます．このような LM 曲線の下方シフトは，日本の利子率が外国の利子率を上回る限り続くために，最終的には日本の利子率が外国の利子率に等しくなるまで LM 曲線がシフトし，均衡は点 E'' となります．このように，固定為替相場制の下では財政政策の効果は大きくなります．

次に金融政策を考えましょう．貨幣供給量の増加を実行すれば，図6のように LM 曲線が下方へシフトします．その結果均衡は点 E' となります．この均衡の点 E' では，日本の利子率が外国の利子率よりも低くなっています．この場合，大規模な資本流出が生じます．つまり外国の高い利子率のため，円を外国通貨に交換し，外国で運用しようとする経済主体が多数出てくるわけです．そのため，円売り・外国通貨買いから円安方向への市場圧力が出てきます．そこで固定為替相場制を維持するために，円買い・外国通貨売りのかたちで日本銀行は為替市場へ介入しなければならず，その結果として貨幣供給量が減少し，LM 曲線が上方へシフトしていきます．このような LM 曲線の上方シフトは，日本の利子率が外国の利子率を下回る限り続くために，最終的には日本の利子率が外国の利子率に等しくなるまで LM 曲線がシフトし，均衡は元々の均衡の点 E となります．このように，固定為替相場制の下では金融政策の効果がありません．

2.4 国際金融のトリレンマ

以上の議論より，変動為替相場制の下では財政政策は無効となるが金融政策は有効となり，固定為替相場制の下では財政政策は有効であるが金融政策は無効となります．この結果はマンデル＝フレミング・モデルの前提にかなり依存しています．例えば，そこでは完全な資本移動が仮定されていました．また物価の変動も考えられていません．為替レートについても，現在の為替レートが将来も続くと仮定されています．ですから，結果そのものはかなり極端なかたちで出てきました．

なるほど前述の結果は極端なものになっていますが，その点を留意しながら，為替レートの変動と金融政策の自律性について注目しましょう．自由な資本の移動を許して，そこで為替レートを固定しようとすると，つまり先ほどの分析での固定為替相場制の下での議論を適応すると，金融政策は効果をもたなくなりました．つまり，自由な資本移動と為替レートの安定を追及しようとすると，金融政策の自律性は失われます．

一方で自由な資本の移動を許して，さらに金融政策に効果をもたせようとすると，変動為替相場制である必要が出てきます．つまり為替レートの変動を避けることはできなくなります．つまり，自由な資本移動と金融政策の自律性を追求しようとすると，為替レートの安定は失われます．

また，以上のマンデル＝フレミング・モデルの前提を変えれば，特に資本移動の完全性の仮定を変えれば，変動相場制の下でも金融政策が効果をもつようにできます．つまり，為替レートの安定と金融政策の自律性を追求しようとすると，自由な資本移動は失われます．

以上のように，自由な資本移動と為替レートの安定と金融政策の自律性の三つは鼎立しないという，国際金融のトリレンマが存在します．

練習問題
1. マンデル＝フレミング・モデルの均衡を図で説明せよ．
2. マンデル＝フレミング・モデルで外国利子率と国内利子率の関係について説明せよ．
3. マンデル＝フレミング・モデルで外国利子率が国内利子率よりも高いとき，変動為替相場制の下で自国通貨は外国通貨に対して高くなるか安くなるか？
4. 変動相場制の下でマンデル＝フレミング・モデルにしたがった場合，財政政策は効果があるかないか？ないとすればなぜか？
5. 変動相場制の下でマンデル＝フレミング・モデルにしたがった場合，金融政策は効果があるかないか？ないとすればなぜか？
6. 固定相場制の下でマンデル＝フレミング・モデルにしたがった場合，財政政策は効果があるかないか？ないとすればなぜか？
7. 固定相場制の下でマンデル＝フレミング・モデルにしたがった場合，金融政策は効果があるかないか？ないとすればなぜか？

3　長期における開放マクロ経済

マンデル＝フレミング・モデルでは，名目賃金率や物価水準は一定とされていました．ただし時間が経過すれば，名目賃金率や物価水準は経済の状況に応じて変動するでしょう．そこで長期の経済を想定し，古典派の考え方の下での為替レートの決定とマクロ経済の均衡を，できる限り単純なかたちにしながら考えてみましょう．

3.1　為替レート

為替レートの決定をまず考えましょう．長期の問題を考えますから，為替レートは購買力平価説にしたがうと考えられます．つまり，為替レートは両国の物価水準の比率で決まるので，

自国建て為替レート＝日本の物価水準/外国の物価水準

が成り立ちます．この場合，日本のインフレ率が例えば5％であれば，先の式の分子が5％大きくなりますから，自国通貨建て為替レートが5％上昇します（5％円安となります）．一方ここで考えている外国のインフレ率が例えば3％であれば，先の式の分母が3％大きくなりますから，自国通貨建て為替レートが3％低下します（3％円高となります）．この二つのインフレーションが同時に生じていれば，両者の効果が合わさって，自国通貨建て為替レートが2％（＝5％－3％）上昇します（2％円安となります）．このようにして，日本のインフレ率と外国のインフレ率の差が為替レートの変化率となります．つまり，

　　為替レートの変化率＝日本のインフレ率－外国のインフレ率

となるわけです．

　次に金利平価式を見てみましょう．金利平価式は

　　日本の名目利子率＝外国の名目利子率＋為替レートの予想変化率

でした．ここに，先で求めた，「為替レートの変化率＝日本のインフレ率－外国のインフレ率」を代入すると（長期ですから，予想は実現値と大体一致しているはずです），

日本の名目利子率－日本のインフレ率＝外国の名目利子率－外国のインフレ率

となります．ここで，フィッシャー方程式より，名目利子率から期待インフレ率を引いたものが実質利子率ですから（長期ですから，ここでも予想は実現値と大体一致しているはずです），

　　日本の実質利子率＝外国の実質利子率

が成り立ちます．つまり世界的に実質利子率が均等化することになります．

3.2　貯蓄・投資バランス

　長期では，総生産は完全雇用 GDP で決まっています．では，マクロ経済の均衡はどのようになっているのでしょう．貯蓄・投資のバランスを第6章の1.2で説明しましたが，その際には輸出と輸入は考慮しませんでした．そこで，

輸出と輸入を考慮した貯蓄・投資バランスを考えます．

もし外国との取引がある場合は，マクロ経済の均衡式である総供給＝総需要は

　　総生産＝民間消費＋民間投資＋政府支出＋輸出－輸入

で，所得の処分式は

　　総所得＝民間消費＋民間貯蓄＋税収

でした．総生産＝総所得に注意して，所得の処分式をマクロ経済の均衡式に代入すると，

　　民間貯蓄＋税収＝民間投資＋政府支出＋輸出－輸入

が成り立ち，そこから

　　民間貯蓄－民間投資＋税収－政府支出＝輸出－輸入

が導出されます．第6章1.2でも強調しましたが，この関係式は，マクロ経済の均衡式を貯蓄の定義を使って書き換えただけですから，マクロ経済の均衡では必ず成り立ちます．

ここで輸出－輸入は財・サービス等の海外との取引の収支で，貿易・サービス収支にほぼ対応します（もし海外との所得の受け取り・支払いが総供給と総需要のなかに含まれていれば，輸出－輸入はほぼ経常収支に対応します）．また民間貯蓄－民間投資は民間の貯蓄と投資の差額，税収－政府支出は政府の財政収支を表しています．このことから，マクロ経済の均衡では，民間の貯蓄と投資の差額と政府の財政収支の合計が貿易・サービス収支となります．

すでに第6章の1.2で確認したように，税収－政府支出＝税収－政府消費－政府投資となり，税収－政府消費は政府の貯蓄と解釈できます．これより，さきの関係式は，

　　民間貯蓄－民間投資＋政府貯蓄－政府投資＝輸出－輸入

となり，民間貯蓄＋政府貯蓄＝国内貯蓄，民間投資＋政府投資＝国内投資とすれば，

国内貯蓄－国内投資＝輸出－輸入

とも書き換えられます．これが，外国との取引を考慮した場合の貯蓄・投資バランスとなります．

これより，国内の貯蓄が投資を上回る国は貿易・サービス収支が黒字となり，逆に国内の貯蓄が投資を下回る国は貿易・サービス収支が赤字となります．貯蓄は，所得と消費の差額でした．このことから，貯蓄が旺盛な社会は貿易・サービス収支が黒字となり，消費や投資が旺盛な社会は貿易・サービス収支が赤字となるわけです．

3.3　マクロ経済の均衡

では，マクロ経済の均衡はどうなるのでしょう．古典派経済学の下では，各国の実質総生産は実質完全雇用 GDP もしくは実質完全雇用国民所得の水準となります．また貨幣数量説より物価水準は貨幣供給量によって決定されます．この点はすでに確認してきたことです．

3.1 で確認しましたが，日本の実質利子率は外国の実質利子率と等しくなります．そこで日本国内の資金市場を考えましょう．外国との取引がなければ，第 7 章の第 2 節で確認したように，国内貯蓄と国内投資が等しくなるように日本の実質利子率が決まります．ところが，海外との取引があると，日本の実質利子率は外国の実質利子率と等しくなります．ここでは小国の仮定を置いて，日本の資金市場は海外の資金市場に影響を与えないとしましょう（ここで外国の利子率は国際的な資金市場の需要と供給から決まります）．

外国の実質利子率が図 7 の r_1 のように低ければ，国内の貯蓄が国内の投資を下回ることになります．この場合，前項で確認したように，日本の貿易・サービス収支は赤字となります．利子率が低いために現在の消費や投資が旺盛になり，総需要が大きく，現在の国内の総生産では需要に応じきれません．そのために海外から積極的に輸入をし，そのため貿易・サービス収支は赤字となっています．ここで，国内の貯蓄が国内の投資を下回ることはもう一つの意味をもちます．この場合，国内で見れば資金の超過需要となります．この国内で足りない資金は，海外から調達されています．言い換えれば，海外から資金が入ってきて，それが国内投資の資金となっているわけです．もしくは，現在の旺盛な消費や投資の資金が海外から調達されているとも言えます．

図7 貯蓄・投資バランス

貿易・サービス収支：黒字 … r_2 …… 貯蓄
r_1 …… 投資
貿易・サービス収支：赤字

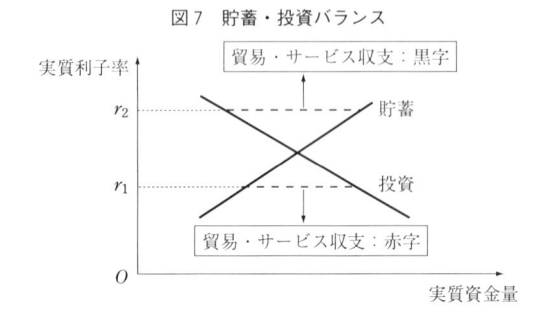

縦軸：実質利子率　横軸：実質資金量

　外国の実質利子率が図7の r_2 のように高ければ，国内の貯蓄が国内の投資を上回ることになります．この場合，前項で確認したように，日本の貿易・サービス収支は黒字となります．利子率が高いことから，将来に多く消費をするために，国内貯蓄が旺盛になっています．この場合，現在の消費や投資が少なく，国内需要が小さくなっています．そこで国内で生産した財の需要を求めて海外に積極的に輸出をし，貿易・サービス収支が黒字となっているわけです．国内の貯蓄が国内の投資を上回ることはもう一つの意味をもちます．この場合，国内で見れば資金の超過供給となります．貯蓄が旺盛であるために国内で余っている資金は，海外で運用されています．この海外で運用された貯蓄が将来の消費に充てられるわけです．

　では，外国の利子率はどのように決まっているのでしょう．ここで外国の利子率は国際的な資金市場の需要と供給から決まります．ある国の輸出は必ず別の国の輸入になっています．逆にある国の輸入は必ず別の国の輸出になっています．このことから，世界全体では輸出＝輸入となります．そこで，各国の貯蓄・投資バランス，つまり国内貯蓄－国内投資＝輸出－輸入を足し合わせていくと，世界全体では輸出＝輸入となっているので，

　　世界全体の貯蓄＝世界全体の投資

となることが分かります．この世界全体の貯蓄が世界全体の資金の供給となり，世界全体の投資が世界全体の資金の需要となります．そして，この世界全体の資金の需要と供給から国際利子率が決まります．

　世界規模で資金市場が機能することによって，世界規模で資金の需要と供給が調整され，国際利子率が決まります．その均衡では，世界全体の貯蓄と世界

全体の投資が一致していますから，世界全体で総需要と総供給が一致します．そして，そこでの国際利子率の下で，貯蓄旺盛な国は，将来の消費を重視しているために現在の消費が小さく，その分だけ貿易では輸出に力を入れ，旺盛な貯蓄の結果の資金は海外で運用されます．もし投資が旺盛であれば，旺盛な国内需要を満たすために，貿易では輸入に力を入れ，資金を海外から調達します．その背景で，労働市場が機能することから，実質総生産は実質完全雇用GDPもしくは実質完全雇用国民所得が実現しています．そして貨幣数量説より，各国の貨幣供給量より各国の物価水準が決まります．さらに購買力平価説より，各国の物価水準から為替レートが決まることになります．つまり長期的には，国際的な資金市場を含めた市場機構にしたがって経済活動が決まるわけです．

練習問題
1. 均衡において，民間投資が50，民間貯蓄が40，政府支出が40，政府の税収が45となっている．この場合，貿易・サービス収支はいくらになるのか計算しなさい．
2. ある国で，民間は投資よりも貯蓄が大きく，政府の財政収支（＝税収−政府支出）は黒字であるならば，この国の貿易・サービス収支は黒字か赤字かどちらになるのか考えなさい．
3. ある国で，政府の財政収支（＝税収−政府支出）は赤字で貿易・サービス収支は黒字であるならば，この国において民間投資と民間貯蓄はどちらが大きいか考えなさい．
4. ある国で，民間は投資よりも貯蓄が大きく，貿易・サービス収支は赤字であるならば，この国の財政収支（＝税収−政府支出）は黒字か赤字かどちらになるか考えなさい．
5. ある国の国内の利子率は外国の利子率よりも低いとする．市場機構が機能する場合に，この国の貿易・サービス収支が黒字となるか赤字となるか．

第11章
財政と金融

　我々は，日々の生活を快適に過ごしていると思います．それは，普段まったく意識しませんが，経済政策の両輪である財政と金融が機能し，我々の生活を支えているからです．

　本章の前半では，財政のしくみに関して学びます．政府の経済活動を賄うのは国民から強制的に徴収する租税です．政府は，予算を編成し国会で議決された後に，国民の暮らし向きを良くするために，公共サービスを供給します．また，景気対策のために国債を発行して，裁量的に公共投資を行ったりもします．このように，財政は資源配分，所得再分配，経済安定の三つの機能を発揮して我々の生活を支えているのです．

　後半では，金融取引に関して学びます．大学生になれば，誰でも自分の預金口座をもっています．銀行は，お金の出し入れや，公共料金の支払いの為などに，日常生活に必要不可欠の存在です．まず，資金を取引する金融市場を概観し，証券会社や銀行といった金融機関の役割を確認します．次に，中央銀行が行う金融政策が果たすべき役割に言及します．そして，我々の生活は，金融システムが安定して機能することによって支えられていることを実感しましょう．

1　財政のしくみ

1.1　財政と市民生活
（1）　財政とは何か

　財政とは，政府の経済活動のことをいいます．例えば，大学に通学する道を歩くのにお金を払うなんて考えたこともないでしょう．なぜかというと，誰でも一般道は無償で使用できることを知っていますが，それは，政府が租税を使って道路を作っているからであり，これは政府が国民に公共サービスを供給

する財政活動です．また，慣れてしまって普段はほとんど意識しないと思いますが，コンビニで商品を買えば5％の消費税がかかるのは誰でも知っており，これは政府が強制的に国民から租税を徴収する財政活動です．このように，我々の日常生活は無意識に財政と密接に繋がっていて，「ゆりかごから墓場まで」という言葉がありますが，生まれてから生涯に渡って財政と密接な関係があるのです．

（2） 民間部門と政府部門

　資本主義経済に基づいた近代国家は混合経済体制からなり，図1が示すように，経済は民間部門と政府部門に二分されます．民間部門のキーワードは自由であり，それを機能させているのは，需要と供給のバランスによって価格が決定される市場経済です．政府部門のキーワードは強制です．それを顕著に表わしているのが租税です．ここで，強制といっても財政民主主義に依拠していることを忘れてはなりません．わが国では，予算・税制といった財政関連法案はすべて財政民主主義を担保するために国会の議決が必要です．

　図2は，政府の経済活動を簡単に図示したものです．税収と政府支出がつり合う均衡予算主義に基づいて，税収の範囲内で予算を組んで政府支出を行うことを健全財政といいます．ところが，税収が足りなければ，どこからか借りて来ざるを得ません．国債とは，名前から受ける印象と違って借金なのです．このように，本来の税収で政府支出を賄えずに，借金に依存するようなケースを赤字財政といいます．

（3） 近代国家はなぜ租税を必要とするのか

　それでは，近代国家はなぜ租税を必要とするのでしょうか．例えば，国防・治安・消防のような公共財は，利潤を追求する民間部門ではうまく供給できません．例えば，火事がおきたときに119番に電話すると，直ちに消防車が駆けつけてくれて，消火活動してくれます．これは，政府部門がその費用を租税で賄っているからです．もし，消防サービスを民間部門で供給しようとすると，電話をしても契約をしていなければ，消火活動を断られてしまいます．これでは，不便どころか私たちの日常生活が成り立ちません．

　つまり，公共財は国民の暮らしに必要ですが，民間部門で供給しようとすると市場の失敗が起きるので，政府が国民から強制的に徴収した租税を使って供

図1　混合資本主義経済

強制　　　　　自由

政府部門　｜　民間部門

財政民主主義　　　市場経済

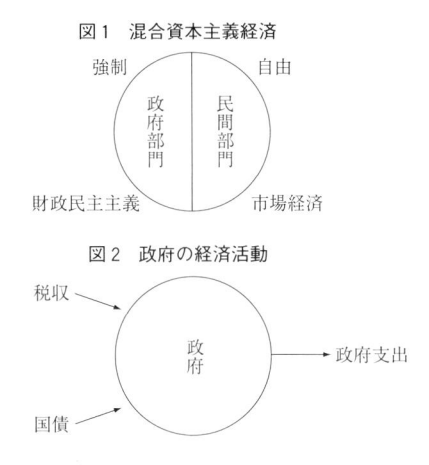

図2　政府の経済活動

税収 →　政府　→ 政府支出
国債 →

給した方が国民の暮らし向きが良くなるのです．

1.2　財政の機能

　私達の日常生活の大切な部分が財政活動によって支えられています．事故や火事が起きれば，警察や消防が駆けつけてくれるし，景気が低迷すれば政府による経済対策が行われます．また，生活保護などの最終的なセーフティーネットも整備されています．このような役割を担うために，財政には，①資源配分，②所得再分配，③経済安定の三つの機能が求められています．ここで，①は財政本来の古典的な機能であり，②と③は第二次世界大戦後の資本主義経済の発展過程で必要とされるようになった追加的な機能です．また，①は地方分権の流れとリンクして地域住民の暮らし向きを良くするために地方財政が担うべきとされ，②と③は地方政府が取り組んでも効果は小さく，国全体の問題ですから国家財政が担うべきと考えられています．

（1）　資源配分

　資源配分機能は，財政が伝統的に有する基本的かつ最重要な機能です．民間と政府の両部門で使用できる資源の総量は一定です．近代国家は無産国家であり，国は何ら富を生み出しません．したがって，民間部門の富を強制的に租税として徴収することによって，財政活動を行います．有限な資源を両部門（民間・政府）で効率的に配分することを目的としており，どれだけの資源を民間

部門から政府部門に移転（租税の徴収）させるのが効率的かということです．ここで，効率的とは国民の暮らし向きが良いということです．

　例えば，民間部門では自動車のみを生産し，政府部門は道路のみを供給するとしましょう．税金が高ければ，十分に道路を整備できますが，車を買えない人が増えます．反対に，税金が安ければ車を買える人は増えますが，道路が整備されませんから，いつも渋滞が生じて不便です．両者のバランスを取って，なるべく多くの人が車を買えて，渋滞がほとんど無く快適な生活ができるように調整するのが，資源配分機能なのです．

（2）　所得再分配

　財政活動による所得再分配政策は，租税と社会保障制度が中心的役割を担っています．高所得の人から低所得の人へ所得再分配を行うことは，公平性の観点から望ましいと考えられますし，治安の悪化や疾病などを防ぐことによって社会全体の安定に寄与すると考えられています．資本主義経済では，本人の年齢や能力によって低所得の人から高所得の人まで収入に大きな差がでますが，これを所得の初期分布といいます．例えば，累進税率構造を有する所得税は低所得の人には低い税率を，高所得の人には高い税率を適用し，所得を再分配する機能があります．累進税は垂直的公平概念から正当化され，所得再分配機能に寄与しています．どの程度の再分配をするかは累進度に依存しますので，その時々の時代背景や経済状況を勘案した政策の価値判断に委ねられることになります．かつて，昭和44年には高度経済成長期を背景に，累進税は10～75％におよぶ16段階からなり強烈な再分配がなされていましたが，近年は所得税の累進度が低下しているため，所得再分配機能は弱くなっており，財政の所得再分配機能をより強化すべきかも知れません．

（3）　経済安定

　民間部門は自由な市場経済を通じて競争が生じ，不安定な景気変動を繰り返します．したがって，リセッション，失業，インフレなどが生じ，資源配分の効率性や所得の公平な分配を悪化させることがあります．『雇用・利子および貨幣の一般理論』を著し有効需要の原理を説いたジョン・メイナード・ケインズは，政府が積極的に民間経済に介入することを考えました．今日，政府の財政活動には，失業を無くし，物価安定を図り，経済を安定させることが強く要

請されています．

　経済安定機能は二つあり，第一は，ビルトイン・スタビライザーと呼ばれ，財政制度に内包されている機能です．例えば，累進所得税は好況時には，より高い税率の適用となって税負担が重くなり，働く意欲にブレーキをかけます．反対に，景気が悪くなると，より低い税率の適用となり税負担が軽くなりますから，もっと働こうという気になります．これらの効果は，双方とも経済を安定させる方向に働きます．

　第二は，政府が積極的に民間経済に介入し，需要の補正を行うものです．好況期には，財政支出を抑えたり増税したりして景気を抑制し，反対に不況期には公共投資を拡大したり，減税を行うなど景気に刺激を与え経済が安定するようにすることです．このような裁量的財政政策は，ビルトイン・スタビライザーとは区別され，フィスカル・ポリシーと呼ばれています．

1.3　予算のしくみ
(1)　予算制度

　予算とは，経済活動を計画的かつ合理的に行うためにあり，誰でも身近な概念です．わが国の予算は，昭和22年に施行された日本国憲法の第7章「財政」において基本的な事項が定められ，同年施行された財政法において細則が定められています．予算制度により，一般会計予算，特別会計予算，政府関係機関予算の三つを予算と呼んでおり，財政民主主義に基づいて必ず国会の議決が必要です．

　予算は，政治的機能，財政的機能，財務統制機能，経済政策機能，計画機能，などの多くの機能を有し，財政システムの要石といえます．また，会計年度独立の原則に基づいて，国の収入および支出を他の年度と区別して管理するために，毎年4月1日から翌年3月31日までを会計年度としています．

　近年のわが国では，税収不足，社会保障費等の経費増大による巨額の国債発行を伴う財政赤字を背景に予算編成は年々困難を極めています．とりわけ，リーマン・ショック後の法人税等の税収落ち込みは顕著です．

　また，予算に類似した機能を有し，国会の議決が必要なものに財政投融資があり，第二の予算と呼ばれています．

(2) 一般会計予算

図3は,一般会計予算(平成23年度当初予算ベース・約92兆4,116億円)の歳入予算および歳出予算を示しています.歳入予算を概観すると,租税および印紙収入(税金)が44.3%と予算の半分を大きく割り込んでおり,租税国家として危機的状況にあります.予算の半分近くの不足分を,公債金収入(国債)47.9%という借金に依存しています.財政運営は本来,均衡予算主義に基づいて税収で賄うのが健全な状態です.国債依存体質が短期的に解消されるのであれば大きな問題はありませんが,長期的になるのは確実で,財政運営の方向性が懸念されています.

次に歳出予算を概観すると,一般歳出(58.5%),国債費(23.3%),地方交付税交付金(18.2%),の順になっています.一般歳出とは,国が政策を実行するための本来の予算であり,社会保障(31.1%)・文教および科学振興(6.0%)・公共事業(5.4%)などからなっています.国債費とは,過去に発行した国債の償還及び利払いに当てられるもので,いわば借金の返済分です.地方交付税交付金とは,地方公共団体間の財政調整のために国から地方へ移転するものであり,各地方公共団体において一般財源として住民の暮らし向きを良くするために使われます.

(3) プライマリー・バランス

プライマリー・バランスは,基礎的財政収支とも呼ばれ,予算において国債に関係する勘定を除外した概念であり,具体的には国債費と国債発行額の差額として求められます.例えば,平成23年度は図3において,歳入予算の国債発行額(公債金収入)44兆2,980億円から歳出予算の国債費21兆5,491億円を差し引いた22兆7,489億円となります.

プライマリー・バランスが均衡してゼロであれば,政府の政策的経費を税収等で賄えることを意味しますが,国債費21兆5,491億円は,元本償還11兆5,903億円と利払費等約10兆円からなりますから,債務残高は利払費等の分だけが税収で賄えず増加してしまいます.財政の持続可能性の重要な指標である債務残高対GDP比は,プライマリー・バランスが均衡してゼロであり,長期金利と経済成長率が一致していることを条件に一定に保たれることが知られています.いずれにしても,中長期的な財政再建のためには,プライマリー・バランスを黒字化することが必須です.政府も財政運営の方向性において黒字化を目標に

第11章 財政と金融

図3 平成23年度当初予算

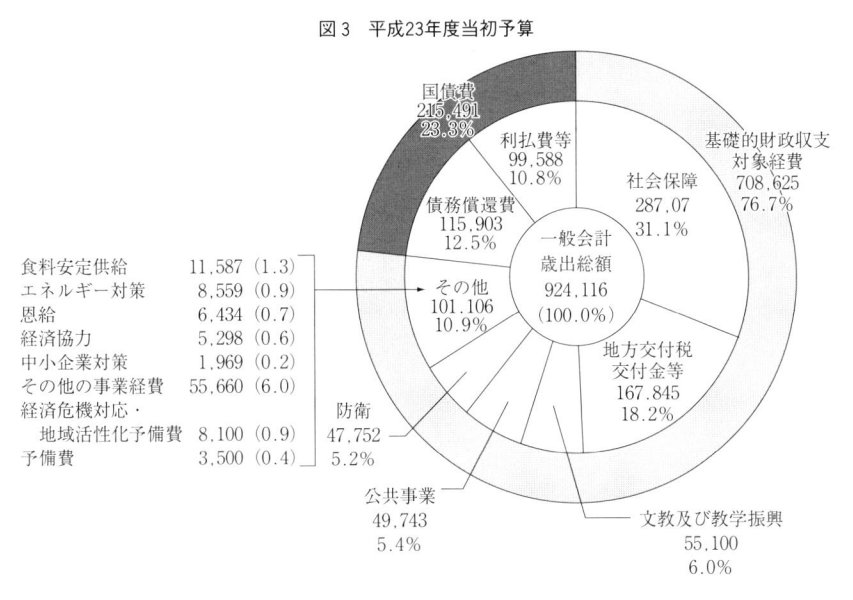

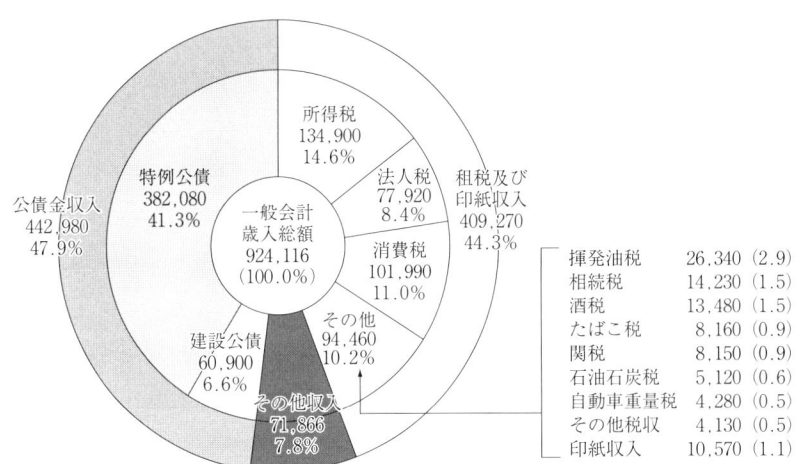

食料安定供給　11,587（1.3）
エネルギー対策　8,559（0.9）
恩給　6,434（0.7）
経済協力　5,298（0.6）
中小企業対策　1,969（0.2）
その他の事業経費　55,660（6.0）
経済危機対応・
　地域活性化予備費　8,100（0.9）
予備費　3,500（0.4）

国債費　245,491　23.3%
利払費等　99,588　10.8%
債務償還費　115,903　12.5%
その他　101,106　10.9%
社会保障　287,07　31.1%
基礎的財政収支対象経費　708,625　76.7%
一般会計歳出総額　924,116（100.0%）
地方交付税交付金等　167,845　18.2%
防衛　47,752　5.2%
公共事業　49,743　5.4%
文教及び教学振興　55,100　6.0%

公債金収入　442,980　47.9%
特例公債　382,080　41.3%
建設公債　60,900　6.6%
その他収入　71,866　7.8%
所得税　134,900　14.6%
法人税　77,920　8.4%
消費税　101,990　11.0%
その他　94,460　10.2%
租税及び印紙収入　409,270　44.3%
一般会計歳入総額　924,116（100.0%）

揮発油税　26,340（2.9）
相続税　14,230（1.5）
酒税　13,480（1.5）
たばこ税　8,160（0.9）
関税　8,150（0.9）
石油石炭税　5,120（0.6）
自動車重量税　4,280（0.5）
その他税収　4,130（0.5）
印紙収入　10,570（1.1）

（出典）　財政金融統計月報（平成23年度予算特集），pp. 16-17.

掲げていますが，その達成は容易ではないでしょう．

（4） 予算のプロセス

ここで，わが国の予算制度を概観してみましょう．予算は，①編成，②国会審議，③執行，④決算の四つのプロセスからなります．予算編成権は憲法に基づいて内閣が有していますが，実際の編成作業を行うのは主務官庁である財務省です．歳入予算は，主税局で編成されますが，実際の税収は執行されなければ分からないので，あくまでも見積りです．これに対して，歳出予算は，例えば，「外務省が経済協力費に5,298億円使う」というように，どこの誰が，何に，いくら使うかまで細かく使途を特定して予算案を編成します．

具体的には，各省庁は前年度の5～6月頃から経費見積り作業を始め，財務省に対して8月31日までに概算要求を行います．これに先だって，わが国の予算編成の大きな特徴であるシーリングが閣議決定されます．シーリングとは，昨年度予算を基準にして概算要求に一定の枠を設けるものですが，近年は景気回復を念頭においた重点的な予算配分となっています．財務省は概算要求を受けて，査定に入ります．12月中旬には，財務省原案が内示され，通常は12月末には概算閣議で予算案が政府決定されます．次に1月下旬の通常国会に予算案が提出され，憲法の規定により衆議院が先に予算先議権に基づいて審議します．まず，本会議において財務大臣による演説が行われた後，衆議院の予算委員会に付託され審議されます．最終的には本会議で採決が行われ，衆議院で可決された予算は参議院に送付されほぼ同じ手続きが行われます．参議院の本会議で可決されると，予算が成立します．

また，衆議院と参議院で異なった議決が行われた場合には衆議院の議決が優先されます．さらに，衆議院で可決した予算を参議院が30日以内に議決しない場合は予算が成立する制度があり，これを予算の自然成立といいます．成立した予算は，当該年度（国の会計年度：4月1日～3月31日）に執行され，翌年度に決算が行われます．

1.4　フィスカル・ポリシー
（1）　裁量的財政政策

市場経済は，不安定な景気変動を繰り返すのが常です．ときとして，景気停滞による失業，インフレおよびデフレをもたらして，資源の効率的な配分を疎外します．ケインズは，有効需要の原理に基づき積極的に政府が民間経済に介入し，景気安定に努めるべきであると説いています．

政府は，時々の時代の要請に応じて，公共投資の増加，減税などの裁量的財政政策を組み合せて，財政の機能としての経済安定を計ることになります．わが国では，バブル崩壊後の景気失速を回復するため，主として自民党の小渕恵三，森喜朗両政権において巨額の公共投資が行われてきました．その効果に対する評価は一概にはいえませんが，財源を国債に依存した結果として巨額の財政赤字が生じてしまいました．民主党は，マニュフェストで国民に心地よい政策を打ち出して政権を奪取しましたが，懸念された財源措置が手当て出来ず，そのほとんどが頓挫してしまいました．リーマン・ショック後の急激な税収落ち込みも，追い打ちを掛けた誤算でした．フィスカル・ポリシーをどのように政策立案し実行するかが大きな鍵を握っています．

(2) 乗数

政府が公共投資を増加させると，公共事業に携わる人々の所得が増加し，結果として消費需要を増加させます．また，原材料等の需要も増加しますから，他企業からの購入を増加させるでしょう．このように，波及効果による需要の増加は次々に関係企業に広がり，需要の増加プロセスを通して当初の公共投資増加分を上回る国民所得の増加が生み出されます．

公共投資の増加に対して国民所得が何倍増加するかを表す数値を乗数といいます．例えば，限界消費性向 c を 0.8 とすれば政府支出乗数（$1/1-c$）は 5 の値になり，政府が 1 兆円の公共投資を行えば 5 兆円の国民所得が増加することを意味します．また，租税乗数（$c/1-c$）は 4 の値になり，政府が 1 兆円の減税を行えば 4 兆円の国民所得が増加することを意味します．このように，理論上は減税よりも公共投資の方が効果が大きいことになります．

このように，フィスカル・ポリシーには，政府支出の増加，減税，均衡予算による財政規模拡大の手法があり，これらをうまく使って，経済の安定を図る機能が強く求められています．

1.5 租税システム
(1) 租税配分原則

租税とは，国が国権で強制的に国民から徴収するものです．なぜ租税が必要かはすでに述べたところですが，近代国家は租税によって財政活動を行っています．したがって，国は財政規模に応じた税収を確保しなければなりませんが，

いったい誰からいくら徴収したらいいのでしょうか．徴収の根拠は利益説と能力説の二つがあります．前者は，国から受け取る便益に応じて課税すべであるとの考え方で，租税と公共サービスがリンクします．今日では道府県税の事業税等が該当します．後者は，租税負担能力に応じて課税すべきであるとの考え方で，租税と公共サービスを切り離して考えます．今日では国税の所得税等が該当します．

（2） 課税の公平と中立

　理想の税制が存在しないのが出発点です．そこで，セカンド・ベストの位置づけで理想に一歩でも近づくように望ましい税制を模索する必要があります．通常，望ましい税制の要件として，①公平，②中立，③簡素があげられます．①は租税配分原則を能力説に依拠すれば，水平的公平（同額の所得を有する人は同額の税負担をすべき）と垂直的公平（所得が増えれば増えるほどより多くの税負担をすべき）からなります．税制改革を考えるときに，水平的公平は必ず満たさなければなりません．また，垂直的公平から累進税が正当化され，所得再分配が機能します．②は効率ともいい，租税が効率的な市場の資源配分を歪めないことを要請しています．例えば，課税によって消費者の購買意欲に影響を与え，需要と供給のバランスに変化が生じれば，その租税は望ましくありません．③は誰にでも分かりやすい簡素な租税が望ましいと考える当然の要請であり，税務行政費用および納税協力費用の削減にもつながります．しかし，現実の税制は複雑かつ難解で専門家にしか理解できない部分も多く大きな問題点となっています．

　ところで，①と②のあいだにはトレード・オフの関係があり，公平を重視すると中立が損なわれ，中立を重視すると公平が損なわれてしまいます．そこで，両者のバランスをとった租税システムが必要です．具体的には，所得・消費・資産の三つの課税ベースに広く浅く（広い課税ベースに低税率）で課税することが望ましいと考えられています．

（3） わが国の税制

　さて，日本の税制を概観しましょう．歳入予算における本来の税収は半分を下回っていますが（図3参照），約40兆9,270億円のうち，所得税（13兆4,900億円），法人税（7兆7,920億円），消費税（10兆1,990億円）の三税で総税収の約8

割を占め基幹税となっています．ここで，所得税に法人税を加えた所得課税が税収の約半分以上を占め，諸外国と比較して直間比率が高いのが大きな特徴と言えます．

　所得税は，所得の源泉面に着目して10種類の所得に分類した後，一部の分離課税の例外を除いて総合課税する点に着目すると，分類所得税および包括的所得税双方の課税方法を併せもった特徴を有しているといえるでしょう．所得税が基幹税として重要な地位を占めるように至ったのは，第二次世界大戦後の資本主義の生成過程において貨幣経済が確立し，所得が租税負担能力の指標として公平であると考えられるようになってきたからです．また，所得税は勤労意欲にほとんど影響を与えないし，税負担もほぼ本人に帰着すると考えられ，公平と中立のバランスのとれた良税であると考えられています．所得税は税収不足を背景に，平成17年度から定率減税および諸控除の縮減が実施され，増税路線に転じています．また，小泉純一郎政権が推進した国と地方の行財政改革（三位一体の改革）により，平成19年度から所得税（国税）から住民税（地方税）へ約3兆円規模の税源移譲が実施されました．これに伴い，個人の所得税と住民税を合算した総税負担を全所得階層において概ね税源移譲前と同程度とする配慮から累進税率構造が見直され，所得税はこれまでの10・20・30・37％の4段階から5・10・20・23・33・40の6段階になり，住民税はこれまでの5・10・13％の3段階から10％の定率税となりました．見直し後も，所得税に住民税を加えた個人に対する所得課税の最高限界税率を50％とする配慮は維持されています．平成23年度からは，扶養控除の廃止や給与所得控除の縮減などの増税路線がより顕著になりました．所得税は，今後とも基幹税の柱として期待されると同時に，所得再分配の財政機能を強く担うべき税目です．少子高齢化を背景に，消費課税とのバランスが重要となりますが，勤労意欲を損なわないような公平かつ中立な所得税が望まれるところです．

　法人税は法人の所得を課税ベースとするもので，税率は30％の定率です（中小法人の所得800万円以下は22％）．法人に対する課税根拠を考えるときに，法人実在説と法人擬制説がありますが，わが国はシャウプ勧告以来，明確に後者の立場を取っており，法人は個人株主の集合体であると考えています．この場合，所得税との二重課税問題が生じますが，受取配当税額控除方式を導入し簡便かつ部分的に対処しているのが現状です．税率はかつて50％（地方税も加えた実効税率）を超過していた時代もありましたが，平成11年度から，企業の国際競

争力の観点から地方税を加えた実効税率ベースで40％程度となっています．近年，EU諸国を中心に法人税率を引き下げる国が相次いでいます．その理由は，税率の低い国に国際キャッシュ・フローが流れるからです．これを受けて，わが国の法人税も平成19年度から減価償却を残存価格ゼロまで全額認めるなどの減税路線に転じつつあります．さらに，企業の国際競争力に配慮して，平成23年度の税制改革において，税率を35％に引き下げる案が打ち出されましたが，実現しませんでした．また，経済のグローバル化に伴って，多国籍企業への国際課税の問題がクローズアップされています．各国とも自国の税収確保を最優先したいため移転価格税制に代表される紛争が絶えず，法人税の位置づけはより重要となってきています．

　消費税は，平成元年4月1日にわが国初の大型間接税として当初税率3％で導入されたものです．それまでの租税システムでは，所得税と法人税を柱とする直接税の比重（直間比率）が極端に高く，消費課税は自動車や宝石などの特定の財のみに課税する非効率な個別消費税（物品税等）があるのみで，すべての財およびサービスに幅広く課税する一般消費税の導入は必要不可欠なものだったのです．消費税の理論ベースは付加価値税ですが，当初の消費税は課税売上高3,000万円以下の事業者を非課税としたり，安易な簡易課税制度を導入したりしたため，いわゆる益税問題（店が客から預かった消費税が国に納税されずに店の利益となってしまう現象）が大きな欠点となってしまいました．その後，平成9年度には税率が5％（地方消費税1％含む）に引き上げられ，平成16年度からは非課税事業者の範囲を課税売上高1,000万円以下としたり，簡易課税の適用範囲を課税売上高5,000万円以下に制限するなどの改正が行われています．今後の財政運営において，少子高齢化社会の到来による税収不足を背景に増税が避けられず，消費税の税率引き上げはほぼ確実な状勢です．ここにきて，税と社会保障の一体改革の機運が盛り上がって来ましたが，その税目として，とりあえず15％程度の消費税が想定されています．現在は，所得が増えれば増えるほどより少ない税負担となってしまう逆進性は，理論上の欠点ではありますが，税率が低いために問題になっていません．しかし，今後の税率引き上げに伴ってなんらかの対策が必要なのはいうまでもありません．

　以上，基幹三税を概観しましたが，今後は財政再建の観点から増税が不可欠であり，国民の負担感は増すばかりです．現行の税制は，複雑かつ不公平です．税制改革に当たっては，出来るだけ幅広い課税ベースになるべく低税率で課税

することが望まれます．公平・中立・簡素の原則に基づいた国民に分かりやすい税制が望まれるところです．

1.6 国債の現状と課題
（1） 現状

国債とは，一言でいえば将来に渡って国民が納税する税金を当てにした国の借金です．国債が歳入予算の半分近くを占める近年では，その重要度は増すばかりであり，国債は巨額の資金を迅速に調達できることから，財源調達機能を強く担っています．租税の税収調達機能と比較して，国民に直接的に大きな負担感を与えないのが特徴です．とりわけ，経済の不況期にケインズ政策に基づく公共投資を行う場合の財源として有用です．

平成23年度歳入予算（図3参照）において，国債（公債金収入）は47.9％（44兆2,980億円）を占めますが，建設国債は約6兆円にすぎず，残りの約38兆3,000億円は赤字国債です．国債発行残高は，約668兆円に達しGDP（国内総生産）を大きく上回っています．わが国の財政運営は，均衡予算主義からほど遠く，景気循環を考慮したケインズ政策的な中期の均衡すら危ういのが現状です．財政再建に向けて少なくともプライマリー・バランスが黒字に転換する必要があります．しかし，財政再建と景気対策は反対に位置する両刃の剣であり，財政の舵取りは容易ではありません．

（2） 建設国債と赤字国債

わが国では，戦前の軍事費調達のために日銀引受によって巨額の国債が発行され，深刻なインフレを招いた苦い経験があります．戦後に制定された財政法は，健全税制主義の観点から国債発行に関して厳しい制限を課しています．

財政法第4条は，原則として国債不発行主義をとっています．つまり，財政活動は均衡予算主義（税収＝政府支出）に基づいて運営することを要請しています．しかし，同条但し書きにおいて，公共事業の財源にする場合等に限って，建設国債の発行を例外的に認めています．

これに対して，赤字国債（特例国債）は本来認められません．昭和40年代後半のオイル・ショックは深刻な不況をもたらし，法人税を中心とする税収減が生じ，大きな歳入欠陥が生じました．予算編成に当たって，止むを得ず緊急避難的に導入されたのが赤字国債です．これは，単年度の特例法による措置であ

り，建設国債とは別に経常収支の不足額を穴埋めするための赤字国債が発行されました．その後，財政赤字を補塡するための赤字国債の発行を毎年度繰り返してきましたが，昭和の終わりのバブル経済が税収の大幅な自然増をもたらし，平成2年度にはついに赤字国債から脱却することができました．しかし，バブルの崩壊により，深刻な不況に陥り，平成6年度からは再び赤字国債の発行を余儀なくされ，現在に至っています．

また，財政法第5条は国債の日本銀行による直接引受（日銀引受）を原則として禁止しています．その理由は，紙幣増刷によって国の借金を賄うことになり，マネーストックの急増によりインフレが懸念されるからです．したがって，国債は市中で消化されるのが原則です．戦後の消化ルートを見てみると，①資金運用部引受（政府内部の資金による引受），②シンジケート団引受（銀行・生保などの金融諸機関の集合体による引受），③公募入札の三つが重要です．①は初期の国債売買市場が整備されていない頃に大半を引き受けていました．②は国債の市中発行分のほとんどを引き受けていた時期もありますが，近年は③による引受が主流となっています．

（3）これからの課題

表1は23年度のわが国の財政状況を，年収約480万円の平均的サラリーマンの1ヶ月分の家計にたとえたものです．月収約40万円に対して約6,600万円の借金があり，その元利返済に約18万円がかかります．差引使えるお金は約22万円ですが，生活のための家計費約59万円に加えて，郷里へ約14万円を仕送りしなければなりません．結果として，毎月約37万円が不足し，その分を借金で賄うといった自転車操業です．もし，このような人がいたとしたら，お金を借りられるわけもないし，とっくに破産していますね．

それでは国も破産するのかといえば，そうではありません．わが国の国債発行残高は668兆円であり，先進国ではかつて経験したことのない巨額です．したがって，財政再建は最重要課題ですが，なにも急ぐことはないのです．景気とのバランスを取りながら長期的な視野でじっくりと取り組むことが肝要です．財政学では，政府が保証した国債がデフォルト（債務不履行）を起こすと国家破産といいますが，最新の研究でも，日本の国債はデフォルトを起こさないとの考え方が主流です．その理由として，わが国は国債のほとんどを国内で市中消化しているので，外国からの借入が少ないこと，巨額の外貨準備を保有して

表1　わが国財政を家計に例えた場合

1カ月分の家計に例えた場合		平成23年度財政状況	
1世帯月収	約40万円	税収＋税外収入	48.1兆円
家計費	約59万円	基礎的財政収支対象経費	70.9兆円
うち郷里への仕送り	約14万円	うち地方交付税等	16.8兆円
ローン元利払	約18万円	国債費	21.5兆円
不足分＝借金	約37万円	公債金収入＝借金	44.3兆円

その結果，年度末には…

| ローン残高 | 約6661万円 | 公債残高 | 約668兆円 |

（出典）『図説日本の財政』（平成23年度版），p. 30.

いること，などがあります．

　一番大切なのは，今後の日本が着実に経済成長を達成し続けることです．そうすれば，GDP の増加に伴って税収も増加しますから，財政再建の方向に舵を切ることができます．そのためには，これからの日本を背負っていく若い世代のエネルギーが大いに期待されるところです．

2　金融取引のしくみ

　序章でも述べたように，ヒト（労働），モノ（財・サービス），カネ（資金）の取引にはそれぞれ市場が存在します．その際，カネの取引が行われる市場を「資金市場」と定義し，第7章の第2節で詳しく紹介しました．

　この資金市場では，厳密には特定の期間（通常1年間）において発生する資金の需要と供給の関係が形成されています．いわばフローの取引のみが考慮されています．しかし，人々には，受け取ったボーナスを定期預金するような「資金供給（フロー）」もあれば，以前から運用していた「金融資産（ストック）」の保有もあります．これらはいずれも「（広義の）金融市場」で取引されます．

　では，カネを取引する「金融市場」とは，どのような市場なのでしょうか．通常の財・サービス市場とは何が共通し，何が異なるのでしょうか．本節では

図4 金融市場の分類

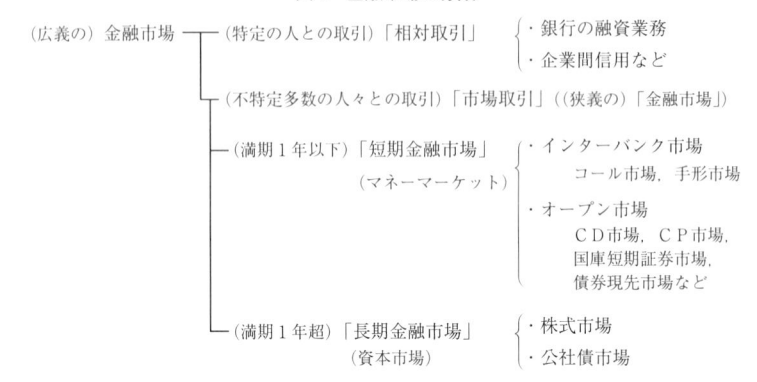

```
(広義の) 金融市場 ┬─ (特定の人との取引)「相対取引」──┬・銀行の融資業務
                 │                                │・企業間信用など
                 │
                 └─ (不特定多数の人々との取引)「市場取引」((狭義の)「金融市場」)
                    │
                    ├─ (満期1年以下)「短期金融市場」──┬・インターバンク市場
                    │        (マネーマーケット)    │     コール市場，手形市場
                    │                            │・オープン市場
                    │                            │     CD市場，CP市場，
                    │                            │     国庫短期証券市場，
                    │                            │     債券現先市場など
                    │
                    └─ (満期1年超)「長期金融市場」──┬・株式市場
                             (資本市場)          │・公社債市場
```

「(広義の) 金融市場」で行われる「金融取引の仕組み」について説明します．

2.1 金融市場と金融取引

(1) 金融市場とは

取引が行われる場所を「市場」と呼ぶのであれば，カネの取引はさまざまな場所で行われるので，それらを「(広義の) 金融市場」と呼ぶことにしましょう．しかし，企業が資金を調達する際，当該企業の財務担当者が銀行に足を運び融資の申し込みをするのと，市場で不特定多数の投資家に社債を発行するのでは，その方法が次に示す特徴において異なります．すなわち，前者は特定の人との間での「相対取引」であるのに対して，後者は不特定多数の人々を相手にした「市場取引」です．そこで，通常「金融市場」という場合には，この後者の市場取引のみを指すことが多いです (いわゆる「(狭義の) 金融市場」) (図4参照)．

また，企業のような資金を需要する側からみて，調達したい資金の満期には長短があります．一時的な資金の過不足を調整するためだけであれば，満期の短い資金で十分です．こうした短期資金は「短期金融市場」で取引されます．一方，満期の長い資金は，特定の期間 (通常1年間) 以上，企業に留まり，当該企業の「資本」を形成することになります (貸借対照表の貸方側に「負債資本」「自己資本」として計上されることになります)．そこで，こうした長期資金が取引される市場は「長期金融市場」だけでなく「資本市場」という呼び方も持ちます．

第11章　財政と金融

（2）黒字主体と赤字主体

　特定の期間（通常1年間）に，収入が支出を上回る人や企業などもあれば，収入が支出を下回る人や企業などもあります．

　前者は，「黒字主体」，「資金余剰主体」などと呼ばれます．この支出を上回った収入については，それを手元に残しておいてもよいですし，ほかの主体に貸し出すことも可能です．

　後者は，「赤字主体」，「資金不足主体」などと呼ばれます．この収入だけでは賄いきれない支出については，次の二つの方法で解決する必要があります．一つめは，蓄えていた貯金を切り崩すという方法です．これは「自己金融」や「内部金融」と呼ばれています．二つめは，例えば上述の「黒字主体」のような，ほかの主体から不足する資金を借りるという方法です．これは「外部金融」と呼ばれています．

　ここでいう特定の期間（通常1年間）における資金の過不足はもちろんフローの概念です．そして，黒字主体における資金の余剰分の存在は，当該主体の「純金融資産（ストック）」を増加させることになります．逆に，赤字主体における資金の不足分の存在は，当該主体の「純金融資産（ストック）」を減少させることになります．「純金融資産（ストック）」とは，保有している金融資産から負債（借金）を差し引いたものです．

（3）外部金融

　前述のように，「赤字主体」が不足する資金をほかの主体から調達する方法は「外部金融」と呼ばれています．「外部金融」では，「赤字主体」が発行する「証券」と引き換えに，「黒字主体」から資金が供給されます．「証券」には，手形，貸付証書，債券，株式などがあります．例えば，銀行から資金を借りる場合には，企業が元本と利息の返済を約束した貸付証書を作成し，その証書と引き換えに，銀行からの融資を受けます．企業が株式発行により資金調達をする場合，発行された株式と引き換えに，投資家は出資金を払い込みます．

（4）リスク

　第7章の2.3でも述べましたが，金融市場において，「財・サービス市場」における「価格」に相当するのは，利子率（リターン）です．では，どのような「証券」（金融商品）は「リターン」が高く，どのような「証券」（金融商品）

は「リターン」が低いのでしょうか．

「財・サービス市場」であれば，質が高く魅力的な財やサービスは，その分高い「価格」で取引が行われるでしょう．「金融市場」も同じです．「証券」（金融商品）の質や魅力を決めるのは，「リスク」と呼ばれる概念です．一般的な投資家には，リスクの低い証券は魅力的に感じられ，リスクの高い証券は敬遠されがちです（逆に，このような選好をもつ傾向がみられる「一般的な投資家」像のことを「リスク回避的な投資家」と呼びます）．

「リスク」はさまざまな要素に基づいて形成されますが，特に「流動性（換金性）」と「確実性（安全性）」という概念が重要です．

まず「流動性（換金性）」とは，どのくらいの手間隙でその証券を現金に換えることができるかについて示した概念です．いざ現金に換金しようとしたら，高い手数料をとられたり，時間がかかったりするというのであれば，それは「流動性が低い」証券です．逆に，すぐに現金化できるのは，「流動性が高い」証券です．例えば，銀行預金（預金証書）は流動性の高い金融商品です．それに比べて，例えば株式などは流動性が低い金融商品といえるでしょう．なぜなら，株式を現金化する場合には，取引所で売り注文を出して当該株式の買い手を探す必要があります．すぐに見つかる保障はありませんし，時間を急ぐのであれば，安い価格で売却せざるを得ない可能性もあります．また，取引の際に証券会社に売買手数料を支払う必要も生じうるでしょう．

次に「確実性（安全性）」とは，将来の価格をどれだけ確実に予想できるのかという概念です．現在の日本では，預金保険制度を通じて，定期預金や利息の付く普通預金などは，預金者1人当たり，1金融機関ごとに合算され，元本1,000万円までと破綻日までの利息等が保護されます．したがって，預入額1,000万円までの定期預金や普通預金であれば，預入先の金融機関が破綻する可能性があるとしても，手元に残る資産の金額を確実に予想することができます．しかし，銀行が企業に融資を行った場合に，企業から銀行へと発行される貸付証書を考えてみましょう．企業が倒産することなく，約束通り融資額と利息を返済できるとは限りません．すなわち，銀行は，企業が倒産してしまう可能性がある以上，貸付証書という金融資産の将来の価格を正確に予想することはできないのです．このことから，確実性（安全性）に関するリスクは「信用リスク」とも呼ばれます．なお，確実性（安全性）というリスクでは予想の難しさが問題なのであり，けっして損をしてしまうことがリスクなのではありません．

例えば，株式投資のケースにおいて，株価が上昇して予想以上に利益を獲得してしまったなどというシナリオもリスクなのです．こうした確実性（安全性）に関するリスクは，分散や標準偏差といった尺度を用いて評価をすることができます．

（5） リターン

（4）冒頭で述べましたが，一般的な投資家にはリスク回避的な傾向があり，同じリターンであれば，リスクの高い証券よりもリスクの低い証券を好む傾向にあります．しかし，資金を必要としている企業の多くは，リスクのある事業に積極果敢にチャレンジしようとします．したがって，それらの企業は投資家の皆さんにリスクの高い証券を買ってもらいたいと考えます．では，リスクが嫌いな一般の投資家に，リスクの高い証券への投資を促すにはどうしたらよいでしょうか．

その答えはオマケをつけてあげることです．すなわち，高いリスクを負担してもらう代わりに，リターンを多めに払ってあげるのです．例えば，リスクの低い銀行預金の利率が1％ならば，企業は社債発行の際に3％のクーポン（利息のようなもの）をつけてあげるのです．この場合，＋2％が，当該企業の高い信用リスクを負担してもらうためのオマケ（見返り）です．なお，このオマケ（見返り）は，「リスク・プレミアム」と呼ばれています．

このように，リスクの高い証券に投資をしてもらうためには，高いリターンを必要とします．これは「ハイリスク・ハイリターンの原則」などと呼ばれています．

2.2 金融システムと金融機関
（1） 金融機関とは

ここまで金融取引の基本的な特徴を説明してきました．2.1で述べたように，金融取引は，資金が余っている黒字主体と資金が不足している赤字主体とのあいだで行われます．そうはいっても，両者が簡単に出会えるわけではありません．例えば，余った資金を運用したい個人の投資家が，資金を必要としている企業を直接探すのは困難です．また，企業側からしても，資金調達のたびに多くの投資家に声をかけるのは効率的なやり方とはいえません．

そこで，現代の経済社会においては，赤字主体と黒字主体を結びつける仕組

みとして,「金融システム」が形成されています.そこでは,さまざまな方法を用いて両者の仲介を行う業者が存在します.この業者のことを「金融機関」と呼びます.

例えば,金融機関の代表例として証券会社があります.証券会社の業務の一つに,企業の株式発行のお手伝いをする引受業務という仕事があります.企業は株式を発行して資金を調達する際,自ら投資家を探すのではなく,証券会社に手数料を支払って引き受けてもらうのです.証券会社は,自らの顧客である投資家に,当該企業の株式を売り込みます.こうして,証券会社を通じて,赤字主体と黒字主体が結びつきます.このような金融取引は,「直接金融」と呼ばれています.

(2) 直接金融と間接金融

先ほどは金融機関の例として証券会社を取り上げました.では,銀行はどうでしょうか.金融機関といえば銀行を思い浮かべる人も多いでしょう.

銀行は,融資業務といって,企業のような資金を必要としている主体に対して資金を貸し出しています.正確には,企業が発行する貸付証書という証券を購入するかたちで,投資を行っているのです.こうした赤字主体が資金を調達するために発行する証券のことを,「本源的証券」といいます.企業が資金調達のために発行する株式や社債も同じです.

では,銀行は企業に貸し出す資金をどのようにして用立てているのでしょうか.いろいろな方法がありますが,特徴的なのは預金というかたちで投資家から預かった資金です.預金も,正確には,銀行が預金証書と呼ばれる証券を発行し,預金者はその証書に対して投資を行っているのです.そして,この資金調達のために金融機関が発行する証券は「間接証券」と呼ばれ,「間接証券」を用いたかたちでの赤字主体と黒字主体の結びつきは「間接金融」といいます(図5参照).

「間接証券」を発行して「間接金融」を担う金融機関は,特に「金融仲介機関」と呼ばれています.銀行であれば,預金証書という間接証券を発行しています.このほかの例としては,保険会社が挙げられます.保険会社は,「保険証券」と呼ばれる間接証券を用いて資金を集め,株式市場や債券市場を通じて企業などに投資しています.

第11章 財政と金融　　303

図5　直接金融と間接金融

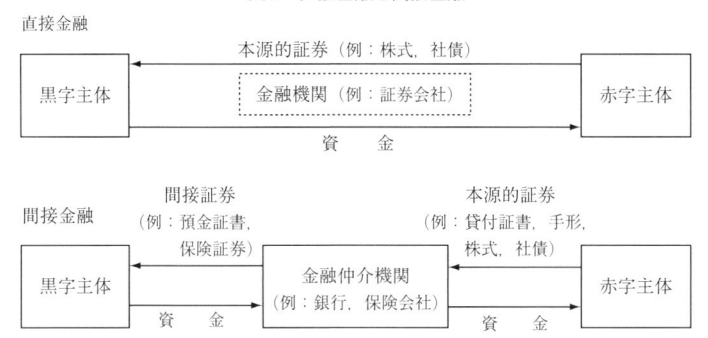

直接金融

黒字主体 ← 本源的証券（例：株式，社債） ― 金融機関（例：証券会社） ― 赤字主体
　　　　　　　　　　　　　　　　　資　　金

間接金融

　　　　　　　間接証券　　　　　　　　　　　　　　本源的証券
　　　　　　　（例：預金証書，　　　　　　　　　　（例：貸付証書，手形，
　　　　　　　　保険証券）　　　　　　　　　　　　　株式，社債）
黒字主体 ←　　　　　　　― 金融仲介機関 ―　　　　　　　　　　　赤字主体
　　　　　　資　　金　　　（例：銀行，保険会社）　資　　金

（3）預金取扱金融機関

　前述のように，銀行は預金証書という「間接証券」を発行する「金融仲介機関」です．この「預金証書」は，ほかの証券に比べて，極めて現金に近いという特徴をもっています．

　というのも，銀行のATMを利用しておカネを預ける際に，「預金証書に投資している」という感覚を抱いている人は，どれほどいることでしょうか．ほとんどの人は，電子的な貯金箱といった感覚で銀行の普通預金を利用していることと思います．それはおカネを「預ける」という表現にも表れています．

　万が一銀行が破綻してしまったら，投資した（預けた）おカネが返ってこない可能性もあるかもしれません．しかし，前述の預金保険制度により，私たちは元本1,000万円の範囲であれば，そのような心配をせずに，まるで現金と同じような感覚で，預金証書に投資をすることができるのです．また，現金での支払いや受け取りと同じ感覚で，預金を支払手段（決済手段）として利用することもできます．このように，預金証書は，現金と同じような決済機能をもつことから，紙幣や硬貨が「現金通貨」と呼ばれるのに対して，預金証書は「預金通貨」と呼ばれています．そして，銀行，信用金庫，信用組合などの金融機関は，この特殊な預金証書を取り扱っていることから，「預金取扱金融機関」といいます．

　「預金取扱金融機関」のおかげで，私たちは，現金の代わりに，預金証書を用いて，さまざまなお金の支払いや受け取りを行うことができます．これは「決済機能」と呼ばれています．そして，この決済機能が，第7章第4節で紹介した「信用創造機能」をもたらすのです．

2.3 中央銀行の機能
(1) 中央銀行による決済手段の供給

前項で「預金通貨」と「現金通貨」を紹介しました．では，これらの決済手段は，誰がどのように供給しているのでしょうか．

まず「預金通貨」についてですが，「預金通貨」は既述のように預金取扱金融機関が提供する預金口座を通じて，市中に供給されることになります．

次に「現金通貨」について考えてみましょう．現金には，日本銀行が発行する紙幣（銀行券）と政府が発行する硬貨があります．日本の場合，前者の銀行券を発行できる銀行は，日本銀行と呼ばれる一つの金融機関にのみ認められています（「発券銀行」としての機能）．具体的には，この日本銀行に民間銀行の預金口座（「日銀当座預金」）があり（「銀行の銀行」としての機能），各銀行がこの口座から必要な現金を引き出すことにより，市中に現金が流通することになります．

なお，日本銀行は，ここで述べたように「発券銀行」，「銀行の銀行」としての機能をもち，さらにここでは省きますが「政府の銀行」としての機能ももつことから，日本において「中央銀行」としての機能を果たしています．

(2) 中央銀行による金融政策

私たちが日本銀行の発行する銀行券を安心して使うことができる理由の一つとして，物価が安定していることが挙げられます．もし，今日1,000円で買うことができる商品が，1ヶ月後には2,000円になってしまうような経済社会であったらどうでしょうか．そのような社会では，私たちは財布にお金を入れておくことに不安を感じることでしょう．

日本銀行法第2条では，「日本銀行は，通貨及び金融の調節を行うに当たっては，物価の安定を図ることを通じて国民経済の健全な発展に資することをもって，その理念とする」と定めています．すなわち，中央銀行である日本銀行は，私たちが安心して通貨を利用できるように，「物価の安定を図ること」や「国民経済の健全な発展に資すること」に努めています．そして，その際に行われる「通貨及び金融の調節」は，中央銀行による「金融政策」と呼ばれています．

例えば，先述の例のような物価上昇（インフレーション）が懸念される場合には，資金供給量を減少させ，市中の金利が上がるような金融政策を行います．

すると，銀行の貸出金利が上がり，企業の設備投資が抑えられたり，住宅ローン金利が上がり，家計の住宅投資が控えられたりするなど，景気全体が抑制され，物価に下押し圧力が働きます．

逆に，物価下落（デフレーション）が懸念される場合には，資金供給量を増加させ，市中の金利が下がるような金融政策を行います．すると，銀行の貸出金利が下がり，企業の設備投資が促進されたり，住宅ローン金利が下がり，家計の住宅投資が増加したりするなど，景気全体が刺激され，物価に押し上げ圧力が働きます．

（3）買いオペレーションと売りオペレーション

では，中央銀行は金融政策において，具体的に，どのようにして資金供給量を減少させたり増加させたりするのでしょうか．

2.1で金融市場は短期と長期に分けられると述べましたが，中央銀行による金融政策は，短期金融市場における金利をコントロールすることで行われます．短期金融市場のうち，金融機関が短期の資金を融通しあう市場はコール市場と呼ばれています．現在の金融政策では，このコール市場で行われる，翌日に返済する短期資金の無担保取引にかかる利率（無担保コールレート（オーバーナイト物））に対して誘導目標が定められ，その目標利率を実現するように資金の供給や吸収が行われています．

この利率の上下は，通常の市場メカニズムと同じく，需要と供給の関係によって決まります．例えば，この利率が高くなるのは，多くの市中銀行のもつ日銀当座預金の残高が不足していて，資金の準備が必要な場合です．逆に，この利率が低くなるのは，多くの市中銀行のもつ日銀当座預金の残高が十分にあり，資金に余裕がある場合です．

そこで，今，中央銀行が金融政策の一環として，無担保コールレート（オーバーナイト物）を低めに誘導したいのであれば（金利を下げたいのであれば），「資金供給のためのオペレーション」（買いオペレーション）が行われます．すなわち，国債などの金融資産を日本銀行が買い取ったり，それらを担保にした貸付を行ったりするなどして，市中銀行に資金の供給を行うのです．

反対に，無担保コールレート（オーバーナイト物）を高めに誘導したいのであれば（金利を上げたいのであれば），「資金吸収のためのオペレーション」（売りオペレーション）が行われます．すなわち，日本銀行が振り出す手形の売出

を行ったり，日本銀行が保有している国債を買戻条件付きで売却したりするなどして，市中銀行から資金を吸収しようとするのです．

このようにして，日本銀行がコール市場においてコントロールした金利水準は，ほかの短期金融市場，さらに長期金融市場の金利にまで影響をおよぼすようになります．そして，それらの金利の上下が，景気や物価の安定をもたらすことになるのです．

2.4　金融システムの安定性の維持（プルーデンス政策）
（1）　金融機関の公共性

さて，話を再び金融機関へと戻しましょう．前半で述べたように，金融取引では，赤字主体と黒字主体を仲介する役割を果たす業者として金融機関が存在します．この役割は，金融機関による「金融仲介機能」と呼ばれ，円滑な資金の流れを確保するという点で，経済社会において重要な意味をもちます．

また，特に預金取扱金融機関は，私たちに「預金通貨」という貴重な「決済手段」を提供してくれています．「預金通貨」のおかげで，現金を持ち運ぶことなく，振込・振替といった方法で必要な支払いを完了させることができます．すなわち，金融機関は「決済機能」という重要な機能も有しているのです．

金融機関が提供するこれらの「金融仲介機能」，「決済機能」を考えると，金融機関は経済社会に不可欠な存在，いわば一定の公共性を有しているのかもしれません．

もしも，ある銀行が破綻しそうだという噂が流れ，預金者がいっせいに当該銀行から預金を引き出そうとしたら，どうなるでしょうか（このような事態を「取り付け」といいます）．預金者から預かった預金は，引き出しに備えて一定の金額が残されたうえで，ほとんどは貸し出しなどのかたちで運用されています．そこでは全員がいっせいに引き出しにやって来ることはないという前提があります．よって，預金者がいっせいに引き出しをしようとしたら，銀行はそれに応えられずに本当に破綻してしまうかもしれません．また，そうした事態が，さまざまな経路を通じて，ほかの銀行にも悪影響をおよぼす可能性があります．このような事態の発生は，金融機関が公共性をもつのであれば，経済社会全体にとって決して望ましいことではありません．

そこで，経済社会全体のことを考えたら，国の政策として，①金融機関がなるべく破綻しないようにするために，そして，②ある金融機関が破綻したとし

てもそれがほかへと広がるのを抑えるために，何らかの方策がとられる必要があります．また，物価の安定に努める中央銀行にとっても，かかる金融システムの問題は看過できるものではありません．安定した金融システムを維持するために，中央銀行と行政の手によりさまざまな施策がなされています．それらは「プルーデンス政策」と呼ばれます．

（2） 金融システムの安定性と中央銀行の役割

既述のように，預金取扱金融機関は，中央銀行である日本銀行に「日銀当座預金」という預金口座をもっています．銀行間で資金の決済が行われる場合には，この「日銀当座預金」が決済手段として使われることになり，日本銀行を中心とした決済ネットワークが形成されています．

この決済ネットワークを維持するために，「日銀当座預金」をもつ金融機関が安定した経営を行っているかを監視し（「日銀考査」と呼ばれる立入調査が行われています），場合によっては改善のための助言等もなされています．

また，やむを得ずある金融機関が破綻してしまった場合には，それがほかの健全な金融機関の経営に悪影響をもたらさないように，日本銀行は「最後の貸し手機能」を発揮することもあります．これは，銀行券を発行する立場にある日本銀行が，一時的に流動性不足に陥ってしまった金融機関に対して，必要な資金を提供するものです．

（3） 行政による金融機関への規制・監督

金融システムの維持は，中央銀行だけが担っているわけではありません．当然行政の役割も大きいです．日本の場合，金融機関の監督官庁は金融庁です．金融庁では，金融機関が健全な経営を行うように，法律を整備して金融機関の経営にさまざまな規制を与え，それらが守られているかどうかの監督が行われています．

例えば，銀行に健全性を維持させるための代表的な規制は「自己資本比率規制」，「大口融資規制」です．「自己資本比率規制」は，文字通り自己資本を一定割合以上保有することで，破綻しにくい財務体質を維持することが目的の規制です．いわば，バランスシートの右側（貸方，資本側）に関する規制です．「大口融資規制」とは，特定の企業などに多額の貸出を行うのではなく分散投資を行うことを求めるもので，こちらはバランスシートの左側（借方，資産側）

に関する規制です．

　このほかに金融システムを維持するための大切な制度として，預金保険制度があります．さきほど，取り付けの話をしました．すなわち，ある銀行が破綻するかもしれないという噂が流れると，不安を感じて多くの預金者が当該銀行から預金を引き出そうとするというのです．では，何故預金者たちはそのような行動をとるのでしょうか．それは，本当に破綻してしまったら，自分の預けた預金が返ってこないかもしれないという不安があるからです．

　そこで，このような取り付けを防ぐ仕組みとして，預金保険制度があります．2.1 でも紹介しましたが，現在の日本では，預金保険制度を通じて，定期預金や利息の付く普通預金などは，預金者1人当たり，1金融機関ごとに合算され，元本1,000万円までと破綻日までの利息等が保護されます．こうした制度を通じて，預金者の不安をやわらげる工夫がされているのです．

解答・解説

序章

3. (1)Cブロック，(2)Aブロック，(3)Dブロック，(4)Aブロック，(5)Aブロック，(6)Bブロック，(7)Dブロック，(8)Aブロック，(9)Cブロック，(10)Bブロック，(11)Bブロック，(12)Aブロック，(13)Aブロック

5. 中間財の取引など．

6. 住宅投資のために銀行で住宅ローンを組む場合など．また，企業が他社の新規発行株式を購入する場合など．

第1章
第1節
4.

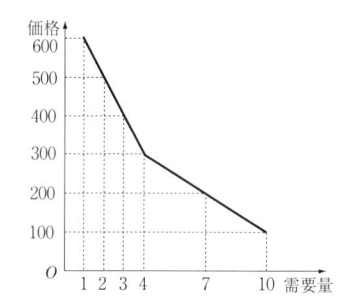

5.

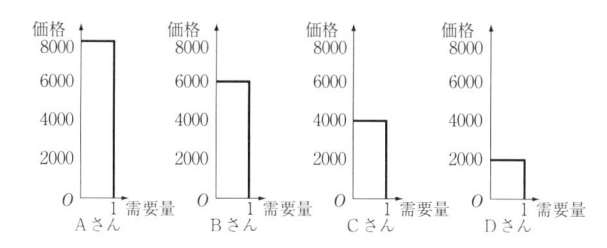

第2節
2. (1)2,000本　(2)2,000本　(3)3,000本　(4)5,000本　(5)6,000本
3. (1)

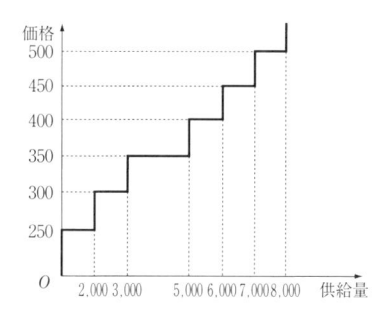

312

(2)ハンバーグ，レタス，包装紙などの費用．(3)2,000個．(4)6,000個
(5)

ハンバーガーの価格	ハンバーガーの供給量
250円	2,000個
300円	3,000個
330円	4,000個
350円	6,000個
400円	7,000個
450円	8,000個
500円	9,000個

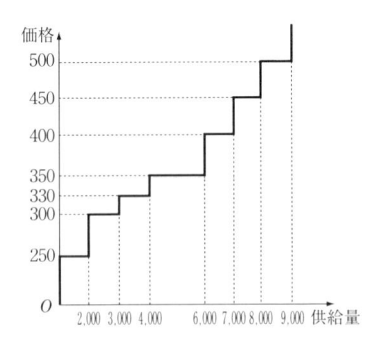

第 3 節
1. (1)

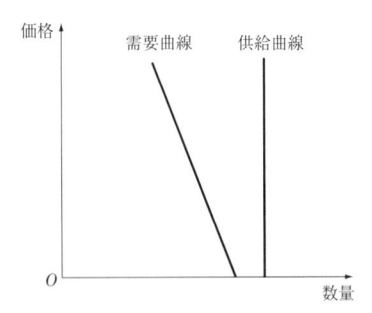

(2)高地では空気の酸素濃度が低いために，そのような空気に対応できない主体にとって，低地と同じ

酸素濃度の空気が必要となるが，高地では低地と同じ酸素濃度の空気は希少となるため．
(3)ダイヤモンドは，供給量が少なく，価格が高くても需要が存在していることなどから．
(4)中古の三輪トラックを供給（売却）することの費用は低いため，需要が小さくても，供給が出てくる可能性がある．

4. (1)需要関数 $q^D=-3p+300$ に $p=80$ を代入すると需要量 q^D は60となり，供給関数 $q^S=2p$ に $p=80$ を代入すると供給量 q^S は160となる．この場合，需要よりも供給の方が大きいので，超過供給が存在し，価格が下落する．(2)需要関数 $q^D=-3p+300$ に $p=40$ を代入すると需要量 q^D は180となり，供給関数 $q^S=2p$ に $p=40$ を代入すると供給量 q^S は80となる．この場合，需要の方が供給より大きいので，超過需要が存在し，価格が上昇する．(3)需要量＝供給量に需要関数と供給関数を代入すると $-3p+300=2p$ となり，この式を解くと $p=60$ が得られる．これが均衡価格となる．この均衡価格を需要関数もしくは供給関数に代入すると，$q^D=q^S=120$ となり，これが均衡取引量となる．(4)$q^D=0$ となる価格 p は $p=100$ となり，$q^S=0$ となる価格 p は $p=0$ となる．需要曲線においては，需要量がゼロから均衡取引量120へ120進むと，価格は切片の価格100から均衡価格60へとマイナス40進むので，傾きは $-40/120=-1/3$ となり，供給曲線においては，供給量がゼロから均衡取引量120へ120進むと，価格は切片の価格0から均衡価格60へと60進むので，傾きは $60/120=1/2$ となる．切片と傾きの値から，需要曲線は関数で表記すると $p=-(1/3)q^D+100$ となり，供給曲線は関数で表記すると $p=(1/2)q^S$ となる．

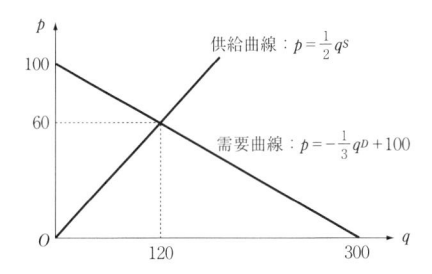

第2章
第1節

1. (1)右方にシフト，(2)右方にシフト，(3)左方にシフト，(4)右方にシフト，(5)左方にシフト，(6)左方にシフト，(7)右方にシフト，(8)右方にシフト，(9)右方にシフト，(10)右方にシフト．
2. バイオ燃料の生産が増加すると，バイオ燃料の原料である穀物に対する需要が増加し，穀物市場で需要曲線が右方にシフトする．その結果，穀物市場で均衡価格が上昇し，均衡取引量も増加する．

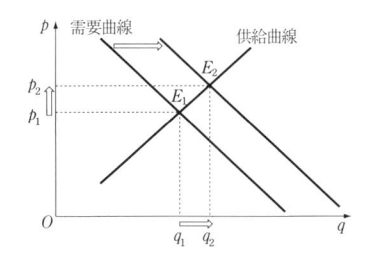

314

第2節
1. (1)右方（生産者数の増加），(2)左方（生産者数の減少），(3)左方（生産者数の減少），(4)右方（生産者数の増加），(5)右方（生産技術の進歩），(6)右方（生産技術の進歩），(7)左方（投入要素価格の上昇），(8)左方（投入要素価格の上昇）
2. (1)右方シフト，(2)生産技術の進歩．

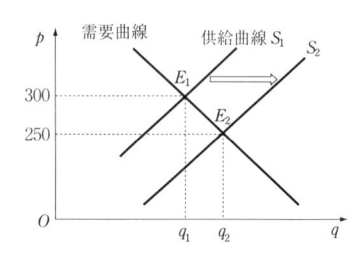

3. (1)左シフト，(2)投入要素価格の上昇

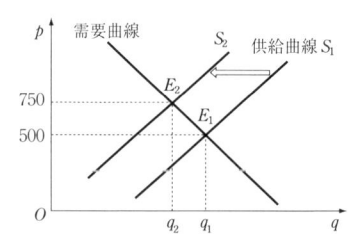

第3節
2. 需要の価格弾力性は小さいと考えられるが，コンタクトレンズを使用できるとすれば，メガネの需要の価格弾力性は大きくなり，コンタクトレンズが目に合わなければ，メガネの需要の価格弾力性は極めて小さくなる．
3. 学生の方が，お金に余裕がなく，ほかに時間を過ごす楽しみも豊富であるために，映画館のチケットの需要の価格弾力性がより大きいと考えられるので，一般向けよりも価格を安くする．
4. 夜間の方が，ほかに移動手段が少なく，タクシー・サービスの需要の価格弾力性が小さくなるので，価格は高くできる．
5. 例年の収入は $100 \times 300 = 30{,}000$ 円となる．数量が150に増えて，収入が30,000円未満となるとすれば，価格は $30000/150 = 200$ 円未満となっている．
6. 価格の変化は 10（$=50-40$）で変化率は20%（10/50），需要量の変化は 30（$=330-300$）で変化率は10%（30/300）で，需要の価格弾力性は 0.5（$=10/20$）となる．

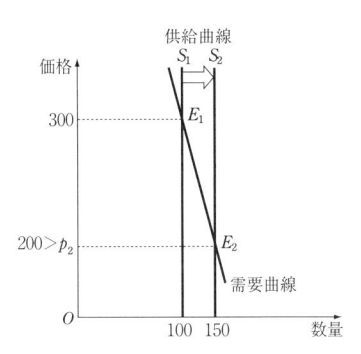

5.

第4節
1. 価格に関わらず供給量が一定になるので，供給曲線は垂直な直線になる．

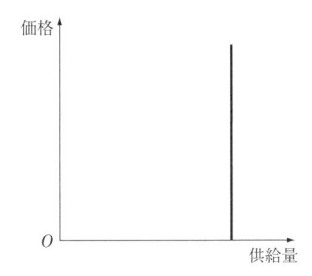

2. 価格の変化は2（=12−10）で変化率は20%（2/10），供給量の変化は5（=25−20）で変化率は25%（5/20）で，供給の価格弾力性は1.25（=25/20）となる．

第5節
1. (1)ガソリン税やたばこ税，酒税は，ガソリン1リットルあたり何円，たばこ1本当たり何円，アルコール1リットルあたり何円というように「取引量」にしたがって税が課されているため．
(2)消費税は取引された財の「価格」に対して課税されているため．
2. (1)均衡価格60円，均衡取引量120．(2)需要曲線は $p=-(1/3)q^D+100$ となり，供給曲線は $p=(1/2)q^S$（第3節練習問題2参照）．(3)$p=(1/2)q^S+30$．(4)$p=-(1/3)q^D+100$ と $p=(1/2)q^S+30$ を連立させて解くと，均衡価格72，均衡取引量84．(5)消費者への帰着は12，生産者への帰着は18．(6)需要関数 $q_2^D=-p+180$（需要曲線 $p=-q^D+180$）と供給曲線 $p=(1/2)q^S$ を連立させて解くと，課税前の均衡価格60，均衡取引量120．(7)需要関数 $q_2^D=-p+180$（需要曲線 $p=-q^D+180$）と供給曲線 $p=(1/2)q^S+30$ を連立させて解くと，課税後の均衡価格80，均衡取引量100．(8)消費者への帰着は20，生産者への帰着は10．(9)の価格弾力性が大きな q_2^D の場合で需要消費者への帰着が小さくなっている．

第3章
第1節
1. 250.

2. 810.
3. 価格が 50 のときの需要量は，需要関数より 150 となり，図の領域①が価格 50 のときの消費者余剰で，領域①の面積を求めると，消費者余剰は 3750（$=50\times150/2$）となる．

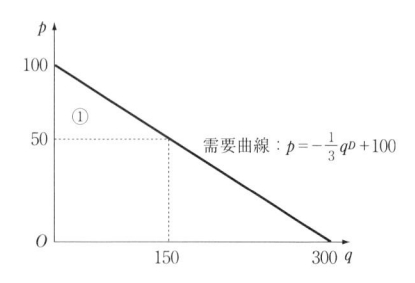

需要曲線：$p=-\frac{1}{3}q^D+100$

第 2 節
1. 250.
2. 1000.
3. 価格が 100 のときの供給量は，供給関数より 200 となり，図の領域①が価格 100 のときの生産者余剰で，領域①の面積を求めると，生産者余剰は 10000（$=(100\times200)/2$）となる．

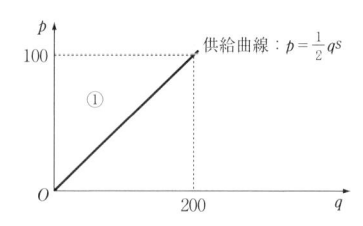

供給曲線：$p=\frac{1}{2}q^S$

第 3 節
1. ③＋⑤．
2. ③＋⑤．
3. 消費者余剰は領域①で生産者余剰は領域②となる．消費者余剰は 2400（$=(40\times120)/2$）で，生産者余剰は 3600（$=(60\times120)/2$）となる．

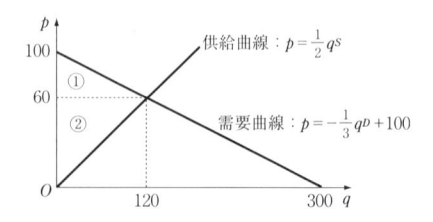

供給曲線：$p=\frac{1}{2}q^S$
需要曲線：$p=-\frac{1}{3}q^D+100$

第4章
第1節
1. 自由に取引されていたときの社会的余剰は領域①+②+③+④+⑤で，価格規制が実施されたときの社会的余剰は領域①+③+⑤となる．

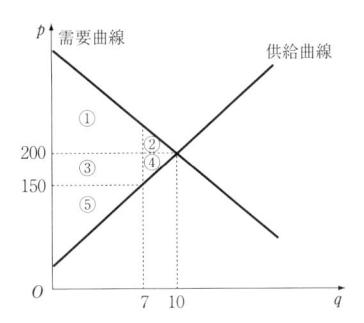

2. (1)価格の上限を48円とする価格規制が実施されたときの社会的余剰は，下図の領域①+②となり，5760（=(100+20)×96/2）となる．

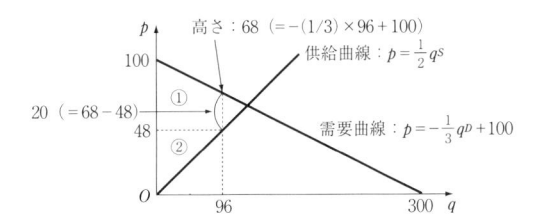

(2)数量の上限を90とする数量規制が実施されたときの社会的余剰は，下図の領域①+②となり，5625（=(100+25)×90/2）となる．

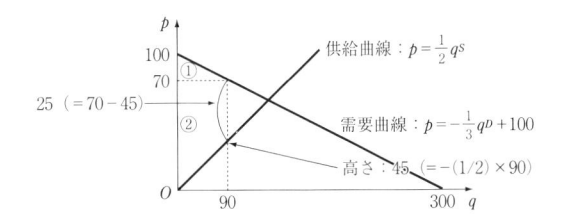

第2節
4. (2)$p=(1/2)q^S+50$．(3)需要曲線 $p=-(1/3)q^D+100$ と供給曲線 $p=(1/2)q^S+50$ を連立させて解くと，均衡価格80，均衡取引量60．(4)税収は3000円（50×60）．(5)死荷重は図中①の面積で1500（=50×60/2）．

318

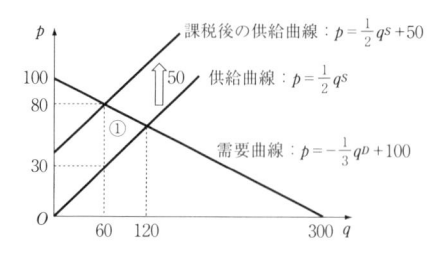

$$p$$ 軸に、課税後の供給曲線:$p=\frac{1}{2}q^s+50$、供給曲線:$p=\frac{1}{2}q^s$、需要曲線:$p=-\frac{1}{3}q^D+100$、100、80、50、30、①、60、120、300、q

第3節
5. (1)均衡価格 60，均衡取引量 120．(2)社会的余剰 6000．(3)世界価格 80 のときの供給量は 160 で，需要量は 60 となり，輸出量は 100．(4)消費者余剰は①の面積で 600（＝20×60/2），生産者余剰は②＋③＋④の面積で 6400（＝80×160/2）で，社会的余剰は 7000．

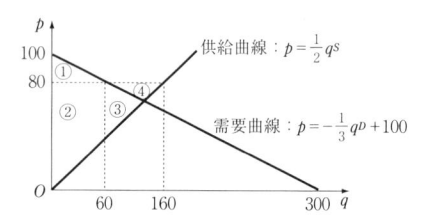

供給曲線:$p=\frac{1}{2}q^s$、需要曲線:$p=-\frac{1}{3}q^D+100$、100、80、①、②、③、④、60、160、300、q

(5)世界価格 40 のときの供給量は 80 で，需要量は 180 で，輸入量は 100．(6)消費者余剰は①＋②＋③＋④＋⑤＋⑥の面積で 5400（＝60×180/2），生産者余剰は⑦の面積で 1600（＝40×80/2）で，社会的余剰は 7000．(7)国内価格 50（＝40＋10）のときの供給量は 100 で，需要量は 150 で，輸入量は 50．(8)消費者余剰は①＋②の面積で 3750（＝50×150/2），生産者余剰は③＋⑦の面積で 2500（＝50×100/2），政府の関税収入は⑤の面積で 500（＝10×50）で，社会的余剰は 6750（＝3750＋2500＋500）．

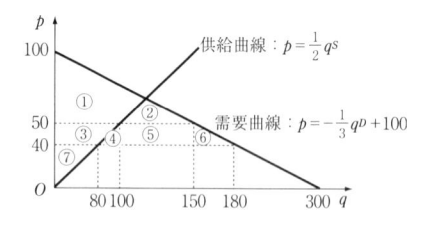

供給曲線:$p=\frac{1}{2}q^s$、需要曲線:$p=-\frac{1}{3}q^D+100$、100、50、40、①、②、③、④、⑤、⑥、⑦、80、100、150、180、300、q

第5章
第1節
1. 自由貿易のときの生産者余剰は 1600，関税を課した後の生産者余剰は 2500（第4章の第3節の練習問題5参照）．

2.

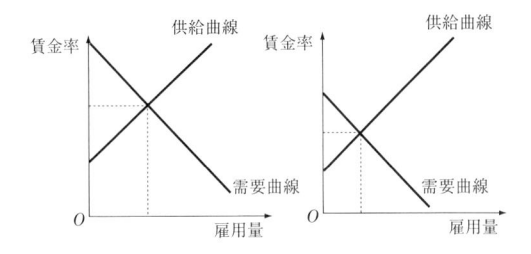

（左右に供給曲線と需要曲線のグラフが2つ。賃金率を縦軸、雇用量を横軸とする）

第2節

1. 供給量が12のときに，需要関数が $q^D=60-3p$ であることから，価格が16のときに需要量と供給量が一致するので，独占価格は16となる．供給量が12のときの消費者余剰は①の面積24（$=4\times12/2$），生産者余剰は②＋④の面積120（$=(16+4)\times12/2$）で，社会的余剰は144．死荷重は③＋⑤の面積で6（$=4\times3/2$）．

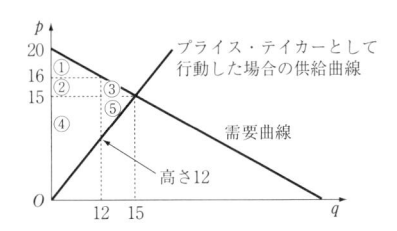

（グラフ：縦軸 p，横軸 q．需要曲線と「プライス・テイカーとして行動した場合の供給曲線」．縦軸に20, 16, 15，横軸に12, 15，高さ12と記載）

2. 代替的なサービスが存在しない地域の方が需要の価格弾力性が小さいので，独占価格は高くなる．

第3節

1. (1)外部不経済：騒音は空港周辺で生活する人々の快適性を損なう．そのような損失を，航空会社が意識（負担）することがないから．(2)正の外部性：夜景を見る人を幸せにする．夜景を構成している一つひとつの明かりの発生者はそうした便益を意識することがないから．(3)負の外部性：大気汚染は，人々の健康に害を与える可能性がある．しかし，大気汚染の発生者は，そうした損失を完全には意識しないから．(4)正の外部性：研究成果は広く社会の発展に役立つが，研究者は社会に対する便益をすべて認識しているわけではないから．
2. 道路，公園，安全，テレビ放送の電波など
3. 国鉄：JR各社，電電公社：NTT，郵政公社：日本郵政各社
4. 電力産業，通信産業，鉄道など．
5. 中古車市場が品質の悪い車で埋め尽くされてしまう．危険な運転をする人ばかりが，自動車保険に加入しようとする．
6. 自動車保険に入ることで，安全運転に対する意識が低下してしまう．テストの結果に関わらず「S評価」が付けられると，しっかり勉強をしなくなる．

第4節

1. (1)ある人が防衛サービスを享受したとしても，ほかの人に対する防衛サービスと競合することは

ない（非競合性）．また，費用負担をしない人だけ，防衛サービスから排除することは困難である（排除不可能性）．したがって，公共財である．(2)ある人がシャープペンシルを消費してしまうと，ほかの人はそのシャープペンシルを消費できない（競合性）．シャープペンシルの対価を支払わない人には，シャープペンシルを販売しないことが可能であり，排除可能である．したがって，私的財である．(3)渋滞していなければ，ある人が道路を通行しても，ほかの人の通行と競合することはない（非競合性）．また，道路建設の費用を負担しない人だけ，道路の利用から排除することは困難である（排除不可能性）．したがって，公共財である．(4)ある人がペットボトルのお茶を飲んでしまうと，ほかの人はそのペットボトルのお茶を消費できない（競合性）．また，対価を支払わない人には，ペットボトルのお茶を販売しないことが可能であり，排除可能である．したがって，私的財である．(5)打ち上げられた花火をある人が見物していても（混雑がなければ），ほかの人の花火鑑賞を妨げない（非競合性）．また，花火大会の費用負担をしていない人であっても，花火鑑賞から排除することは困難である（排除不可能性）．したがって，公共財である．(6)ある人がアイスクリームを食べてしまうと，ほかの人はそのアイスクリームを消費できない（競合性）．また，対価を支払わない人には，アイスクリームを販売しないことが可能であり，排除可能である．したがって，私的財である．

2．まず，A市の行動を考える．B町が「協力」であったとき，A市は「協力」だと200万円の利得，「非協力」だと600万円の利得となり，「非協力」で得られる利得が大きい．またB町が「非協力」であったとき，A市は「協力」だと−200万円の利得，「非協力」だと0円の利得となり，この場合でも「非協力」の利得が大きい．したがって，A市は，B町がどんな行動をしてきたとしても「非協力」を選択する．同様に，B町の行動を考えた場合も，B町はA市の行動に関わらず「非協力」を選択した方が，利得が高くなる．したがって，A市もB町も花火大会に非協力となり，花火大会は開催されない．

花火大会開催に関する利得表

		B町	
		協力	非協力
A市	協力	(200, 200)	(−200, 600)
	非協力	(600, −200)	(0, 0)

3．(1)日本の漁師は45（＝90/2），外国の漁師は45（＝90/2）．(2)日本の漁師は0，外国の漁師は60．(3)日本の漁師は60，外国の漁師は0．(4)日本の漁師は30（＝60/2），外国の漁師は30（＝60/2）．(5)まず，日本の漁師について考える．外国の漁師が「約束を守る」とき，日本の漁師は「約束を守る」と45の利得，「約束を破る」と60の利得となり，「約束を破る」方が利得が大きくなる．また，外国の漁師が「約束を破る」とき，日本の漁師は「約束を守る」と利得は0となり，「約束を破る」と利得は30となり，「約束を破る」方が利得が大きくなる．次に外国の漁師について考える．外国の漁師にとっても，日本の漁師が「約束を守る」場合に「約束を破る」方が利得が高く，また日本の漁師が「約束を破る」場合に「約束を破る」方が利得が高い．これらのことから，両国の漁師ともに「約束を破る」を選択することが均衡となり，カニは今月中に取りつくされてしまう．

		外国の漁師	
		約束を守る	約束を破る
日本の漁師	約束を守る	(45, 45)	(0, 60)
	約束を破る	(60, 0)	(30, 30)

4. (1)(2)

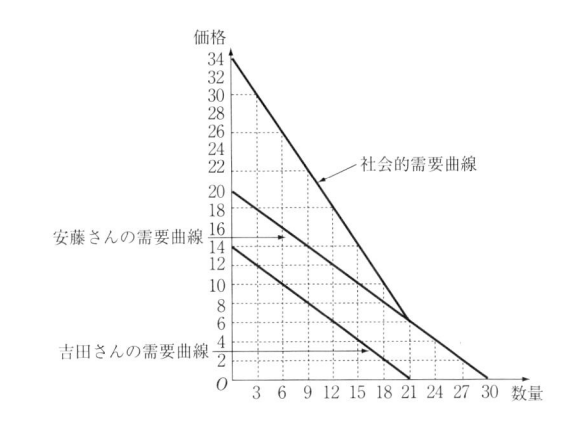

グラフ: 縦軸「価格」(目盛 2,4,6,...,34)、横軸「数量」(目盛 3,6,9,...,30)。「社会的需要曲線」、「安藤さんの需要曲線」、「吉田さんの需要曲線」の3本が描かれている。

4. (3)9本．(4)15本．(5)社会的需要曲線にしたがって街灯の本数を決めた場合（(4)の場合）に，社会的余剰は大きくなる．

第5節

2. (1)高い能力の労働者に対しては1,000万円で，低い能力の労働者に対しては400万円．
(2)$0.2 \times 1000 + 0.8 \times 400 = 520$ より，期待収益は520万円で，最大の賃金は520万円．
(4)(a)学歴を獲得したときの純便益は700万円（$=1000-300$）で，学歴を獲得しなかったときの純便益は400万円（$=400-0$）．(a)学歴を獲得したときの純便益は300万円（$=1000-700$）で，学歴を獲得しなかったときの純便益は400万円（$=400-0$）．(c)高い能力の労働者は学歴を獲得し，低い能力の労働者は学歴を獲得しないので，学歴を獲得した労働者が高い能力の持ち主である確率は100％．
3. ボーナスをx万円とすると，努力をした場合，70％の確率で成功して受け取る賃金所得は$400+x$万円となり，30％の確率で失敗をして受け取る賃金所得は400万円となることから，努力をした場合の所得の期待値は$0.7 \times (400+x) + 0.3 \times 400 = 400 + 0.7x$となる．よって努力をした場合の純便益の期待値は，$260 + 0.7x$万円（$=400+0.7x-140$）となる．努力をしない場合の純便益は400万円なので，$260 + 0.7x \geq 400$ より，ボーナスが200万円以上であればこの労働者は努力をする．

補論

1. B社の「技術X」に対して，A社が「技術X」を選択したときの利得は6で「技術Y」を選択したときの利得は1となり，B社の「技術X」に対するA社の最適反応は「技術X」となる．B社の「技術Y」に対して，A社が「技術X」を選択したときの利得は1で「技術Y」を選択したときの利得は4となり，B社の「技術Y」に対するA社の最適反応は「技術Y」となる．A社の「技術X」に対して，B社が「技術X」を選択したときの利得は4で「技術Y」を選択したときの利得は1となり，A社の「技術X」に対するB社の最適反応は「技術X」となる．A社の「技術Y」に対して，B社が「技術X」を選択したときの利得は1で「技術Y」を選択したときの利得は6となり，A社の「技術Y」に対するB社の最適反応は「技術Y」となる．よって，A社の戦略「技術X」とB社の戦略「技術X」の組み合わせが一つのナッシュ均衡となり，A社の戦略「技術Y」とB社の戦略「技術Y」の組み合わせがもう一つのナッシュ均衡となる．
2. B社の「強硬」に対して，A社が「強硬」を選択したときの利得は0で「譲歩」を選択したときの利得は1となり，B社の「強硬」に対するA社の最適反応は「譲歩」となる．B社の「譲歩」に対

して，A社が「強硬」を選択したときの利得は3で「譲歩」を選択したときの利得は2となり，B社の「譲歩」に対するA社の最適反応は「強硬」となる．A社の「強硬」に対して，B社が「強硬」を選択したときの利得は0で「譲歩」を選択したときの利得は1となり，A社の「強硬」に対するB社の最適反応は「譲歩」となる．A社の「譲歩」に対して，B社が「強硬」を選択したときの利得は3で「譲歩」を選択したときの利得は2となり，A社の「譲歩」に対するB社の最適反応は「強硬」となる．よって，A社の戦略「強硬」とB社の戦略「譲歩」の組み合わせが一つのナッシュ均衡となり，A社の戦略「譲歩」とB社の戦略「強硬」の組み合わせがもう一つのナッシュ均衡となる．

3. B社の「高価格」に対して，A社が「高価格」を選択したときの利得は3で「低価格」を選択したときの利得は4となり，B社の「高価格」に対するA社の最適反応は「低価格」となる．B社の「低価格」に対して，A社が「高価格」を選択したときの利得は0で「低価格」を選択したときの利得は2となり，B社の「低価格」に対するA社の最適反応は「低価格」となる．A社の「高価格」に対して，B社が「高価格」を選択したときの利得は3で「低価格」を選択したときの利得は4となり，A社の「高価格」に対するB社の最適反応は「低価格」となる．A社の「低価格」に対して，B社が「高価格」を選択したときの利得は0で「低価格」を選択した時の利得は2となり，A社の「低価格」に対するB社の最適反応は「低価格」となる．よって，A社の戦略「低価格」とB社の戦略「低価格」の組み合わせがナッシュ均衡となる．

第6章
第1節
1. 395（$=300+50+40+30-25$）．
2. 120（$=500-380$）．

第2節
1. $300/1>360/1.3$ より，名目所得が300で物価水準が1のときの方が実質所得が大きい．
2. $500/1>830/1.7$ より，20年前の方が実質所得が大きい．別の人は，$450/1<800/1.7$ より，現在の方が実質所得が大きい．
3. 3％（$=1％-(-2％)$）．

第3節
1. 国内純生産は410兆円（$=500-90$）．国民総所得は505兆円（$=500+10-5$）．市場価格表示の国民所得が415兆円（$505-90$）とり，（要素費用表示の）国民所得は380兆円（$=415-(40-5)$）．
2. 250兆円（$=460-(75+100+(38-3))$）．
3. 94兆円（$=470-(280+90+2+64-60))$）．
4. パーシェ式指数は $101\times5+130\times10/80\times5+150\times10=0.95$ で，ラスパイレス式指数は $101\times10+130\times8/80\times10+150\times8=1.025$．

第7章
第1節
1. 均衡実質賃金率は400万円で，均衡雇用量は600万人．実質賃金率が500万円のときの均衡雇用量は500万人．

解答・解説

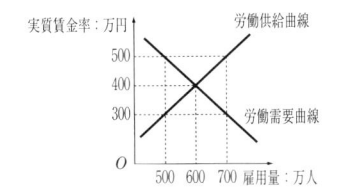

2. 現在の消費をより重視するようになれば，労働供給曲線は右にシフトする．自分の自由な時間をより重視するようになれば，労働供給曲線は左にシフトする．
3. どちらも労働需要曲線は右にシフトする．
4. 労働需要量＝労働供給量，つまり $2(W/P)=120-(W/P)$ より，均衡実質賃金率は40となり，均衡雇用量は80，均衡での名目賃金率は40となる．現行の名目賃金率が50のときは労働需要量が70となるので，均衡雇用量は70となる．

第2節

1. 3％のときは206万円 $(=(500-300)\times(1+0.03))$．5％のときは210万円 $(=(500-300)\times(1+0.05))$．
2. プロジェクトAの収益率は7％ $(=(535-500)/500)$．プロジェクトBの収益率は14％ $(=(342-300)/300)$．プロジェクトCの収益率は5％ $(=(840-800)/800)$．利子率が8％のときの投資は300万円（プロジェクトBを実施）．利子率が6％のときの投資は800万円（プロジェクトAとBを実施）．
3. 均衡利子率は5％．

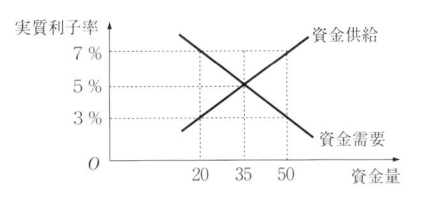

第3節

3. 国内貯蓄＝国内投資に貯蓄関数と投資関数を代入すると $-20+0.2Y+400r=50-200r$ となり，ここに $Y=200$ を代入すると，$r=0.05$ が求まり，均衡利子率は5％となる．
4. (1)利子率が8％のときの投資は34 $(=50-200\times0.08)$ となり，貯蓄関数に $S=34$ を代入すると，総所得は110 $(-20+0.2Y+400\times0.08=34$より) となる．(2)利子率が6％のときの投資は38 $(=50-200\times0.06)$ となり，貯蓄関数に $S=38$ を代入すると，総所得は170 $(-20+0.2Y+400\times0.06=38$より) となる．利子率が低いほど，均衡での総所得（総生産）が大きくなる．

第4節

1. (1)貨幣乗数は $(0.2+1)/(0.2+0.1)=4$ となり，貨幣供給量は400兆円となる．(2)貨幣乗数は $(0.2+1)/(0.2+0.05)=4.8$ となり，貨幣供給量は480兆円となる．(3)貨幣乗数は $(0.1+1)/(0.1+0.1)=5.5$ となり，貨幣供給量は550兆円となる．
2. (1)貨幣乗数は $(0.4+1)/(0.4+0.1)=2.8$ となり，貨幣供給量は280兆円となる．(2)貨幣乗数は

$(0.4+1)/(0.4+0.16)=2.5$ となり，貨幣供給量は250兆円となる．(3)貨幣乗数は $(0.5+1)/(0.5+0.1)=2.5$ となり，貨幣供給量は250兆円となる．

3. 貨幣の流通量が400兆円の時の物価水準は 2 （$=400/200$）となり，貨幣の流通量が440兆円の時の物価水準は 2.2 （$=440/200$）となる．

4. 最初の物価水準は1.5（$=450/300$）で，経済が成長した後の物価水準は約1.39（$\fallingdotseq 500/360$）となり，物価水準は下がっている．実質取引額が360兆円の時に物価水準が1.5となるためには，貨幣の流通量が540兆円（$=360\times 1.5$）とならなければならない．

第 8 章
第 1 節
1. (1)限界消費性向が0.75であるから政府支出の乗数は 4 （$=1/(1-0.75)$）となり，均衡での総生産が20兆円（$=4\times 5$）増える．(2)限界消費性向が0.75であるから減税の乗数は 3 （$=0.75/(1-0.75)$）となり，均衡での総生産が15兆円（$=3\times 5$）増える．
2. (1)限界消費性向が0.6であるから政府支出の乗数は 2.5 （$=1/(1-0.6)$）となり，均衡での総生産が12.5兆円（$=2.5\times 5$）増える．(2)限界消費性向が0.6であるから減税の乗数は 1.5 （$=0.6/(1-0.6)$）となり，均衡での総生産が7.5兆円（$=1.5\times 5$）増える．

第 2 節
2. 金融商品に対しする値上がり期待が強くなれば，貨幣を保有するよりも金融商品を保有しようとするため，貨幣需要が小さくなる．

第 4 節
6. 限界貯蓄性向が小さくなると，乗数（$=1/$限界貯蓄性向）は大きくなる．よって，利子率が下がり民間投資が増えると，総生産は大きく増加するので，IS 曲線は傾きが緩やかになる．
7. 金融商品に対しする値上がり期待が強くなれば，貨幣を保有するよりも金融商品を保有しようとするため，貨幣需要が小さくなり，貨幣市場が超過供給となる．そのため貨幣市場で利子率が下がるために，LM 曲線は下へシフトする．

第 5 節
5. (1)総生産＝民間消費＋民間投資＋政府支出に民間消費関数などを代入すると，$Y=10+0.8(Y-40)+90-1200r+40$ となり，これを整理すると，$Y=540-6000r$ が得られ，これが IS 曲線となる．貨幣供給＝流動性選好に流動性選好関数などを代入すると，$70=0.5Y-2000r$ となり，これを整理すると，$Y=140+4000r$ が得られ，これが LM 曲線となる．IS 曲線を表す式と LM 曲線を表す式の連立方程式を解くと，$r=0.04$ と $Y=300$ が得られ，これが均衡利子率と均衡総生産となる．(2)政府支出が60に増えると，総生産＝民間消費＋民間投資＋政府支出に民間消費関数などを代入すると，$Y=10+0.8(Y-40)+90-1200r+60$ となり，これを整理すると，IS 曲線は $Y=640-6000r$ となる．IS 曲線を表す式と LM 曲線を表す式の連立方程式を解くと，$r=0.05$ と $Y=340$ が得られ，これが均衡利子率と均衡総生産となる．政府支出が増えることによって利子率が0.01上昇し，民間投資関数より，民間投資は12減少する．(3)貨幣供給量が120のときに，貨幣供給＝流動性選好に流動性選好関数などを代入すると，$120=0.5Y-2000r$ となり，これを整理すると，LM 曲線は $Y=240+4000r$ となる．IS 曲線を表す式と LM 曲線を表す式の連立方程式を解くと，$r=0.03$ と $Y=360$ が得られ，これが均衡利子率と均衡総生産となる．

第9章
第2節
3. 貨幣供給量を増やすことにより，短期的には経済活動が活発となり，失業率の低下と，短期フィリップス曲線の性質からインフレ率の上昇が現れる．長期的には，失業率は自然失業率に戻り，インフレ率は上昇したままとなる．

第10章
第1節
1. 1ドル＝110円（＝330/3）．
3. マイナス2％（＝3－5）．

第3節
1. 5兆円の赤字（＝40－50＋45－40）．
2. 黒字．
3. 民間貯蓄の方が大きい．
4. 財政収支は赤字．

索　引

欧文
AD-AS 分析　245
AD 曲線　246
AS 曲線　248
GDPデフレーター　183
IS-LM 分析　219, 232, 245, 261, 268
IS 曲線　219, 220, 226, 234
LM 曲線　220, 230, 236

ア行
相対取引　298
赤字国債（特例国債）　295
赤字主体　299
新しいケインズ派経済学　216, 217
新しい古典派経済学　216, 217
一般会計予算　287
インサイダー・アウトサイダー理論　217
インフレーション　171, 211, 218, 304
インフレ率　172
売りオペレーション　305
営業余剰・混合所得　181
大口融資規制　307

カ行
買いオペレーション　305
海外からの要素所得　177
海外への要素所得　177
外国通貨建て　262
外部金融　299
外部経済　128
外部性　126, 127, 152
　　――の内部化　129
外部不経済　128
価格機構　6, 32
価格規制　96
価格支配力　35
格差　115
確実性（安全性）　300
家計　3

過小供給　130, 139
可処分所得　168
課税　100
寡占市場　121
貨幣　206, 210
　　――供給　220
　　――供給量（マネー・ストック）　207
　　――市場　220
　　――需要　220
　　――需要の利子率弾力性　237
　　――乗数　209
　　――数量説　211, 213, 279
カルテル　159
為替レート　261, 268
関税　107, 115
間接金融　196, 302
間接証券　302
完全競争市場　33, 36, 92, 115, 125, 151
完全雇用 GDP　190, 199, 211, 213
完全雇用均衡　187, 198
完全雇用国民所得　190, 199, 211, 213
完全特化　112
企業　3
技術　205
　　――開発投資　205
規制　95
基礎的財政収支　288
期待インフレ率　172, 258
規模の経済性　127, 130, 152
逆選択　131, 144, 147, 217, 218
教育投資　204
供給　3
　　――関数　37
　　――曲線　22, 29
　　――曲線のシフト　45
　　――曲線の高さ　23, 85
　　――の価格弾力性　57, 102
競合性　129, 133
協調ゲーム　157

共有地の悲劇 143
均衡価格 32
均衡取引量 32
均衡予算主義 284
金融機関 302
金融資産 297
金融市場 145,218,297
金融システム 302
金融政策 7,213,214,239,252,271,275,304
金融仲介機関 302,306
金利裁定 265
金利平価式 266
金利平価説 261,266,268
クラウディング・アウト 242
黒字主体 299
景気循環 205,218
経済安定 285
　　──機能 287
経済主体 3
経済政策 213,270
経済成長 204
経常収支 278
ケインズ,ジョン・メイナード 188,212,268,286,290
ケインズ派 202,212,214,215,219,245
ゲーム理論 134,153
決済機能 306
限界消費性向 223,291
限界貯蓄性向 238
現金・預金比率 209
現金通貨 207,303
建設国債 295
公共財 127,129,133,152,284
厚生 75
購買力 264
　　──平価説 261,264
公平 152
　　──性 115,125
効率性 75,125,151
　　──賃金仮説 217
コール市場 305
国債 284,295
国際金融のトリレンマ 276
国際分業 109

国際貿易 104
国内企業物価指数 183
国内純生産（NDP） 176
国内総固定資本形成 180
国内総支出（GDE） 180
国内総生産（GDP） 7,163,173
国民経済計算（SNA） 163,173
国民所得 7,163,179
国民総所得（GNI） 163,176,177
国民総生産（GNP） 176
固定為替相場制 272
固定資本減耗 175
古典派 198,204,210,211,213,215,219
　　──経済学 188
個別需要曲線 18
雇用者報酬 181

サ行

サービス 4
財 4
　　──サービス市場 4
債権 171
在庫投資 193
在庫品増加 180
最終生産物 173
財政 283
　　──政策 7,213,214,225,239,252,270,273
　　──の機能 285
　　──民主主義 284,287
裁定取引 105,263,265
最適反応 155
債務 171
裁量的財政政策 287,291
差別化 35
差別価格 124
参入 45
三面等価の原則 166,180
死荷重 101,108,123
資金 4,145,196
　　──供給 297
　　──市場 4,146,197,297
　　──不足主体 299
　　──余剰主体 299
シグナリング 148

資源配分　285
　　──機能　285
自己金融　299
自国通貨建て　262
自己資本比率規制　307
支出　53
市場価格表示　178
　　──の国民所得　177
市場機構　6, 32, 36, 75, 92, 115, 125, 152, 163, 187, 199, 202, 213, 215
市場均衡　31, 92
市場需要曲線　17
市場取引　298
市場の失敗　126, 216
自然失業率　259
自然独占　131
実質完全雇用 GDP　279
実質完全雇用国民所得　279
実質値　170
実質賃金率　171, 186
実質利子率　172
私的財　133
自発的失業　189
支払準備　207
資本　298
　　──市場　298
　　──ストック　193
社会的余剰　76, 89
社会保障制度　286
収益率　194
従価税　60, 99
自由競争　125
囚人のジレンマ　154
住宅投資　164, 193
収入　5, 53
自由貿易　107, 115
自由放任　92
従量税　60, 99
需要　3
　　──関数　37
　　──曲線　16, 29
　　──曲線のシフト　39
　　──曲線の高さ　19, 78
　　──の価格弾力性　49, 101, 124

　　──法則　16
循環図　3
純金融資産（ストック）　299
準備預金　207
準備率　209
純付加価値　175
証券　299
小国の仮定　104
乗数　225, 291
　　──効果　223
　　──理論　204, 214, 223
消費　4
　　──者物価指数　183
　　──者余剰　76, 79
商品裁定　263
情報の非対称性　127, 131, 144, 152
所得　4
　　──再分配　285
　　──再分配政策　286
　　──税　234
　　──の処分　166
　　──分配　115
信用乗数　209
信用創造　209, 303
信用リスク　300
垂直的公平　292
　　──公平概念　286
水平的公平　292
数量規制　97
スタグフレーション　256
スミス, アダム　92, 215
税　178
税金　99, 168
生産　5
　　──技術　252
生産者余剰　76, 83, 86
生産設備　193
生産物　4
生産要素　5
税収　168
セイの法則　199
政府　8, 128, 131, 138, 214, 283
　　──関係機関予算　287
　　──最終消費支出　180

――支出　165, 234
――消費　165
――貯蓄　169
――投資（公共投資）　165
――の失敗　216
――部門　284
絶対優位　110
設備投資　164, 193
戦略　155
総供給　164
　　――曲線（AS）　245
総需要　164
　　――曲線（AD）　245
総生産　164, 173
総所得　166, 173
租税　60, 284, 286
　　――の帰着　63
　　――の転嫁　64

タ行
退出　46
代替関係　41, 52
短期金融市場　298
短期のフィリップス曲線　257
中央銀行　207, 304
　　――券　207
中間財　5
中間生産物　173
超過供給　30
超過需要　31
長期金融市場　298
長期のフィリップス曲線　257
直接金融　196, 302
貯蓄　4, 167, 191
　　――・投資のバランス　191, 199, 277, 219
デフレーション　171, 211, 218, 304
投資財　5, 193
同質性　36
同質的　36
投資の利子率弾力性　234
投入要素　5
独占　34, 125, 152
　　――市場　121
　　――的競争市場　36

特別会計予算　287

ナ行
内部金融　299
ナッシュ均衡　153, 155
日銀当座預金　304, 307
日本銀行　207, 304
　　　　――券　207
能力説　292

ハ行
パーシェ指数　181
排除性　129, 133
排除不可能性　129, 133
ハイパワード・マネー　209
ハイリスク・ハイリターンの原則　301
比較生産費説　109
比較生産量　111
比較優位　112
　　――の理論　109
非競合　129, 133
非自発的失業　189, 202
必需品　53
費用　5
　　――逓減産業　127, 130
ビルトイン・スタビライザー　287
フィスカル・ポリシー　287, 291
フィッシャー方程式　172
フィリップス曲線　255
付加価値　175
不完全雇用均衡　188, 246
物価　170
　　――指数　181
　　――水準　170, 237, 245
負の外部性　128
プライス・テーカー（価格受容者）　34, 104
プライス・メカニズム　6, 32
プライマリー・バランス　288
フリーライダー　130, 134, 138
プルーデンス政策　306
プレイヤー　155
便益　78
変動為替相場制　270
貿易　109, 267

──・サービス収支　278
豊作貧乏　55
補完関係　41
保険　145
　　──市場　146
保護貿易　107
補助金　178
本源的証券　302

マ行
マーケット・メカニズム　6,32
マクロ経済学　7,163,185
摩擦的失業　189
マネタリー・ベース　209
マンデル＝フレミング・モデル　261,268
見えざる手　92
ミクロ経済学　7,152,163,185,215
民間最終消費支出　180
民間消費　164
民間貯蓄　168
民間投資　164
民間部門　284
無担保コールレート（オーバーナイト物）　305
名目価格の硬直性　217
名目貨幣供給量　236
名目値　170
名目賃金率　171,186
　　──の下方硬直性　188
　　──の硬直性　217
名目利子率　172
メニュー・コスト理論　217

モラル・ハザード　132,144,150,217,218

ヤ行
有効需要の原理　202,214,219,245,290
輸出　104,165,180,261,267
輸入　104,106,165,180,261,267
要素費用表示　179
要素費用表示の国民所得　179
預金　207
　　──証書　303
　　──通貨　303
　　──取扱金融機関　303
予算　287

ラ行
ラスパイレス指数　181
利益説　292
リカード，デヴィット　109
利潤　5
利子率　299
リスク　300
　　──・プレミアム　301
リターン　299
流動性　229,300
　　──選好　220,229,236
　　──選好説　212,215,245
　　──のわな　242
累進税率　286
労働　4
　　──市場　4,117,145,146,185

執筆者紹介（＊は編著者，執筆順）

＊岡崎哲郎（おかざき・てつろう）序章，第1章～第10章
編著者紹介欄参照

水野伸宏（みずの・のぶひろ）第1章，第2章，第5章
2005年　京都大学経済学部卒業．
2007年　同大学大学院経済学研究科修士課程修了．
2010年　同大学大学院経済学研究科博士後期課程修了．博士（経済学）．
　　　　千葉商科大学商経学部准教授を経て，
現　在　大阪経済大学経済学部准教授．
主　著　"Political Structure as a Legacy of Indirect Colonial Rule : Bargaining between National Governments and Rural Elites in Africa." *Journal of Comparative Economics*, 44 (4), pp. 1023-1039, 2016.
"Inequality, Extractive Institutions, and Growth in Nondemocratic Regimes" (with Katsuyuki Naito and Ryosuke Okazawa), *Public Choice*, 170 (1), pp. 115-142, 2017.

湯之上英雄（ゆのうえ・ひでお）第1章，第2章，第4章，第5章
2002年　関西学院大学総合政策学部卒業．
2004年　大阪大学大学院経済学研究科博士前期課程修了．
2008年　同大学大学院経済学研究科博士後期課程修了．博士（経済学）．
　　　　大阪大学大学院国際公共政策研究科助教，千葉商科大学サービス創造学部准教授，兵庫県立大学経済学部准教授を経て，
現　在　名古屋市立大学大学院経済学研究科教授．
主　著　「特別交付税における官僚の影響に関する分析」『公共選択の研究』第45号，pp. 24-44，2005年．
"The Reform of Japanese Local Governments" (with Shin Saito), Shinich Ichimura and Roy Bahl ed., *Decentralization Policies in Asian Development*, Chap. 11, pp. 265-280, 2009.

栗林　隆（くりばやし・たかし）第11章
1981年　中央大学理工学部卒業．
1992年　東洋大学大学院経済学研究科博士前期課程修了．
1998年　同大学大学院経済学研究科博士後期課程修了．博士（経済学）．
現　在　千葉商科大学商経学部教授．
主　著　『カーター報告の研究──包括的所得税の原理と現実』五絃舎，2005年．
『財政学（第三版）』共編著，創成社，2009年．

三田村智（みたむら・さとし）第11章
  2000年   慶應義塾大学商学部卒業．
  2002年   同大学大学院商学研究科修士課程修了．
  2009年   同大学大学院商学研究科後期博士課程単位取得退学．博士（商学）．
  現　在   千葉商科大学商経学部准教授．
  主　著   「ドイツにおけるベンチャー企業と資本市場問題」『三田商学研究』第49巻6号，2007年．
           「EUの金融市場と金融市場統合──単一市場と資本移動」共著，高屋定美編『EU経済』ミネルヴァ書房，2010年．

《編著者紹介》

岡崎哲郎（おかざき・てつろう）

1988年　慶應義塾大学経済学部卒業．
1990年　同大学大学院経済学研究科修士課程修了．
1995年　同大学大学院経済学研究科後期博士課程修了．
　　　　千葉商科大学商経学部教授を経て，
現　在　拓殖大学政経学部教授．
主　著　『公共経済学の理論と実際』共著，東洋経済新報社，2003年．
　　　　「ダウンズ・モデル，中位投票者定理と政党の政策調整能力」『公共選択の研究』第52号，2009年．

経済学のススメ

2012年4月10日　初版第1刷発行　　　　〈検印省略〉
2024年2月10日　初版第5刷発行

定価はカバーに
表示しています

編著者　岡　崎　哲　郎
発行者　杉　田　啓　三
印刷者　坂　本　喜　杏

発行所　株式会社　ミネルヴァ書房
607-8494　京都市山科区日ノ岡堤谷町1
電話代表　(075)581-5191番
振替口座　01020-0-8076番

© 岡崎ほか，2012　　　冨山房インターナショナル・新生製本

ISBN 978-4-623-06330-7
Printed in Japan

ビギナーズ　マクロ経済学
———— 藤田康範 著　Ａ5判　284頁　本体3500円

経済学部だけでなく，経営学部など他学部の講義にも最適。理解し，納得する，ビギナーのための「わかるマクロ経済学」。

ビギナーズ　ミクロ経済学
———— 藤田康範 著　Ａ5判　404頁　本体3500円

理論の仕組みや考え方を身につければ，つながりが見えてくる！　理解し，納得する，ビギナーのための「わかるミクロ経済学」。

マクロ経済学入門
———— 麻生良文 著　Ａ5判　348頁　本体3500円

近年大きく変化するマクロ経済学の分析方法を丁寧に解説。特に，古典派モデルの説明を充実させ，ケインジアン・モデルとの対比をより明快に論じる。

ミクロ経済学入門
———— 麻生良文 著　Ａ5判　424頁　本体3800円

理論の基礎を丁寧に学び，経済学の考え方を身につける。ミクロ経済学の全体像を理解するだけでなく，上級への橋渡しを目指す。

ミクロ経済学
———— 林　貴志 著　Ａ5判　320頁　本体2800円

個人の意志決定・市場理論から，初歩的なゲーム理論・社会的選択までを明解な数学モデルで詳しく解説する。

———— ミネルヴァ書房 ————

http://www.minervashobo.co.jp/